Veit Lindau

Liebe radikal

Wie du deine Beziehungen zum Erblühen bringst

kailash

Verlagsgruppe Random House FSC® N001967
Das für dieses Buch verwendete FSC®-zertifizierte Papier
Tauro liefert Papier Union.

2. Auflage
Originalausgabe
© 2014 Kailash Verlag, München
in der Verlagsgruppe Random House GmbH
Lektorat: Anne Nordmann
Layout und Umschlaggestaltung: ki 36, Sabine Krohberger Editorial Design, München
Satz: EDV-Fotosatz Huber/Verlagsservice G. Pfeifer, Germering
Druck und Bindung: Print Consult, München
Printed in Czech Republic
ISBN 978-3-424- 63089-3
www.kailash-verlag.de

Gewidmet der Kraft,
die milde lächelnd alle Illusionen zerstört,
die Dunkelheit besiegt,
dich vernichtet und erhebt,
dich hinauslockt und nach Hause führt.

Liebe.

Dieses Buch ist für die, die an die Liebe zwischen Mensch und Mensch glauben und bereit sind, alles dafür zu geben, um sie wirklich zu finden.

Schau dich um. Du bist auf einem mehr als 4,5 Milliarden Jahre alten, winzigen Planeten gelandet.
Die Wahrscheinlichkeit, in diesem Universum Leben vorzufinden, ist verschwindend gering. Jede deiner Begegnungen mit einem anderen Menschen grenzt an ein Wunder.
Vermassle es nicht.

Inhaltsverzeichnis

VERBINDEN   184

Menschenmöglichkeit

Als wir uns fanden, waren wir blind. Wir verletzten uns.
Der Treibsand unserer Missverständnisse zog uns voneinander weg.

Doch eine geheime Kraft,
nennen wir sie *Liebe*,
verführte uns, immer wieder aufeinander zuzugehen.

Wir fürchteten uns, aber wir blieben im Feuer der Nähe stehen.

Wir berührten einander.
Das Dunkle kam ins Licht.
Das Licht gab sich dem Dunklen hin.
Das Hässliche offenbarte seine eigene zarte, leise Schönheit.
Alte Wunden brachen auf und heilten.

Das Tier tobte sich aus und kam zur Ruhe.
Das Göttliche küsste sich in uns wach.
Und in all dem fand der Mensch seinen Frieden.

MENSCHENMÖGLICHKEIT

Wir erinnerten uns.
Der Geist wurde still.

Wir erhoben unseren Blick und …
erkannten uns.

Radikal lieben

Dieses Buch ist dem Liebenden in dir gewidmet.
Deiner unerschöpflichen Fähigkeit zu lernen und zu wachsen.
Deiner ungestümen Neugier.
Deinem Mut, Neuland zu betreten.
Deiner Bereitschaft, deine Beziehungen in ein lebendiges Feld der
Freude zu verwandeln.
Deinem Wunsch, dich vollständig hinzugeben.

Das schönste Geschenk, das du mit uns teilen kannst, bist du!
Du bist schön. Du bist wichtig. Du bist Liebe.

Radikal lieben ist eine aktive Wahl. Es ist deine Bereitschaft, dich
mit ganzem Herzen und klarem Verstand auf einen anderen Menschen einzulassen und die Beziehung zu ihm in ein lebendiges,
stärkendes Feld zu verwandeln.

Radikal lieben ist auch ein Imperativ. Dein Herz wird dich nicht in
Ruhe lassen, bis du dich vollkommen verschenkst.

In meinem ersten Buch aus dieser Reihe[1] ging es um deine gesunde und starke Beziehung zu dir selbst. Es ist ein wesentliches Anliegen meiner Arbeit, den Einzelnen in seinem Erblühen zu unterstützen. Dieses Buch nun handelt von der logischen Konsequenz aus radikaler Selbstliebe: Wer sich selbst bejaht, findet einen Schatz in sich. Und den muss er mit uns teilen, denn wir alle wurden als Beziehungswesen geschaffen. Wenn wir unser Potenzial nicht mit anderen leben, erleiden wir einen Schöpfungsstau.

Erst die Beziehung zu anderen erlaubt dir, dich zu dem emporzuschwingen, was du sein kannst. Wenn du herausfinden möchtest, wie stark, komplex, wundersam und schön du tatsächlich bist, brauchst du ein Gegenüber. Du musst dich auf deine Mitmenschen einlassen. Natürlich kannst du auch in der Einsamkeit viel über dich herausfinden. Doch irgendwann willst du wissen, ob es wahr ist, was du in dir entdeckt hast, oder vielleicht nur eine trügerische Illusion. Dafür brauchst du einen Spiegel, in dem du dich erkennen kannst. Das sind wir anderen. Dich wirklich einzulassen bedeutet, mutig in diesen Spiegel zu schauen und weder vor dem Licht noch vor der Dunkelheit davonzulaufen, die du darin erblickst. Dich wirklich einzulassen bedeutet, dein unsichtbares Ganzkörperkondom – gewoben aus Vorbehalten, Taktiererei und Fassaden – abzustreifen und dem, was dich in deinen Beziehungen erwartet – du, andere, Gefühle, Lektionen, Plötzlichkeiten, Liebe –, offen zu begegnen.

---

1 Veit Lindau: *Heirate dich selbst. Wie radikale Selbstliebe unser Leben revolutioniert*, München 2013.

Was es für dich bedeutet, dich existenziell – mit deinem ganzen Wesen – einzulassen, das weiß nur dein Herz. Es wird still, wenn du alles gibst. Es leidet, wenn du etwas zurückhältst. Irgendwann stirbst du. Irgendwann sterbe ich. In unseren letzten Minuten werden wir uns sehr wahrscheinlich nicht mit unserem Erfolg oder Ruhm beschäftigen, sondern unser Herz wird sich fragen:

»Habe ich wirklich geliebt?« »Habe ich mich voll und ganz eingelassen?« »Habe ich alles gegeben?«

Deshalb spreche ich im Imperativ: Um glücklich zu leben und friedvoll zu sterben, *müssen* wir lieben. Wir sind nicht hier, um zu bekommen – wir sind hier, um uns zu verschenken.

Also lass dich, dir zuliebe, richtig ein.

Über dieses Buch

Warnung

Lies dieses Buch NICHT,

- wenn du einen Ratgeber suchst, der dir erklärt, wie du in deinen Beziehungen immer das bekommst, was du willst,
- wenn du Recht behalten willst,
- wenn du ein emotionales Weichei[2] bist und daran nichts ändern möchtest,
- wenn du zu keinem Risiko bereit bist,
- wenn du denkst, du wüsstest, was Liebe ist.

Dieses Buch ist für die nüchternen Narren unter uns. Für die, die wissen, dass sie sterben und dass jede Sekunde des Lebens kostbar ist. Für die, die deshalb nichts zu verlieren haben, außer der Chance, jetzt und hier alles zu geben. Für die, die bei all den Katastrophen,

---

2 Ein emotionales Weichei ist nicht dasselbe wie ein sensibler Mensch. Du kannst sehr wohl ein zartbesaiteter, stiller Held sein. Ein emotionales Weichei ist jemand, der es nicht gelernt hat, seine eigenen Gefühle mit Würde zu ertragen, sondern sie stattdessen benutzt, um vor dem Leben wegzurennen, anderen die Schuld zu geben und völlig unnötige Dramen zu inszenieren.

die die menschliche Spezies auf diesem Planeten anrichtet, verrückt genug sind, immer noch an die Möglichkeit der Liebe zu glauben. Für die, die der Romantik hemmungslos frönen *und* klar denken können. Sich wirklich einzulassen ist nichts für berechnende Krämerseelen. Es braucht ein wildes Herz. Es braucht DICH.

Für welche Beziehung ist dieses Buch geeignet?
Ganz einfach: Für jede, die dir wirklich wichtig ist.
Auch wenn ich viele Beispiele aus Liebesbeziehungen anführe, beziehen sich alle Qualitäten, von denen ich spreche, genauso auf die Beziehung mit deinen Kindern oder deinem besten Freund, und alle Übungen sind auch auf sie anwendbar.

Ich selbst bin Hetero, deshalb verwende ich oft Fallbeispiele aus Mann-Frau-Konstellationen. Doch von einigen wunderbaren bi- und homosexuellen Freunden und KlientInnen weiß ich: Wenn es um unsere Sehnsucht und unsere Angst vor wirklich existenziellem Einlassen geht, sind wir alle gleich. Also hänge ich mich glaube ich nicht weit aus dem Fenster, wenn ich sage: Die Essenz dieses Buches tut jeder Beziehung gut.

Du bist gerade Single? Auch dann wirst du von diesem Buch sehr profitieren können. Es kann dir helfen, vergangene Beziehungen besser zu verstehen und loszulassen. Und es wird dich auf das nächste Beziehungsabenteuer vorbereiten.

Mit dem Herzen lesen

Ich schreibe frei von der Leber weg. Das heißt, du bekommst mich unzensiert. Manches wird dir gefallen, anderes wird dich nerven. Du musst mich nicht mögen, um aus dem Buch großen Nutzen zu ziehen. Wir können mit Menschen, mit denen wir starke Reibungen erfahren, durchaus sehr wertvolle, kreative Beziehungen führen.

Ich möchte dich zu einem Experiment einladen. Lies nicht nur mit dem Verstand. Lies *existenziell*. Fluche, stöhne, weine beim Lesen; kommentiere, liebe, lobe oder feiere, was du liest. Aber vor allem: Nimm es persönlich.

Glaubst du an Zufälle? Ich nicht. Das ist jetzt DEIN Buch. Deine Botschaft. Mach was daraus. Glaube mir nichts blind. Aber lass dich berühren. Verdaue die Worte nicht nur mit deiner Großhirnrinde, sondern lass dich ganz auf sie ein. Dann kann und wird unsere Begegnung etwas verändern. Alles andere wäre Zeitverschwendung.

Lass uns gemeinsam erforschen, was das Geheimnis einer lebendigen, glücklichen Beziehung ist. Ich werde mich hüten, etwas darüber zu schreiben, wie eine perfekte Beziehung für dich auszusehen hat. Das weiß nämlich niemand. Auch du nicht. Doch du kannst es herausfinden, wenn du dich auf deine Mitmenschen voll einlässt. Dann finden sich die richtigen Spielpartner und die angemessene Form. Dann geht es nicht mehr primär um die Dauer einer Beziehung, sondern um die vollständige Erfüllung dieses Augenblicks.

Letztendlich ist das mein zentrales Anliegen: Ich möchte dich verführen, dich noch tiefer, noch ehrlicher, noch aufmerksamer auf deine Umgebung einzulassen. Denn dort wartet bereits alles auf dich. Die Liebe, dein Frieden und die Antwort auf alle deine Fragen. Also lass dich richtig ein. Auch auf dieses Buch. Ob du willst oder nicht, wir haben nun eine Beziehung miteinander. So schnell kann's gehen… Lass uns das Beste daraus machen.

Was dich in diesem Buch erwartet

Im ersten Teil des Buches –*Willst du dich wirklich einlassen* – möchte ich mit dir erforschen, was es bedeutet, dich wirklich einzulassen. Ich werde dich darin einladen, eine sehr wichtige Wahl zu treffen, ohne die alles andere nicht viel Sinn ergibt.

Im zweiten Teil – *Der Weg* – stelle ich dir sechs essenzielle Qualitäten einer lebendigen Beziehung vor: *Gestalten*, *Verbinden*, *Stärken*, *Heilen*, *Erwachen* und *Lieben*.

Praxis

Theoretisches Geschwafel interessiert mich nicht. Ich möchte dich mit jedem Kapitel einladen, bewusst über deine bestehenden Beziehungen nachzudenken und alles, was du liest, konkret darauf zu beziehen. Im Anhang zu den einzelnen Themen findest du oft Übungen und Tipps, die es dir ermöglichen, deine neuen Erkenntnisse sofort auszuprobieren. Diese Methoden sind die Quintessenz aus meiner persönlichen Erfahrung und zwei Jahrzehnten Arbeit mit diesem Thema. Lass dich nicht von der Einfachheit vieler Instruktionen täuschen. Glaube mir, sie wirken. Jede einzelne kann deine bestehenden und deine zukünftigen Beziehungen tief greifend und positiv beeinflussen. Ich möchte dir ans Herz legen, von Anfang an sehr praktisch mit dem Buch zu arbeiten, sonst landet es schnell bei den anderen Ratgebern im Regal und verstaubt. Und das wäre schade. Denn egal, was du bereits in deinen Beziehungen erfährst – es ist noch viel, viel, viel mehr drin, für alle Beteiligten. Wenn das keine guten Nachrichten sind!

Andrea und ich

Wenn du zu den eher reservierten Menschen gehörst, mag es dich vielleicht ein wenig befremden, dass ich so viel aus der Beziehung von meiner Frau Andrea und mir berichte. Ich mache das nicht, weil unsere Story so spektakulär wäre. Im Gegenteil. Du wirst feststellen, dass wir stinknormale Menschen sind. Aber genau deshalb ist es eine gute Geschichte. Wir haben uns in den letzten zwanzig Jahren die volle Bandbreite an Verletzungen und Missverständnissen geliefert. Wenn sogar wir zwei so verschiedene Dickköpfe es schaffen, eine lebendige und glückliche Beziehung zu führen, kann es jeder. Ich glaube, dass wir am besten aus konkreten Beispielen lernen können. Deshalb teile ich meine Erfahrungen wie ein Freund mit dir.

Mir ist es wichtig, dass du weißt, dass ich zwar derjenige bin, der schreibt, doch dass hinter diesem Buch zwei Menschen stehen. Es ist unser beider Kraft und das Extrakt unserer gemeinsamen Erfahrungen. Ursprünglich hatten Andrea und ich vor, dieses Buch gemeinsam zu schreiben. Das scheiterte dann an der ultrakompakten Art, mit der Andrea die Dinge auf den Punkt bringt. Du musst dir das so vorstellen: Ich legte ihr ein Thema vor, und am nächsten

Morgen lag ein Satz auf meinem Tisch, versehen mit dem Kommentar: »Mehr gibt es dazu wirklich nicht zu sagen.«[3]

Optimismus

Manches von dem, was ich schreibe, mag dir zu optimistisch erscheinen. Doch keine Sorge, ich weiß genau, wovon ich schreibe. Wir haben uns in unserer Beziehung nichts erspart. Von wirklich Tausenden Streits, Dutzenden Trennungen, sexuellen Eskapaden, verzweifelter Ödnis und einer abgesagten Hochzeit war alles dabei. Dass ich meinen Enthusiasmus dennoch nicht verloren habe, hat nichts mit krampfhaft positivem Denken zu tun. Mein Weg ins existenzielle Einlassen begann nicht freiwillig und war stellenweise zapfenduster. Ich weiß, wie es sich anfühlt, wenn ein verbitterter Einzelkämpfer anfängt, wirklich zu lieben – es ist sehr, sehr schön. Ich erlebe seit zwanzig Jahren persönlich und bei meinen Klienten, wie sich selbst tief verwurzelte Beziehungsneurosen entspannen und natürliches Sein freigeben können. Ich weiß, wie unendlich schön die Erfahrung ist, seine Liebsten endlich zu erkennen und selbst erkannt zu werden. Deswegen kann ich nur optimistisch sein. Alles andere wäre nicht authentisch.

---

3 Ich arbeite hart daran, Andrea dazu zu verführen, einen Bildband mit ihren zenmäßigen Quintessenzen herauszubringen. Bis dahin musst du, wenn du die Schöne kennenlernen möchtest, mal eines unserer Events besuchen oder unser Forum im Internet aufsuchen. Es lohnt sich. Andrea ist ein Erlebnis.

So einfach?

Vielleicht wirst du dich beim Lesen das eine oder andere Mal bei dem Gedanken ertappen: »So einfach kann es doch nicht sein!« Ich lade dich ein, dir selbst in diesen Augenblicken eine Frage zu stellen: »Was wäre, wenn doch…?« Was wäre, wenn es eigentlich doch so einfach ist? Was wäre, wenn es nur unser Geist ist, der sich ab und zu in der Kompliziertheit seiner eigenen Träume verirrt. Leben ist komplex. Aber es ist nicht kompliziert. Und wenn du dich richtig einlässt, wird es tatsächlich einfach. Nicht immer leicht, doch immer einfach.

Die richtige Ansprache

… gibt es nicht. Ich habe mir viele Gedanken darüber gemacht, wie ich allen Leserinnen die gebührende Wertschätzung entgegenbringen kann. Doch eine politisch korrekte Ansprache aller Geschlechter und Zwischenformen klingt so sperrig, dass ich mich entschieden habe, darauf zu verzichten. Ich wünsche mir, dass du dich auch als Frau und jegliche andere zauberhafte Geschlechtsform persönlich von mir gemeint fühlst. Aus demselben Grund schreibe ich auch nicht jedes Mal »dein Partner beziehungsweise deine Partnerin, dein Kind, dein Kollege, deine Mitmenschen etc.«. Der Text käme ins Holpern und wir verbrauchten mehr Tinte und Papier. Deshalb bitte ich dich um aktives, flexibles Mitlesen. Wo auch immer von »deinem Partner« die Rede ist, meine ich den liebenswürdigen Menschen, mit dem du gerade ein Beziehungsabenteuer in welcher Form auch immer genießt.

Und schließlich wäre da noch die Sache mit dem Duzen. Ich tue dies aus drei Gründen: Erstens zeigen Untersuchungen, dass das »Du« unser Unterbewusstsein direkter anspricht. Und dort wird nun mal über dein Beziehungsglück entschieden. Zweitens möchte ich dir gern auf einer Ebene begegnen, auf der unsere Sehnsüchte und Ängste einander sehr ähnlich sind. Und drittens werden meine Bücher von vielen Menschen gelesen, die mich bereits aus Seminaren oder Vorträgen kennen. Die würden sich arg wundern, wenn ich sie plötzlich siezen würde.

Die Webseite zum Buch

Ich begreife die Bücher, die ich schreibe, nicht als ein statisches Medium. Das Thema entwickelt sich ständig weiter. Für schnelle Updates und ergänzende Tipps nutze ich die Webseite zum Buch. Sie lautet www.liebe-radikal.de. Ich habe dir dort geführte Meditationen zur Verfügung gestellt, die dich darin unterstützen, deine Erkenntnisse praktisch umzusetzen. Außerdem lade ich regelmäßig zu Webinaren und Live Videoübertragungen ein, die bestimmte Kernelemente des Buches noch einmal konkreter und alltagsnaher beleuchten. Für die kostenlosen Downloads und die Termine für die Videoevents gehe auf www.liebe-radikal.de und dort in den »Leserbereich«. Gib als Passwort »radikalgeliebt« ein.

WILLST DU DICH WIRKLICH EINLASSEN?

Eine persönliche Vorgeschichte

Es war still. Verdächtig still.

Dann krachte es mörderisch. Die Tür erbebte, und ich beobachtete in einer Mischung aus Schock und Faszination, wie ihre Faust das Holz durchbrach.

Mein überrumpelter Verstand sah die Dinge plötzlich ganz klar: Jetzt gab es kein Entrinnen mehr. Ich saß fest.

Kennst du das Gefühl, dass sich dein Leben just an einer schicksalhaften Weggabelung befindet? Die Sekunden dehnen sich aus wie in Zeitlupe, und du weißt: Dein nächster Schritt schließt die Tür zu einem Universum und öffnet die zu einem anderen. Als stiller Zeuge beobachtest du dich selbst wie von außen: »Na, was wirst du jetzt tun? Was willst du wirklich-wirklich?«

Als ich Andrea vor zwanzig Jahren begegnete, fühlte es sich zuerst an wie eine meiner üblichen, neurotisch verworrenen, kurzfristigen Liebesbeziehungen. Eine wilde und doch bekannte Mixtur aus

Romantik, Sex, Einlassen und Wegrennen. Vor und Zurück. Eine neue Frau. Ein altes Spiel. ... bis zu diesem Tag, als es krachte.

Ich hatte mich (wieder einmal) mitten in einem heftigen Streit entzogen. Wie gesagt, nichts Neues. Verletzt sein, angreifen, Vorwürfe, Stimme erheben, zurückziehen, mit der Tür knallen und abschließen, damit sie mich in Ruhe ließ. Jetzt würde sie noch eine Weile davor stehen, schimpfen, heulen, bitten. Dann würde sie ablassen, und ich wäre wieder für mich.

Doch dieses Mal überraschte mich das Leben. Als ihre Faust durch die Tür brach, nahm ich das auf einer existentiellen Ebene sehr persönlich. Ich verstand die Botschaft: Das war keine nervende Frau, die eine Tür einschlug – es war das Leben, welches endlich zu mir durchdrang. In dieser Beziehung ging es um alles oder nichts.

Ich war 24 Jahre alt und in dieser kurzen Zeit doch schon so oft vor dem davongelaufen, was menschliche Nähe in mir auslöste. Ich hasste Angst und Ohnmacht. Ich hasste Abhängigkeit und Schwäche. Doch vor allem hasste ich jene Menschen, die offenbar die Blankovollmacht besaßen, mich an meinen wundesten Punkten zu berühren. Ich selbst war ein Meister des Angriffs und der Flucht. Doch an jenem Abend saß ich in der Falle. Die Absurdität der Situation ließ mir keine andere Wahl, als still zu werden und mich hinzugeben. Und ... das fühlte sich gut an!

Ich erzähle dir dies, um von Anfang an klarzustellen, dass ich kein Überflieger bin, was Beziehungen betrifft. Vielleicht macht dir das Mut. Glaub mir, wenn ich es hinbekomme, eine gute Beziehung zu führen, schaffst du es auch!

Ich wusste damals nicht, was es mich kosten würde, stehen zu bleiben, statt abermals davonzurennen. Ich wusste auch nicht, welcher Schatz auf mich wartete. Doch so oder so begriff ich: Es war an der Zeit, mich meinen Dämonen zu stellen.

Das war der Moment, in dem ich begann, mich zum ersten Mal wirklich einzulassen. Ich dachte, ich ließe mich auf Andrea ein. Rückblickend weiß ich: Es ging nicht um sie. Es ging um mein ganzes Leben.

Das Geschenk dieser Nacht war die Tatsache, dass ich zum ersten Mal nicht mehr fliehen konnte.

Bin ich seitdem nie wieder weggerannt? (Vor mir und vor anderen?) Natürlich doch. Ich habe seither noch oft gezappelt. Doch etwas in mir starb an diesem Abend. Etwas, das du auch kennst. Etwas, das sich zutiefst davor fürchtet, sich nackt und ohne Vorbehalte auf einen anderen Menschen einzulassen. Etwas, das an Trennung und Rechthaben sogar dann festhält, wenn es dich gerade das Leben kostet. Die Oberfläche meiner Psyche ist immer noch manchmal versucht wegzurennen. Doch im Grunde genommen ist alles klar. Etwas Tieferes in mir traf damals die Wahl, mich endlich richtig einzulassen. Von dieser Wahl und dem, was dann im Leben passiert, handelt dieses Buch.

Der größte Schatz, den ich bisher auf dieser Erde empfangen durfte, ist der Reichtum meiner Beziehungen. Es mag übertrieben für dich klingen, doch ich meine es tatsächlich so: Meine Beziehungen haben mich gerettet. Heute lebe ich wirklich gern. Ich liebe mein Leben. Es gab Zeiten, da war das definitiv anders. Alles war Kampf. Besonders meine Beziehungen. Seit meiner Jugend habe ich Begegnungen mit anderen Menschen oft als beängstigend, mühsam und unfair empfunden.

Als Kind verbrachte ich einmal einen ganzen Nachmittag im Auto, während meine Eltern draußen mit Freunden grillten. Ich erinnere mich noch gut an das Gefühl von Sicherheit dort hinter der Scheibe: zuschauen, ohne nah sein zu müssen. Auf Partys war ich einer von den Typen, die scheinbar cool am Rand stehen. Eigentlich wollte ich mitspielen, aber ich wusste nicht, wie. Später, mit 18, als ich zum Militär musste, wurde es so richtig dunkel. Ich zog mich in selbstgrüblerische Arroganz zurück. Menschen erschienen mir nur grob und oberflächlich. Ich suhlte mich LEIDENschaftlich gern im Schmerz des Unverstandenen.

Meine Beziehungen mit Frauen waren kurz, intensiv und immer sehr, sehr anstrengend. Besser gesagt: *Ich* war anstrengend. Zwischen zwanzig und dreißig stürzte ich mich in zahlreiche bewusstseinserweiternde Experimente und schamanische Rituale. Ich reiste durch die Welt, begann zu meditieren. Egal, was ich ausprobierte, eigentlich habe ich immer nur eins gesucht: den Ausgang aus dem menschlichen Dilemma. Ich wollte raus aus der menschlichen Begrenzung, raus aus dem Körper, irgendwohin, wo es leichter ist, freier, fairer, liebevoller. Da ich ziemlich dickköpfig sein kann, dauerte es über zehn Jahre, bevor ich für mich einen Weg fand, der nicht mehr zerstörte, sondern aufbaute. Es hat viele zum Teil harte Lektionen gebraucht und einige sehr geduldige und gute Lehrer, bis ich bereit war, meinen Stolz niederzulegen und zu sagen: »Okay, ich bin jetzt willig mitzuspielen. Was muss ich dafür lernen? Was muss ich dafür fühlen?«

Ich begann mich zu öffnen.
Ich beschloss, das, wovor ich weggerannt war, lieben zu lernen.

Auf dieser Reise befinde ich mich noch immer. Ich lerne zu lieben. Ich lerne, das Schöne im Hässlichen zu finden. Ich lerne, das Vollkommene im Menschlichen zu finden.

Du musst auf einer ähnlichen Reise sein, denn sonst würden wir uns nicht hier in diesem Buch begegnen.

Die nächste Revolution steht an

Mal ganz ehrlich: Wenn wir uns die täglichen Nachrichten reinziehen, den wenig originellen Beziehungsdramen unserer Freunde lauschen und vor allem das Schneckentempo realisieren, in dem unser eigener Lernprozess vorangeht – haben wir dann nicht allen Grund, das Evolutions-Experiment namens Mensch infrage zu stellen? Liegt es da nicht nahe zu schlussfolgern: »Irgendetwas läuft hier gewaltig schief! Der Mensch checkt es einfach nicht.«

Dabei sind wir doch ohne Zweifel auf verschiedenen Ebenen eine sehr intelligente und kreative Spezies! Wir haben die Erde mit unseren Maschinen erobert, wir verfügen über hocheffiziente Technologien, die Wissenschaft boomt.

Wir *können* so viel, doch ohne die Liebe können wir nichts.

Im Jahr 200 vor Christus umfasste die weltbekannte Bibliothek von Alexandria ca. 700.000 Buchrollen. Heute, rund 2.200 Jahre später, hat die größte Büchersammlung der Welt, die Kongressbibliothek in Washington, mehr als 130 Millionen Titel, verteilt auf Regalbrettern von 925 Kilometer Länge. Zwischen 1800 und 1900 hat sich das Wissen der Menschheit verdoppelt. Zwischen 1900 und 2000 verzehnfacht. Alle vier Minuten gibt es heute eine neue medizinische Erkenntnis, alle drei Minuten wird ein neuer physikalischer Zusammenhang gefunden, jede Minute eine neue chemische Formel.

Wir *wissen* so viel, doch ohne die Liebe wissen wir nichts.

Wir sind physisch so reich wie nie zuvor. Doch wie sieht es in unseren geistigen und seelischen Schatzkammern aus? Wie steht es um unsere Beziehungen, um Nähe, Humor, Freude, Tiefe und Wahrhaftigkeit? Im Zeitalter der globalen Vernetzung sind viele Menschen einsamer denn je. Wir starren auf unsere Bildschirme, kommunizieren per E-Mail, Facebook oder Smartphone, doch unsere Fähigkeit, echte, fühlende, langfristig erfüllende Kontakte aufzubauen, verkümmert. Im Zeitalter des materiellen Überflusses verhungern täglich 43.000 Kinder, für die genug zu essen da wäre. Warum? Welcher Knoten in unserem Kopf verhindert, dass wir erkennen, wie einfach und schön Teilen sein kann?

Warum wissen wir so viel über die ökologischen und ökonomischen Zusammenhänge auf unserem Planeten und ändern dennoch so wenig an all diesen Missständen? So viel hat sich rasant entwickelt und trotzdem stehen wir so nah am Abgrund des menschlichen Experiments wie nie zuvor.

Ich schreibe das nicht, um dich traurig zu stimmen. Ich schreibe es, um dich zu einer wunderschönen und mächtigen Idee zu verführen.

Warum tun wir als Einzelne denn meistens so wenig?
Weil wir den Zusammenhang zwischen unserem winzigen Leben und dem Treiben der großen Welt nicht erkennen. Weil wir nicht spüren, dass wir wirklich wichtig sind. Doch du bist es, du bist *verdammt wichtig*!

Das, was heute in deinen Beziehungen geschieht, hat sehr wohl einen Einfluss auf das Ganze. Die Krisenherde dieser Welt existieren nicht losgekoppelt von dir. Der Moment, in dem du heute einen anderen Menschen verurteilst und abweist, ist der kleine Funke, der irgendwo da draußen das Feuer für den nächsten Krieg entzündet. Auch wenn wir es oft nicht fühlen: Wir sind alle miteinander verbunden.

Jeder Einzelne von uns ist das Grenzland, in dem zwischen Krieg und Frieden, Angst und Liebe, Kleingeist oder Großherzigkeit entschieden wird. Unsere Taten mögen winzigen Kieselsteinen gleichen, die in einem riesigen Meer versinken. Doch jede einzelne löst eine kleine Welle von Wirkungen aus, die den ganzen Ozean des Lebens beeinflussen. Die Frau, die du heute Morgen mit einem aufrichtigen Kompliment verzauberst, ist vielleicht den ganzen Tag freundlicher zu ihren Angestellten. Diese gehen zufriedener nach Hause und begegnen ihren Kindern liebevoller. Der Mensch, dem du heute Gehör schenkst, fasst wieder neue Hoffnung und bringt sich nicht um. Niemand weiß, wie wichtig er in Wahrheit für das große Ganze ist.

In den letzten Jahrzehnten war viel die Rede von Computer-Revolutionen, Internet-Revolutionen oder Revolutionen in der Kriegsführung. Um die Herausforderungen unserer Zeit zu lösen, braucht es eine neue Revolution – eine sanfte, tief greifende Revolution unseres Geistes im Namen der Liebe.

Wir haben unser zwischenmenschliches Potenzial noch nicht im Ansatz verwirklicht; wir sind nicht fertig entwickelt. Eine entscheidende Antwort auf die individuellen und globalen Herausforderungen der heutigen Zeit liegt in der Evolution unserer Liebesfähigkeit.

So eine Revolution muss bodenständig, mit schonungsloser Ehrlichkeit beginnen: Wo missbrauchen wir dieses kostbare Wort Liebe für etwas, was damit überhaupt nichts zu tun hat? Was ist Liebe wirklich? Was bleibt davon übrig, wenn wir unsere Beziehungen nicht durch die romantische Lust- oder die esoterische Weichspülbrille sehen? Wie weit sind wir als soziale Wesen tatsächlich entwickelt, und wo machen wir uns gnadenlos etwas vor? Basieren unsere individuellen Ansprüche wirklich alle auf dem Drang nach Freiheit, oder haben wir oft einfach nur Angst, uns echt einzulassen?

Eine Revolution des Geistes im Namen der Liebe bedeutet, erst einmal stehen zu bleiben und hinzuschauen. Auch wenn das, was wir sehen, an manchen Stellen wehtut.

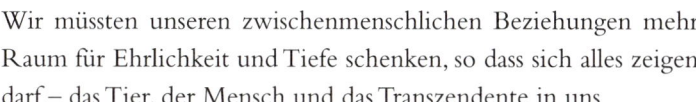

Wir müssten unseren zwischenmenschlichen Beziehungen mehr Raum für Ehrlichkeit und Tiefe schenken, so dass sich alles zeigen darf – das Tier, der Mensch und das Transzendente in uns.

Eine Revolution des Geistes im Namen der Liebe bedeutet, dass jeder endlich die volle schöpferische Verantwortung für die Qualität seiner Beziehungen übernimmt. Dass du aus jeder Opferrolle herauswächst und erkennst, dass du viel, viel mächtiger bist, als du bisher dachtest.

Schau dich um. Wie viele wirklich gut funktionierende UND lebendige Beziehungen kennst du, die du als inspirierende Vorbilder in Sachen gelebter Liebe bezeichnen würdest?

Bist du selbst ein inspirierendes Vorbild?
Bist du ein Mensch, mit dem du gern dein Leben verbringen würdest?
Bist du offen für lebendige Beziehungen und so richtig attraktiv? Damit meine ich nicht deine körperliche Schönheit, die ist relativ.
Ich meine: Bist du anziehend für das Leben?
Strahlst du aus, dass man in deiner Nähe gestärkt wird, sich entwickeln kann und viel Freude erfährt?
Bist du ein aktiver, kreativer Teil der Lösung?
… oder (noch) einer derjenigen, die es vorziehen, schmollend am Rand zu stehen und zu meckern?

Eine Revolution des Geistes im Namen der Liebe bedeutet, dich für die erstaunliche Tatsache zu öffnen, dass du, ob du willst oder nicht, eine Beziehung zu jedem Wesen auf diesem Planeten hast und dass du die Qualität dieser Beziehung gestalten kannst.

Eine Revolution des Geistes im Namen der Liebe bedeutet, dich für die Möglichkeit zu öffnen, dass du frei wählen kannst.

Zwischen Enge und Großzügigkeit,
Urteil und Offenheit,
Wegrennen/Dichtmachen/Angreifen oder
Stehen bleiben/Fühlen/dich einlassen.

Du kannst dir und uns das nicht für ein ganzes Leben versprechen. Doch du kannst dich in jedem Augenblick und immer wieder neu dazu entscheiden.

**Letztendlich gibt es nur eine Wahl:
die zwischen Angst und Liebe.**

Wie oft du diese Wahl treffen musst?
Tausend Mal und mehr.
Bis zum letzten Atemzug.
Immer wieder.
Immer konsequenter.
Immer radikaler.
Bis du nur noch Liebe bist.

Dieses Buch handelt von der Macht und der Freude dieser Wahl. Ich möchte dich dazu verführen, dich dort, wo du heute lebst, mehr einzulassen. Entzünde eine ehrliche, lebendige, sanfte, wilde, ernsthafte und verspielte Revolution in deinen Beziehungen.

Lebendige, liebevolle Beziehungen sind dein Geburtsrecht. Deine Beziehungen sind ein Geschenk des Lebens an dich. Sie sind DIE Möglichkeit herauszufinden, wozu du fähig bist.

Das Leben hat das Medium Beziehung erschaffen, damit wir uns die Hand reichen können. Wir können uns schwächen, verletzen, sogar zerstören. Doch wir können uns auch gemeinsam erheben.

Menschen sind nicht perfekt. Aber du kannst ihre natürliche Vollkommenheit entdecken, wenn du dich wirklich auf sie einlässt. Sie werden dir ihre Schätze anvertrauen. Sie werden dich wieder und wieder staunen lassen. Sie werden dich heilen, inspirieren und lieben, wenn du dich wirklich auf sie einlässt.

Du erschaffst mich. Ich erschaffe dich. Wir erschaffen uns.

Die Chance

Was ist eine menschliche Beziehung, und warum lohnt es sich, darüber zu schreiben?

Jede deiner Beziehungen ist eine kostbare Chance,
um mehr über dich zu erfahren, als du alleine könntest
um mehr aufzubauen, als du alleine könntest
um viel, viel Freude zu generieren
um dich zu stärken
um dich zu heilen
um zu vergeben
und vor allem: um dich komplett zu verschenken und dich ganz zu finden.

Mit einem anderen Menschen physisch zusammen zu sein heißt noch nicht, mit ihm echt in Beziehung zu stehen. Vielleicht lasst ihr auch nur eure kleinen, sorgfältig abgesteckten Realitätsinseln nebeneinanderschwimmen. Dann liegt der traurige Geruch einer verpassten Gelegenheit in der Luft. Anstatt euch zu erkennen, benutzt ihr euch nur. Eure kleinen Egos reiben sich aneinander, um

ein wenig Lust und die Illusion von Sicherheit zu erzeugen. Kennst du auch, oder? So eine Begegnung schmeckt schal. Sie erfüllt uns nicht.

Um die Chance eures Treffens zu nutzen, musst du dich voll einlassen. Wenn du dieses Buch liest, weißt du vermutlich bereits, dass das wehtun kann. Du kannst dabei verletzt, verraten, im Stich gelassen und nicht verstanden werden. Ich weiß, das fühlt sich sch… an. Doch wenn du dieses Buch liest, weißt oder ahnst du auch, dass dir dennoch keine andere Wahl bleibt, als dich wieder und wieder, tiefer und tiefer einzulassen.

Warum?

Weil du wissen willst, wer du bist.
Weil dich eine starke Sehnsucht antreibt, das Potenzial deiner Beziehungen noch stärker auszuloten.
Weil du nicht nur hier bist, um zu überleben, sondern in Würde und Freude die Grenzen deiner Möglichkeiten zu überschreiten.

Was auch immer du gerade in deinen Beziehungen erfährst – es ist noch mehr drin!

Mehr …
Ekstase.
Vertrauen.
Tiefe.

Stille.
Lust.
Kraft.
Freude.
Klarheit.
Einheit.
Schöpfung.
Leichtigkeit.
Vergebung.
Humor.

Es ist noch viel, viel mehr drin.

Vielleicht hast du schon so viel zwischenmenschlichen Mist erlebt, dass du kurz davor bist aufzugeben. Dann bin ich hier, um dir Mut zu machen. Lebendige Beziehungen sind dein Geburtsrecht!

Gib dich nicht mit dem zufrieden, was unsere Gesellschaft als traurig-mittelmäßige Beziehungsnorm akzeptiert hat. Knack den Jackpot! Er steht dir zu. Du bist kostbar.
Fordere dein Beziehungsglück ein und – kleine, aber wichtige Ergänzung – sei bereit, alles dafür zu geben.

Lass dich ein.

Bis deine Augen leuchten, dein Geist jubiliert, deine Genitalien lustvoll ruhen und dein Herz zufrieden und selig grunzt.

Nicht jede Beziehung ist lebendig, nur weil sie existiert. Manche Beziehungen kosten mehr Kraft, als sie geben. Sie sind eher Ketten an Armen und Beinen als Wind unter den Flügeln. Sie bremsen, anstatt zu fördern.

Lebendige Beziehungen definieren sich nicht über ihre Dauer, sondern über das »Mehr«, das ihr miteinander kreiert. Lebendige Beziehungen stärken alle Beteiligten. Sie wirken wie ein wohlwollendes Fruchtwasser, das dein Wachstum anregt und dich zu Höchstleistungen auf vielen Gebieten anregt.

Wusstest du, dass das menschliche Gehirn so konzipiert ist, dass es besonders gut im Verbund arbeitet? Wenn sich Menschen wach und konstruktiv miteinander vernetzen, setzen sie Potenziale in einander frei, die sonst auf ewig schlafen würden.

Deine Beziehung zu einem anderen Menschen ist ein Garten, in dem alle Anwesenden erblühen. Sie sind das Mittel der Wahl, wenn du ein erfülltes, verrückendes, tiefes, lustvolles, befreiendes Leben führen willst.

Wie sieht es mit dir aus?
Willst du viel?
Bist du bereit, dich dafür existenziell einzulassen?

Die Wahl

Gleich mal vorweg: Ich kann jeden Menschen verstehen, der sich nicht voll einlassen will. Denn das ist manchmal gefährlich, öde, ernüchternd, peinlich, beängstigend und schmerzhaft. Mir geht es definitiv nicht darum, mit dem erhobenen Zeigefinger herumzulaufen und zu sagen: »Lass dich ein. Lass dich ein.«

Wenn du keinen Bock dazu hast, ist das deine Wahl. Ich finde auch nicht, dass du dich auf *jeden* Menschen, der dir begegnet, richtig einlassen musst, so wie das manche spirituellen Quatschköpfe behaupten. Dich wahrhaft für die Begegnung mit einem anderen Wesen zu öffnen, ist ein so nacktes, radikales, verletzbares Abenteuer – da ist es dein gutes Recht zu wählen, ob und mit wem du es erleben willst.[4]

---

4   … oder das Leben setzt dir einen Menschen vor, bei dem du spürst: Oh, oh, jetzt habe ich keine Wahl mehr. Wenn die Existenz dir einen solchen Köder ausgelegt hat, geht es nur noch um die Frage: Willst du es dir unnötig schwer machen und rumzappeln, oder realisierst du, dass du in der Falle sitzt und diese sich nur dann in ein Königreich verwandeln kann, wenn du dich hingibst.

Denn eines ist sicher: Wenn du das tust, verändert sich das Spiel.

Niemand außer dir selbst kann beurteilen, ob und wie tief du dich einlässt. Ich werde mich hüten, dir zu erklären, wie es »richtig« geht. Ich bin mir sicher, dass du es für dich selbst ganz genau weißt. Wenn du anwesend bist und mit vollem Einsatz spielst, bist du erfüllt. Es mögen ekstatische, schmerzhafte, zornige, stille, wilde Momente sein, doch wenn du dich wirklich einlässt, bist du im Frieden. Denn dann gibst du alles.

Wie lange du es mit einem anderen Menschen aushältst, ist unwichtig. Unsere Gesellschaft orientiert sich (noch) wesentlich stärker am Haben als am Sein. Wir überbewerten Form und Dauer und vernachlässigen gelebte Qualität. Wir fragen: »Wie lange seid ihr schon verheiratet?«, als würde die Jahreszahl irgendetwas aussagen. Ich kenne Paare, die schon eine halbe Ewigkeit eine perfekte Fassade präsentieren, aber dahinter Abgründe der Trostlosigkeit verbergen. Daneben habe ich selbst schon sehr kurze Begegnungen gehabt, die mein ganzes Leben veränderten. Wenn du das nächste Mal ein Paar triffst, das seinen Hochzeitstag feiert, sei doch mal mutig und erkundige dich: »Wie viele echte, erfüllte Momente waren dabei?«

Mit einem anderen Menschen zu sein und dich nicht wirklich einzulassen ist, als ob du dein Leben in den Standby-Modus versetzt. Dabei ist jeder einzelne Tag deiner Reise so kostbar. Es ist dein Recht, dich so zu verhalten und es ist gleichzeitig ganz schön dämlich. Viele leben mit dem Plan, sich ihr »wirkliches« Leben und ihre »echte« Liebe für einen imaginären Moment in der Zukunft aufzuheben.[5] Doch dieser Moment wird so nie kommen.

Verschenke dich jetzt. An dieses Buch. An die Menschen, denen du heute noch begegnest. An die Erde, auf der du läufst. An die Luft, die du atmest. An das Wesen, das dir im Spiegel in die Augen schaut. Verschenke dich ganz und schau, was dann passiert. Lass das Leben deinen Becher leer trinken, damit er immer wieder aufs Neue gefüllt werden kann.

Hör auf, dich zurückzuhalten, denn weißt du was? Du stirbst.[6] Wenn du wissen willst, was für dich in diesem Spiel wirklich drin ist, musst du in den Ring steigen. Wir anderen können uns nur voll auf dich beziehen, wenn du auch ganz mitspielst. Ich mag keine Zeit mehr mit Menschen verbringen, die lieber am Rand stehen, anstatt voll in

---

5 Ich kannte mal jemanden, der eine fixe Idee davon im Kopf hatte, unter welch extrem romantischen Umständen er seiner Freundin irgendwann einen Heiratsantrag machen würde. Nur hatte seine Fantasie leider relativ wenig mit der Frau an seiner Seite zu tun. Sie wollte heute leben. Eines Morgens war sie dann weg. Dumm gelaufen. Oder besser: dumm gewartet.

6 Ich finde es witzig, wenn sich Menschen mit dem Gedanken an eine mögliche Reinkarnation trösten. Nach dem Motto: »Ich warte auf die nächste Runde. Dann gebe ich Gas.« Ich persönlich verwette meinen A… nicht auf meine Wiedergeburt, doch sollte es so etwas geben, dann ist es für mich nur ein weiteres Argument dafür, *jetzt* alles zu geben. Denn ich vermute, dass wir im Reinkarnationsspiel nicht auf Null gesetzt werden, sondern dass wir den ganzen ungelösten Schlamassel der letzten Spielrunden mitschleppen. Darauf habe ich keinen Bock.

die menschliche Schlammschlacht zu springen, um das Beste rauszu-holen. Nichts ist öder als diese »Was wäre wenn … ?«-Gespräche.

Was wäre, wenn ich Mut hätte?
Was wäre, wenn ich endlich den Richtigen treffen würde?
Was wäre, wenn mein Partner endlich den nächsten Schritt ginge?

Es ist DEIN Spiel, schon kapiert? Du bist nicht nur die wichtigste Spielfigur, du bist auch der Spieler, auf dessen nächsten Zug alle anderen warten.

Alles, was du in diesem Leben erreichst, hat auch mit deinen Beziehungen zu tun. Du wirst nie wissen, was für dich möglich ist, bevor du dich nicht richtig einlässt.

Du willst wissen, was dieses Einlassen denn nun eigentlich bedeutet?

Existentielles Einlassen bedeutet, deine Energien von »irgendwo und irgendwann« abzuziehen und hierherzubringen, in genau diesen Moment. Viele Menschen leben im wahrsten Sinne des Wortes zerstreut: verteilt auf ihre Hoffnungen und Sorgen, auf Bedauern der Vergangenheit und Projektionen auf die Zukunft. Für den gegenwärtigen Moment bleibt da nur ein spärlicher Rest übrig. Vielleicht kennst du selbst diese zermarternden Gedankenspiele: »Ist das nun der Richtige oder nicht? Soll ich dieser Beziehung noch eine Chance geben oder mich trennen?«

Es ist, als ob wir erst wissen wollten, ob es gut geht, bevor wir bereit sind, richtig mitzuspielen. Dabei funktioniert das Spiel genau andersherum. Du wirst nur dann herausfinden, was geht, wenn du dich jetzt voll darauf einlässt. Wenn zerstrittene Paare zu mir kommen, liegt oft diese Frage in der Luft: »Hat diese Beziehung noch eine Chance? Sind wir füreinander geschaffen?« Ich gebe dann den einzigen Tipp, der mir geholfen hat, aus diesem Zweifelkarussell auszusteigen: »Lass dich hier und jetzt voll auf diesen Menschen ein und ihr werdet in Windeseile herausfinden, was zwischen euch möglich ist.«

Existenzielles Einlassen bedeutet also auch, dem gegenwärtigen Beziehungspartner eine Chance zu geben, indem du ihm GANZ begegnest – mit allem, was dich ausmacht. Lass das Taktieren sein. Wenn ihr mit gezinkten Karten spielt oder die Hälfte der Karten fehlt, kann kein Spielfluss entstehen. Zeig dich. Leg alles auf den Tisch. Deine Sehnsucht, deine Kraft, deine Emotionen, deine Gedanken, deine Ängste, das Helle und das Dunkle.

Ist das mit Risiko verbunden? Klar. In einer so gezähmten und kontrollierten Gesellschaft wie der unsrigen pustest du die meisten Menschen mit ehrlicher Direktheit um. Du vergraulst die Heuchler. Na und? Ich ziehe es vor, mein Leben lieber mit wenigen Freunden zu verbringen, von denen ich weiß, dass sie mich als Komplettpaket kennen und annehmen, als mich mit einer Menge Pseudofreunden zu umgeben, bei denen ich ständig auf der Bremse stehen muss.

Wenn du dich existenziell einlässt, kann es auch richtig wehtun. Denn dann spielst du das Spiel ohne Maske und Schutzpanzer. Es ist eine im Sinne des Buchtitels *radikale* Wahl, die du für dich treffen musst: Du kannst dich ein Leben lang vor zwischenmenschlichen Wunden schützen, indem du allen eine Attrappe von dir vor die Nase hältst. Oder du drehst den Spieß um und findest den stärksten Schutz, indem du aufhörst, dich zu schützen. Du gehst mit offenem Herzen in die Begegnung. Du lässt die Verletzungen und Peinlichkeiten eines ehrlichen Lebens bewusst und nüchtern brennen. Dieser Weg ist wild. Er ist tief. Er beschleunigt deine Entwicklung. Er leert dich. Er erfüllt dich. Er macht dich wahrhaft schusssicher, denn er verbindet dich mit deiner Essenz. Und die ist nicht antastbar.

Existenzielles Einlassen bedeutet, dich zu zeigen:

»Hier bin ich. Das bin ich.
Nimm mich oder lass es bleiben.
Ich renne nicht mehr weg.
Ich bin bereit, mit dir im Feuer der Ekstase zu brennen.
Ich bin bereit, mit dir die Täler menschlicher Kleinherzigkeit zu durchqueren.
Ich bin bereit, unsere Seelen nackt miteinander tanzen zu lassen.
Ich bin bereit, alles, was ich bin, in die Waagschale unserer Möglichkeiten zu werfen.
Ich spiele nicht mehr falsch.
Ich verhalte mich nicht mehr netter, als ich bin.

Ich bücke mich nicht mehr, um meine Größe zu verbergen.

Ich habe ein Licht in mir gefunden und bin bereit, dies mit dir zu teilen.

Doch ich bin nicht mehr käuflich, denn ich fürchte die Einsamkeit nicht.

Ich bebe. Ich falle. Ich weiß nicht alles. Ich bin verletzbar.

Aber vor allem bin ich.

Hier bin ich. Das bin ich.

Ich bringe meine Ängste, meine Zweifel, meine Wildheit, meine Kraft und meine Liebe. Ich lege alles, was ich bin, auf den Amboss der Wirklichkeit.

Wenn wir füreinander bestimmt sind, wird uns Wahrheit näher bringen.

Wenn unsere Beziehung keine echte Substanz hat, lass es uns so schnell wie möglich herausfinden, denn mein Leben ist unglaublich kostbar.

Ich habe keine Zeit für faule Kompromisse.

Dein Leben ist unglaublich kostbar.

Wenn ich mich nicht ehrlich zeige, beleidige ich dich.

Indem ich mich jetzt und hier existenziell auf unsere Begegnung einlasse, ehre ich dich und mich.

Ich gebe dem, was zwischen uns möglich ist, eine reale Chance, sich zu manifestieren.

Ich will alles.

Hier bin ich.«

Brenne das Schiff nieder

Der spanische Eroberer Hernando Cortés segelte im Jahre 1519 mit 700 Mann auf mehreren Schiffen von Kuba nach Mexiko, um das sagenumwobene Gold der Inka zu suchen. Da sich das Abenteuer als wesentlich schwieriger herausstellte als geplant, gab es unter den Soldaten eine Meuterei. Cortés ließ darauf die Flotte in Brand stecken. Seine Mannschaft hatte nun keine Rückzugsmöglichkeit mehr und eroberte mit dem Mut der Verzweiflung das Riesenreich der Azteken.

Kommunikationstechniken und therapeutische Ansätze für die Beziehungspflege werden überbewertet. Sie sind ohne Zweifel wichtig und sehr wirksam. Doch sie funktionieren erst, wenn beide bereit sind, nur noch in eine Richtung, nämlich vorwärtszugehen. Solange du insgeheim deinen Rückzug planst und dein Fluchtschiff fertig gepackt in der Bucht vor Anker liegt, wirst du das Neuland nicht erobern können. Ich kenne Paare, die alles über Kommunikation wissen und dennoch nicht zueinanderfinden. Sie bemühen sich mit Worten an der Oberfläche, doch auf einer tieferen Ebene gibt es keine Bereitschaft, sich mit ihrer nackten Seele auf die Begegnung einzulassen. Manchmal ist ein ehrliches »Nein. Ich will mich dir jetzt nicht öffnen« hilfreicher als Dutzend geheuchelte Versuche der Annäherung.

Auf der anderen Seite habe ich schon so viele wundersame Wandlungen in scheinbar hoffnungslosen Beziehungen erlebt, nachdem die Wahl, sich wirklich einzulassen, gefunden und auch ausgesprochen worden war. Gibt es dieses JA füreinander, könnt ihr alles schaffen. Davon bin ich zutiefst überzeugt. Deshalb rate ich Paaren und Teams, zuerst dieses JA für das gemeinsame Abenteuer zu finden, bevor sie sich auf den Weg machen. Das bedeutet nicht, dass bereits zu Beginn alle Vorbehalte und Ängste verschwunden sein müssen. Ihr müsst euch ja erst einmal testen. Ein JA bedeutet: Ihr gebt euch eine echte Chance. Ihr seid bereit, alles zu tun, um diese Beziehung in einen blühenden Garten zu verwandeln. Ihr seid bereit, diese Beziehung für eine Weile als eure Übungsmatte zu akzeptieren und sie nicht jeden Tag aufs Neue infrage zu stellen.

Dieses JA wirkt Wunder! Als ich endlich begann, mich voll auf Andrea einzulassen, verschwanden viele Probleme einfach so. Denn tatsächlich entspringen viele, völlig unnötige zwischenmenschliche Konflikte einfach nur einem versteckten Nein. Es sind oft die verborgenen Zweifel eines berechnenden Egos, die uns daran hindern, jetzt und hier alles zu geben: »Will ich das hier überhaupt? Sollte ich nicht besser woanders sein? Gibt es vielleicht noch eine passendere Partie für mich? Warum tue ich mir das überhaupt an?«

Doch wenn du so denkst, dann hältst du einen Teil von dir zurück. Das ist ein Teufelskreislauf, denn der andere spürt dein Zögern. Er wird dir nicht offenbaren, wer er wirklich ist, solange du dir Hintertürchen offenhältst. Vor allem wirst du dir selbst nicht beweisen können, was du beziehungsmäßig drauf hast, denn deine Kräfte sind innerlich zerrissen. Viele Optionen bedeuten nämlich nicht automatisch Freiheit. Du lähmst damit deinen Lösungswillen für das Problem, das gerade vor dir liegt.

Als ich Andrea kennenlernte, lagen unsere Berliner Wohnungen ca. zwei Kilometer auseinander. In den ersten zwei Jahren der Beziehung bin ich zwei- bis dreimal pro Woche ein- beziehungsweise ausgezogen. Nein, ich übertreibe leider nicht. Sobald es schwierig wurde, packte ich meine Klamotten und zog mich in meine Junggesellenbude zurück. Je nach Schweregrad unseres Streits hatte ich entweder nur das Nötigste bei mir oder auch meinen heiß geliebten, kleinen Kofferfernseher.[7] Wenn es ganz schlimm war, baute ich auch meine HiFi-Anlage ab. Dann musste ich einen Freund mit Auto organisieren. Doch meistens lief ich die Strecke. Nach ein bis zwei Tagen kam ich dann wieder mit allen Sachen zurück. Die Rentner am Fenster kannten mich nach einer Weile gut und winkten mir mit einem fragenden Lächeln zu. Wahrscheinlich zerbrachen sie sich den Kopf darüber, was für eine Art Handlungsreisender ich wohl war. Hin. Her. Immer wieder.

---

7 Das mag absurd klingen, doch mit was kann man sich besser von Schmerz und Nachdenken ablenken als mit Fernsehen?

Kannst du dir vorstellen, wie blöd ich mir nach einer Weile dabei vorkam? Trotzdem fand ich keinen Ausweg aus dem Spiel. Da ich nicht fest entschlossen war, brach ich das Experiment Beziehung jedes Mal, wenn es schmerzhaft wurde, wieder feige ab. Zurück auf Los. In meinem Fall: zurück in die Junggesellenbude. Das hielt ich fast zwei Jahre durch. Kann gut sein, dass das abgedreht für dich klingt. Wahrscheinlich ziehst du rein physisch nicht so oft ein und aus. Doch mal ganz ehrlich: Wie sieht es in deinem Oberstübchen aus, wenn eine Beziehung dir viel Stress bereitet? Spielst du dann nicht mit Rückzugsoptionen? Stellst du dir nicht vor, wie du alles hinwirfst? Gibt es dann nicht auch in dir einen kleinen Teufel, der dir leise ins Ohr flüstert: »He, du hast doch wirklich etwas Besseres verdient.« »Spar dich für den Richtigen auf!« »Das kann noch nicht meine Traumfrau sein. Dafür ist es zu anstrengend.« Na, ertappt?

Willst du wissen, wie ich meinen neurotischen Teufelskreislauf durchbrach? Eines Tages erschien mir ein Engel auf dem Weg und badete mich in gleißendem Licht. Mein Herzchakra brach auf. Ich war nur noch Liebe. Ich erkannte Andreas Vollkommenheit, rannte sofort zum nächsten Blumenladen, kaufte von all meinem Geld tausend Rosen und kniete vor ihr nieder, um um ihre Hand anzuhalten. Sie weinte vor Rührung. Wir fielen uns in die Arme, hatten spektakulär guten Sex und haben uns seitdem nie wieder gestritten.

Nein. Film zurück. So romantisch war es leider nicht. Das Haus, in dem ich wohnte, wurde saniert. Ich musste ausziehen. Nun stand ich vor der Wahl: Entweder ich zog in eine Ersatzwohnung wesentlich weiter weg, oder ich zog ganz bei Andrea ein. Oh, ging mir Bindungsgestörtem die Muffe! Doch gleichzeitig war ich so müde vom Rennen. Jetzt wird es ganz unromantisch: Die Vorstellung, ab jetzt nicht mehr nur zwei, sondern vier Kilometer laufen zu müssen, war schlimmer als die Angst vor meinen Gefühlen. Ich war endlich bereit, den Widerstand gegen eine Wahl, die längst getroffen war, fallen zu lassen. Gesagt, gewagt, getan.

Warum ich diese Story überhaupt mit dir teile? Ich erlebte eine Überraschung. Anstatt mich eingeengt zu fühlen, erfuhr ich durch diese gemeinsame Wohnung eine Befreiung. Unsere Konflikte verliefen plötzlich konstruktiver und endeten schneller. Da ich nicht mehr ausziehen (fliehen) konnte, riss sich meine schöpferische Intelligenz endlich zusammen, um an der Lösung mitzuarbeiten. Andrea und ich entdeckten Wege in die Freude, die wahrscheinlich schon immer offen gestanden hatten. Doch ich hatte sie erst finden können, als ich aufhörte, nach dem Fluchtweg zu schielen.

Wo schwächst du deine Lösungsintelligenz mit zu vielen Optionen?

Einer oder alle?

Die Erfahrung, dich existenziell einzulassen, ist keinesfalls nur auf eine Liebesbeziehung oder auf die Beziehung zu einem anderen Menschen, der dir sehr nahesteht, beschränkt. Sehr wahrscheinlich interessierst du dich beim Lesen dieses Buches besonders für eine ganz konkrete Beziehung in deinem Leben. Tu das ruhig, es ist sinnvoll, hier zu beginnen. Dieser Mensch wartet darauf, dass du dich noch mehr einlässt. Doch bleibe dort nicht stehen. Du hast nämlich zu uns allen eine Beziehung. Wenn du deine Kraft bremst und deine Liebe zurückhältst, fehlt sie der Welt. Du bist wichtig für uns! Damit will ich nicht sagen, dass du ab jetzt durch die Gegend rennen und jeden umarmen sollst. Es ist dein gutes Recht, achtsam zu wählen, auf welchen Menschen du dich wie tief einlässt. Doch wie oft halten wir uns künstlich zurück und verschlafen den Zauber des Lebens, weil wir festgelegt haben, wem wir uns zeigen und wem nicht? Dabei ist es manchmal ein magisches Augenzwinkern in der U-Bahn, ein aufmerksames Kompliment an der Kasse oder ein ehrliches Gespräch mit dem Barkeeper, das unsere Seele zum Klingen bringt.

Ich danke dir für jede Geste der bewussten Liebe, für jedes lebendige Risiko, für dein Einlassen in all deinen Beziehungen – denn ich weiß, dass jedes Lächeln, welches du auf die Lippen eines anderen Menschen zauberst, irgendwann seinen Weg zu mir finden wird.

Inkarniere ganz

Es war einmal ein verheirateter Mann. Der hatte die Nase voll von all den Streitereien mit seiner Frau. Also verließ er sie eines Nachts. Er kündigte seinen Job und flog in den Himalaya. Dort fand er eine Höhle und begann zu meditieren. Er wollte sich nicht von der Stelle bewegen, bis er Erleuchtung gefunden hatte. Die Einheimischen brachten ihm zu essen. Er trank Wasser aus einer frischen Quelle. Nach drei Jahren war es so weit. Sein Geist wurde komplett still und er fand heraus, wer er wirklich war. Die Erleuchtung sprach sich herum. Immer mehr Menschen kamen, um von dem Weisen zu lernen. Eines Tages fand ihn durch Zufall so auch seine Frau. Sie sagte kein Wort. Sie saß hinten, in der letzten Reihe seiner Schüler. Der Weise sprach gerade langsam und bedächtig über die Freiheit der Erleuchtung, als er seine Gefährtin erkannte. Sein Verstand wurde unruhig. Sein Schmerzkörper zuckte zusammen. Innerhalb von Sekunden war alles wieder da. Erst stotterte er. Dann hörte er auf zu reden. Nach einer Weile stand er auf, zog seine Kutte aus und wendete sich an seine Jünger: »Ich bin noch nicht fertig. Es ist Zeit, dass ich mich meinen Dämonen stelle und wirkliche Freiheit finde.« Dann nahm er seine Frau an der Hand und verließ mit ihr die Höhle.

Manchmal laufen mir Menschen über den Weg und quatschen von Lichtwesen und Engeln.[8] Ehrlich? Ich kann es nicht mehr hören. Für mich ist das in den meisten Fällen eine rosarote »Ich-verpiss-mich-aus-meiner-menschlichen-Realität«-Strategie[9]. Wenn du Freude und Erfüllung in menschlichen Beziehungen erfahren möchtest, finde dich endlich damit ab, ein Mensch zu sein. Mensch – das ist diese ulkig-tragisch-faszinierend-hoffnungsvolle Schnittstelle zwischen einem Tier und einem wirklich bewussten, erwachten Wesen. Willkommen in der Welt der vollkommen Unvollkommenen.

Unsere westliche Kultur ist einem manischen Kult verfallen: »Ich will mich wohlfühlen, und zwar sofort und immer.« Das fördert nicht gerade Hingabe und Geduld in Beziehungen. Wir steigen gern und schnell aus, wenn es ein bisschen brenzlig, schwitzig, schlammig wird. Tja, und dann beginnen wir eben woanders von vorn. Ist dir schon mal aufgefallen, dass Liebesfilme immer genau an der Stelle enden, an der es für dich und mich spannend wird?

Wie geht man mit dem ersten Bedürfniskonflikt um?
Was tun, wenn die Romantik nicht mehr den Alltag verzaubert?
Was, wenn die eigene Unvollkommenheit anfängt, so sehr zu schmerzen, dass du sie auf deinen Partner projizierst?

---

8 Bevor du dich aufregst: Ich sage nicht, dass es Engel nicht gibt. Ich weiß es nicht. Ich folge nur meiner inneren Logik und die sagt mir: »Meine Baustelle heißt Veit Lindau, und darum hab ich mich zu kümmern.«

9 Ich kenne auch Menschen, denen nehme ich ab, dass sie wirklich etwas sehen, was mir verborgen ist. Interessanterweise reden die fast nie darüber.

Kein Wunder, dass Filme enden, bevor sich alle diese Fragen auftun. Wer will schon freiwillig etwas ansehen, das mit Einsatz, Dauer und Leidensfähigkeit zu tun hat?

Eine echte Beziehung ist nichts für emotional verwöhnte Weicheier.[10] Es ist leicht, allein in deinem Kämmerlein zu hocken, Weisheitsbücher zu lesen und davon zu träumen, wie erleuchtet und gut du bist. Etwas völlig anderes ist es, diese vermeintliche Weisheit in deinen konkreten Beziehungen auf den Prüfstand zu stellen. Dein Ehemann, deine Schwiegermutter, deine Kinder und Kollegen zeigen dir schonungslos auf, wie reif du wirklich bist. Sie sind die Zenmeister deiner Entwicklung. Je krampfhafter du versuchst, deine Entwicklungsklasse zu überspringen, desto mehr schmerzen und nerven diese Menschen! Um diese unangenehmen, ernüchternden Erfahrungen zu umgehen, weigern sich viele, ganz in ihre Beziehungen hinein zu inkarnieren.[11]

Kennst du die Situation, ganz nah neben einem geliebten Menschen zu sitzen und dennoch das Gefühl zu haben, er sei nicht wirklich bei dir? Am liebsten würdest du ihm eine verpassen, damit er wieder aufwacht. Wo ist er in solchen Momenten? Er hat sich in

---

10 Schön locker bleiben. Ich meine mit solchen zärtlichen Begriffen natürlich nie dich, sondern immer »die anderen« …

11 Inkarnation bedeutet, wörtlich übersetzt, Fleischwerdung. Es ist nicht nötig, an Wiedergeburt zu glauben, um zu verstehen, was ich mit dem Wort ausdrücken möchte. Du inkarnierst, indem du dein ganzes Wesen in deinem Körper voll ankommen lässt, so dass DU, wirklich DU! aus deinen Augen und jeder Geste strahlst.

seine virtuelle, mentale Welt zurückgezogen. Er denkt, grübelt, fantasiert oder schläft in seinem inneren Reich – und fehlt deshalb hier, in der wahren Begegnung mit dir.

Warum tut er das? Warum verpisst du dich selbst manchmal? Weil du dich, um wirklich anwesend zu sein, existenziell einlassen musst. Und dies kostet dich deine Kontrolle, kann wehtun und unangenehme Wahrheiten ans Licht bringen!

»Warum sollte ich es dann überhaupt tun?«, fragst du dich vielleicht. Weil sich deine Beziehungen, wenn du dich nicht einbringst, nicht weiterentwickeln und niemals ihr volles Potenzial entfalten. Dein Lernprozess verzögert sich. Der Motor deiner Evolution läuft nicht von allein. Ja, du wirst weniger Unsicherheit, weniger Enttäuschungen, weniger Schmerz erfahren, doch am Ende wirst du unerfüllt sterben.

Du wirst dich immer wieder fragen:
Habe ich die Möglichkeiten dieser Beziehung wirklich wahrgenommen?
Wäre nicht mehr möglich gewesen?
Hätte ich tiefer lieben und mehr riskieren können?
Habe ich mich mit Haut und Haaren auf den anderen eingelassen?
War ich wirklich erfüllt?

Diese Zweifel können unangenehm quälen – noch lange, nachdem dieser Mensch aus unserem Leben verschwunden ist. Denn erst wenn wir einen Moment voll erleben und erfüllen, können wir ihn auch gehen lassen. Deshalb tu dir selbst einen Gefallen und geh von deiner inneren Bremse. Höre auf, dich zurückzuhalten, dich zu verstecken oder zu verstellen.

Zeig dich.

Inkarniere.

In deinen Körper, in deine Gefühle, in deine Triebe, in deine Liebe. Beginne, dich selbst voll zu bewohnen. Erst wenn du wirklich da bist, geht die Show so spektakulär weiter, wie du es verdient hast.

Und höre auf, darauf zu warten, dass der andere den ersten Schritt tut. Das ist nicht dein Job. Es gibt nämlich niemand anderen da draußen. Es gibt nur dich. Alle deine Beziehungen spiegeln dich und dein Verhalten wider (harte Nummer, ich weiß).
Wenn du zögerst, zögern deine Beziehungen.
Wenn du nervst, nerven die anderen.
Hältst du dich zurück, stehen alle deine Beziehungen auf Halbmast.

Vertraue dir. Konzentriere dich auf dein JA. Überprüfe selbstkritisch, ob du tatsächlich bereit bist, dich voll einzulassen.[12] Es ist ver-

---

12 Wahrscheinlich ist es DIE Illusion schlechthin, mit der wir die Weiterentwicklung in Beziehungen stoppen: »Ich habe ja schon alles gegeben. Der andere ist dran.« Wie oft haben Andrea und ich wie Winkeladvokaten voreinander gesessen und dem anderen seine Bringschuld vorgerechnet. Jedes zerstrittene, unglückliche Paar, das ich beraten habe, benutzte unbewusst diesen Trick: »Ich will ja. Aber der

hängnisvoll, mit deiner klaren Wahl auf den anderen zu warten. Dann sitzt ihr in euren Schützengräben der Vorsicht und fordert, der andere solle zuerst losgehen. Schnell ziehen auf diese Weise Jahre des Wartens und Meckerns ins Land. Ihr starrt euch verbittert an und macht euch gegenseitig für die ungenutzte Chance verantwortlich. Vergiss den anderen. Er ist nur ein Spiegel deines Zögerns. Triff für dich eine klare Wahl. Wenn du dich voll einlässt, wird der andere entweder begeistert mitziehen oder deine Realität verlassen.

Lebendige Beziehungen sind der radikalste, schnellste, heißeste, gründlichste Weg zur Selbsterkenntnis.

Jeder Mensch, auf den du dich voll einlässt, wird zum Katalysator deiner Evolution, zur Zutat deines Glücks, zum Medium deines Erfolgs, zum Zenmeister deines Erwachens.

Wenn du dich existenziell einlässt, brauchst du nie wieder über die angemessene Form einer Beziehung nachzudenken. Die angemessene Form offenbart sich kristallklar, wenn du richtig anwesend bist.

andere...« Bescheiß dich nicht selbst. Du merkst es ganz einfach, wann du alles gegeben hast. Du wirst dann innerlich still. Egal ob du bekommst, was du willst oder loslassen musst – du wirst dich in Frieden fühlen, weil du alles, was zu geben war, gegeben hast.

Dann verschwindet auch das Wort Langeweile aus deinem Wortschatz. Sich existenziell einzulassen bedeutet, den Tiger deiner Beziehungen nicht mehr im Zoo, getrennt durch eine sichere Glaswand zu begaffen, sondern ihm im Dschungel gegenüberzutreten. Es bedeutet

… mehr lebendiges Chaos, anstatt kontrollierter Routine.

… ungeschütztes Berührtsein, bis hin zu einer unendlich zarten Verletzbarkeit.

… manchmal nichts zu wissen, sondern einfach nur nackt zu sein.

… eine solche Nähe, dass sie Todesängste, aber auch so, so süße Ekstase auslösen kann.

In dem Maß, in dem du dich auf deine Beziehungen einlässt, werden sie dich beschenken. Die Menschen in deiner Umgebung können dir nur zeigen, wer sie wirklich sind, wenn du dich existenziell auf sie einlässt.

Doch wie gesagt, du musst nicht.

Du kannst auch weiter warten.

Aber worauf eigentlich?

UMSETZUNG

Halte inne und frage dich, in welcher deiner Beziehungen du gerade unzufrieden bist.
Betrachte sie einmal mit der folgenden Frage im Hinterkopf:
»Was halte ich noch zurück?«

Hier einige Beispiele dafür, was du alles zurückhalten kannst:

- deine ehrlichen Gedanken über den anderen und eure Beziehung
- deine Gefühle
- deine Zweifel
- deine Zeit
- deine Aufmerksamkeit
- dein Lauschen
- deine Hingabe
- dein Dienen
- deinen Witz
- deine Bereitschaft, ausreichend Zeit in die Meisterschaft dieser Beziehung zu investieren
- das Buch, welches du dir vor Jahren einmal ausgeborgt hast
- deine Stille
- deine geheimen Fantasien
- deine Lust
- deine Bereitschaft, dem anderen einen Wunsch zu erfüllen
- deine klar kommunizierten Grenzen

- deinen materiellen Reichtum
- ...

Du kannst die Liste gern ergänzen.

Und nun?

Vielleicht fragst du dich nach dem Aufstellen der Liste:
Was mache ich denn nun damit? Wie schaffe ich es, mich mehr einzulassen? Was mache ich mit den Blockaden, die mich daran hindern?

Mein Tipp: Mach nichts damit. Versuche nicht krampfhaft, mutiger und hingebungsvoller zu sein, als du bist.[13] Doch ignoriere deine innere Grenze auch nicht, sondern erforsche sie bewusst. In *Heirate dich selbst* gehe ich ausführlich darauf ein, warum und wie das bewusste Anerkennen dessen, was ist, bereits eine sanfte Veränderung auslöst.

Als ich Andrea kennenlernte, war es mir zu Beginn unserer Beziehung sehr wichtig, getrennte Konten beizubehalten. Ich vertraute ihr nicht. Ich hatte Angst. Außerdem war ich nicht bereit, Kosten für Leona, ihre Tochter, mit zu übernehmen. Gleichzeitig aber ging mir das ständige, penible Auseinanderfädeln der Rechnungen immer mehr

---

13 Schau, wenn du dich in deinen Beziehungen bis jetzt an bestimmten Stellen nicht mehr einlassen wolltest oder konntest, muss das einen Sinn haben. Deine unterbewusste Intelligenz »denkt« sich etwas dabei. Vielleicht hast du schon einmal erlebt, wie deine Offenheit ausgenutzt wurde. Vielleicht will sie dich vor Verletzung und Verlust schützen.

auf den Keks. Ich kam mir selbst engherzig vor. Ich wollte gern vertrauensvoller und großzügiger sein, doch die Wahrheit war: Ich war es nicht. Wenn ich diese »Blockade« damals übersprungen und die Konten gleich zusammengelegt hätte, hätte ich meine Angst weiter mitgeschleppt. Stattdessen legte ich sie offen. Ich erforschte sie sehr bewusst. Ich sprach offen mit Andrea darüber und ließ mir Zeit. Diese Phase fühlte sich nicht cool an, dafür aber ehrlich.

Und eines Tages war es so weit. Ich saß wieder einmal vor einer Rechnung und versuchte, meinen Anteil von ihrem zu trennen. Plötzlich spürte ich: Ich bin bereit für den nächsten Schritt. Ich hatte immer noch Angst, doch die Sehnsucht nach dem Sich-noch-mehr-Einlassen war größer. Seitdem haben wir nur noch ein Konto. Ah! Was für eine Vereinfachung.

Das ist nur ein Beispiel. Ich kenne auch Paare, bei denen führt das tiefere Einlassen zum ersten Mal zu getrennten Konten. Mir geht es darum, dir aufzuzeigen, wie du mit deiner inneren Grenze bewusst umgehen kannst.

1. Nimm sie ehrlich wahr.
2. Respektiere, dass sie da ist.
3. Erforsche so bewusst wie möglich: Wovor beschützt sie dich? Was kostet sie dich?
4. Sprich mit den Menschen, die es betrifft, ehrlich und so genau wie möglich darüber.
5. Spüre jeden Tag aufs Neue in dich hinein, ob du bereit bist für den nächsten Schritt.

DER WEG

Du bist ein sehr komplexes Wesen. Der andere ist es auch. Erst wenn du dich wirklich auf einen anderen Menschen einlässt, wird es spannend. Es ist tatsächlich angebracht, dir eure Begegnung wie das Aufeinandertreffen zweier Universen vorzustellen. Es wird Momente geben, da der gute Wille allein nicht ausreicht, um eine Brücke dazwischen zu schlagen.

Dann ist es enorm erleichternd, wenn du weißt, was du konkret tun kannst. Du musst nicht auf eine glückliche Wendung warten. Du kannst viele gute, wirksame Dinge für euer Glück tun. Es gibt wundervolle Werkzeuge, um den Garten eurer Verbindung zu pflegen.

Genau darum geht es in diesem zweiten Teil des Buches. Ich lade dich darin ein, sechs Qualitäten einer lebendigen Beziehung zu erforschen.

Ich habe in den letzten zwanzig Jahren sehr viele Bücher über Beziehungen und Kommunikation gelesen, Methoden ausprobiert, dutzende Workshops besucht und hunderte selbst gegeben. Viele Ansätze klangen vielversprechend, wirkten aber nicht nachhaltig

oder waren schlicht nicht alltagstauglich.[14] Ich habe in den sechs Qualitäten für dich zusammengefasst, was meiner Meinung nach konkret funktioniert, im Alltag gut umzusetzen ist und schnelle Ergebnisse bringt.

Ich lade dich ein, alle Vorschläge mindestens einmal neugierig auszuprobieren und dann all das in deinen Werkzeugkoffer der Beziehungskunst zu übernehmen, was dich berührt und bewegt.

Die sechs Qualitäten einer lebendigen Beziehung

Gestalten

Überlasse eure Beziehung nicht dem Zufall. Nutze deinen kreativen Geist, um sie aktiv zu gestalten.

Verbinden

Lerne, wie man durch erfolgreiche Kommunikation Brücken zwischen den Welten eurer Universen errichtet.

Stärken

Begreife eure Beziehung als ein nährendes Feld. Was müsst ihr tun, damit ihr beide aus eurer Verbindung gestärkt und bereichert hervorgeht?

---

14 Eine berufstätige Mutter mit drei Kindern, von denen zwei krank sind, hat nicht immer Zeit, zuerst die richtigen Kerzen und Räucherstäbchen zu besorgen und sich mit einer halben Stunde Mantrasingen auf ein dreistündiges Heilungsritual einzustimmen, wenn sie in einer Ehekrise steckt. Und Männer, die gegen 19 Uhr müde nach Hause kommen, kurz bevor die Bundesliga anfängt, freuen sich riesig, wenn du nun all die Übungen mit ihnen ausprobieren möchtest, die du am Wochenende auf einem Herzöffnungs-Workshop gelernt hast. Verstehst du, was ich meine?

Heilen

Eine lebendige Beziehung bringt alte, noch nicht ausgeheilte Wunden ans Tageslicht. Was könnt ihr tun, damit diese endlich heilen können?

Erwachen

Du bist viel mehr, als du gerade denkst. Eine lebendige Beziehung fördert dein Erwachen in eine größere Version deiner selbst. Kultiviere Neugier, Staunen und Humor.

Lieben

Was bleibt, wenn der übliche menschliche Kleinkram zurücktritt?

Bereit für den Weg?
Let's go.

Liebe ist eine Illusion

Bevor wir ans lustvolle Gestalten gehen, lass uns lustvoll den Mythos Liebe schlachten. Wenn du jetzt empört aufschreist, lies dieses Kapitel bitte bis zu Ende!

Ich will dich weder deprimieren noch provozieren. Ich bin auch kein Zyniker. Ich schwärme selbst gern. Doch eines habe ich gelernt: Wenn du in deinen Beziehungen vorankommen willst, brauchst du festen Boden unter den Füßen. Das bedeutet: Schmeiß alle schwammigen Konzepte über das, was eine Beziehung angeblich ist, aus dem Fenster. Und sei so mutig und beginne mit dem nebulösesten: der Liebe. Setz einmal die rosarote Brille ab und schau dich nüchtern um: Das, was Menschen als Liebe bezeichnen, hat zu 99 Prozent nichts damit zu tun.

Liebe ist das nach Gott am häufigsten missbrauchte Wort.
Im Namen der Liebe wird getötet.
Im Namen der Liebe wird gestritten.
Im Namen der Liebe wird ungesunde Co-Abhängigkeit schöngeredet.

Im Namen der Liebe wird munter drauflos manipuliert.

Im Namen der Liebe wird die eigene Vernunft dummgelabert, bis jeder gesunde Impuls, etwas zu hinterfragen oder sich zu entwickeln, einschläft.

Wir sagen: »Ich liebe dich!«, obwohl es ehrlicher und genauer heißen müsste: »Das Zusammensein mit dir bereitet mir gerade angenehme Gefühle und dafür bin ich dir dankbar.«

Wir rufen unserem Schatz zu: »Ach, ich liebe dich!«, weil er gerade den Müll herausgebracht hat und wir deshalb nicht mehr von der Couch aufstehen müssen.

Wir fragen den anderen: »Liebst du mich wirklich?« just in dem Augenblick, in dem wir uns selbst diese Frage stellen sollten.

Eltern benutzen »Liebe«, um ihre Kinder zu erziehen. »Wenn du dies tust, hat Mami dich lieb. Wenn du einen anderen Weg einschlägst, wird Papi böse.«

Männer hauchen: »Ich liebe dich« und meinen eigentlich: »Ich hab gerade Bock, dich zu vögeln. Kriege ich dich so rum?«[15]

---

15 Mir ist natürlich bewusst, dass das auch auf Frauen zutreffen kann. Im Zeitalter der Transformation kann man sich auf kein Klischee mehr verlassen.

Missionare haben aus »Liebe zu Gott« Gewalt und tödliche Viren in andere Kulturen gebracht.

Das, was wir »verliebt« nennen, hat nicht wirklich etwas mit dem anderen zu tun. Es ist ein leicht präpsychotischer Zustand, ausgelöst von einer Sturmflut biochemischer Drogen.

Ich spreche mit Frauen, die glauben, viele Entbehrungen, manchmal sogar Schläge, aus Liebe zu ihrem Mann ertragen zu müssen. Will Liebe so etwas von uns?

Ich spreche mit Männern, die darunter leiden, ihre Frau nicht tief genug lieben zu können, weil ihr Busen zu klein ist.[16]

Und was meinen wir damit, wenn wir sagen: »Meine Liebe zu dir ist erloschen«. Kann Liebe erlöschen? War das Liebe? Oder wäre es radikaler und ehrlicher auf den Punkt gebracht mit: »Das Zusammensein mit dir löst keine angenehmen Gefühle mehr in mir aus.«?

Besonders verwirrend und oft recht witzig geht die spirituelle Flachlandszene mit dem Begriff Liebe um. Nirgendwo sonst scheint mir der Mind-Behavior-Gap, also die Kluft zwischen dem, was wir scheinen wollen, und dem, was wir wirklich auf die Erde bringen, so groß. Der Verstand wird durch rosarot getünchte Phra-

---

16   Nein, das ist kein Witz. Ich kenne auch Männer, die ernsthaft glauben, sie liebten ihre Frau nun mehr, weil sie sich ein paar Pfund Silikon unter die Haut gestopft hat.

sen besoffen gemacht, bis er nicht mehr zwischen Hell und Dunkel, Sinn und Unsinn, Realität und Wunsch unterscheiden kann. Ich treffe dort immer wieder Menschen, die enorm viel Zeit damit verbringen, über Liebe zu sprechen, zu lesen und zu meditieren, die aber nicht mehr in der Lage sind, eine stinknormale Liebesbeziehung mit all ihren menschlichen Herausforderungen und Niederungen zu führen.

Ich darf mich darüber lustig machen, denn wenn ich höre, was ich selbst vor 18 Jahren für große Reden über die Liebe geschwungen habe, überkommt mich eine heilsame Scham. Es ist so einfach, sich einzureden, man wüsste, was Liebe ist und dann den Realitätstest galant auszulassen. Mein Glück war, dass ich von Beginn meiner Laufbahn als Berater und Seminarleiter an mit Andrea eine im positiven Sinne nervende Ehefrau an meiner Seite hatte. Wenn ich wieder einmal einen großartigen Vortrag zum Thema Liebe gehalten hatte, stand sie mit wachem, unbeeindrucktem Blick an der Tür und eine Frage umspielte mal lächelnd, mal herausfordernd ihre Lippen: »Das klang toll, Veit, was du gerade über die Liebe erzählt hast. Was bedeutet dies jetzt konkret? Für dich, für mich, für unsere Tochter?«

Ich möchte dich und deinen Glauben an die Liebe nicht verletzen. Ich würde dieses Buch nicht schreiben, wenn ich nicht davon überzeugt wäre, dass wir es lernen können zu lieben. Doch ein Lernprozess kann erst beginnen, wenn der Schüler realisiert, in welche Klasse er wirklich gehört und was Liebe alles *nicht* ist. Und

ich behaupte: Unser Reden über die Liebe lässt uns oft reifer und größer erscheinen, als wir sind. Eine trügerische Illusion, die unsere Entwicklung blockiert und die verhindert, dass wir dort aktiv ansetzen, wo wir wirklich stehen.[17]

Bist du noch bei mir, oder hast du dich empört abgewandt? Wenn du mir nicht glaubst, mach einen Wirklichkeitstest. Wie redest du über die Liebe und wie lebst du sie? Hält deine Liebe auch Belastungstests aus? Gibt dir dein Konzept von Liebe ausreichend konkrete Ansätze für die Gestaltung deiner Beziehungen an die Hand? Reicht deine Liebe bis in die schwärzeste Dunkelheit einer menschlichen Seele?

Es bedarf Mut, den Mythos Liebe zu hinterfragen. Einfacher ist es, dir ein beruhigend-wohlklingendes Liedchen darüber vorzusingen. Doch ich möchte dich mit diesem Buch nicht einlullen. Nackte Wahrheit kann schmerzen, doch sie stellt dich auf einen festen Boden.

Wenn du wissen willst, ob es die Liebe tatsächlich gibt, sei bereit, alle Illusionen über sie zu zerstören. Und dann schau, was übrig bleibt.

---

17 Wir haben ein besonderes Seminar in unserem Repertoire, in dem die TeilnehmerInnen sehr schnell sehr ehrlich werden. Es ist eine heilsame Schulung in Demut, wenn ein eingebildeter Gutmensch erkennt, wie viel Tier noch in ihm wohnt.

UMSETZUNG

Bist du bereit, dein Konzept von Liebe etwas genauer zu hinterfragen?

Dann mach für einen Monat Folgendes:

Wann immer du das Wort »Liebe« oder den Satz »Ich liebe dich« in den Mund nimmst, frage dich:
Was genau meine ich gerade damit?
Warum sage ich das gerade jetzt?
Was will ich vielleicht eigentlich damit sagen?

Beispiel: Dein Schatz kommt mit schweren Einkaufstüten nach Hause. Du läufst ihm entgegen und rufst: »Ich liebe dich!«
Präziser wäre eventuell: »Ich bin gerade sehr dankbar, dass du einkaufen warst und nicht ich. Das löst in mir ein Gefühl der Freude und Sympathie für dich aus.«

Und wenn du noch einen drauflegen willst, beziehe deine Umgebung in deine Forschungsarbeit mit ein. Wenn zu dir jemand sagt: »Ich liebe dich«, sei so wach und frag zurück: »Was genau meinst du gerade damit?«

Ich garantiere dir viele Überraschungen ...

Eine glückliche Beziehung ist kein Geschenk

Eine glückliche Beziehung ist kein Geschenk, sondern eine Kunst. Das heißt, wenn es bei dir bis jetzt noch nicht geklappt hat damit, liegt es daran, dass du diese Kunst einfach (noch) nicht gelernt hast.

Nach meiner Schulzeit habe ich über zehn Jahre hinweg konsequent jede wichtige Beziehung in den Sand gesetzt. Nicht einfach so, sondern dramatisch, schmerzhaft und mit einer Menge Kollateralschäden. Ich treffe heute manchmal Menschen aus dieser Zeit, die immer noch wütend auf mich sind. Nach der achten verkorksten Liebesbeziehung dachte ich, mit mir stimme etwas nicht. Also begab ich mich ins Labyrinth der tausend Psychotherapien. Nach vielen teuer bezahlten Stunden auf der Couch, der Heulmatte und dem Meditationskissen kam mir die Erleuchtung: Ich war nicht falsch. Ich war auch nicht unfähig zu lieben. Ich hatte einfach nicht gelernt, wie man sich wahrhaftig auf einen anderen Menschen bezieht und wie viele verschiedene Ebenen dazu gehören. Das hätte mir mal jemand früher sagen können!

Erinnerst du dich gern an deine Schulzeit? Du hast Chemie ge-paukt, Mathematik gebüffelt, Sprachen gelernt und die Erdölvor-kommen fremder Länder studiert. Am Ende hast du auf so vielen Gebieten so viel gewusst. Was davon hast du je wirklich gebraucht? Und kann es sein, dass du den einfachen, den praktischen, den we-sentlichen Fragen des Lebens trotz all dieses Wissens unvorbereitet gegenüberstandst?

Ich zum Beispiel habe zehn Jahre eine Sprachschule für Russisch besucht. Am Schluss konnte ich eine Stunde lang in perfektem Russisch über den Dauerfrostboden in Sibirien reden. Ich habe es einmal ausgerechnet, ich habe 3200 Stunden meines Lebens mit dem Erlernen der russischen Sprache verbracht. Nur leider habe ich seitdem meine Russischkenntnisse nie wieder gebraucht. Dafür hatte ich in zwölf Jahren Schule keine einzige Unterrichtsstunde im Fach »Lieben und Beziehen«. Und zuhause wurde mir so etwas auch nicht beigebracht. Kein Wunder also, dass ich es nicht konnte. Denn eine lebendige Beziehung zu führen ist eine Kunst. Und Kunst kommt von Können.

Noch effektiver als durch die Schule lernen Kinder durch Vorbil-der. Lass uns das überprüfen. Schau dir einmal an, welche Bezie-hungen du in deiner Kindheit miterlebt hast. Wer waren deine Vorbilder? Wenn du möchtest, schreibe hier ihre Namen auf.

Meine Beziehungsvorbilder im Alter von 0 – 18:

Dämmert dir etwas?

Wenn deine Beziehungen bis hierher nicht richtig gerockt haben, liegt es nicht daran, dass du es grundsätzlich nicht kannst, du hast es nur einfach noch nicht gelernt. Die verdammt gute Nachricht ist: Du kannst es nachholen. Egal wie alt du bist, du kannst lernen, dich besser auf einen anderen Menschen einzulassen.

Doch mit dem Lesen eines Buches ist es natürlich nicht getan. Du brauchst eine Übungsmatte, auf der du jeden Tag erscheinst. Ist das manchmal mühsam? Besonders wenn du voll berufstätig bist und drei Kinder großziehst? Klar. Doch was ist deine Alternative? Weiter auf ein Wunder zu hoffen? Entweder du übst dich täglich in der Kunst der Beziehung oder du gibst auf und besorgst dir ein Haustier. Die halten still. Ach ja, es gibt ja noch die dritte Variante. Du wechselst weiter deine Beziehungspartner und hoffst, dass es an denen lag.
Gute Idee!

Deine Übungsmatte wählen

Hast du schon einmal die frustrierende Erfahrung gemacht, dich voll auf ein Projekt einzulassen, und in dem Moment, wo es heiß wird, lässt dein Partner dich im Stich? Ätzend, nicht wahr? Doch wo eierst du selbst noch rum? Wo springst du aus dem Ofen, sobald die Temperatur anzieht? Schau dich in deinen Beziehungen um, und du erkennst viele nicht durchgebackene Brötchen.

Sich wirklich einzulassen heißt sterben.
Du wählst das eine und stirbst bewusst für alle anderen Optionen.

Ich selbst habe mich so sehr vor dem Heiraten gefürchtet, dass ich unsere erste Hochzeit tatsächlich vergeigt habe. Doch das ist eine andere Geschichte. Heute möchte ich dir von der für mich als Freiheitsfanatiker überraschenden Befreiung erzählen, die ich empfand, als wir dann später doch das Standesamt als Mann und Frau verließen. Es war, als wäre ein Schiff nach jahrelangem Sturm endlich in einen friedvollen Hafen eingelaufen. Eine kolossale Last war von mir gefallen – die Last der Option. Ich musste nicht mehr in jeder Krise erneut überlegen, ob ich den Vorwärts- oder Rückwärtsgang

einlegen soll. Mein Verstand marterte sich im Streit nicht mehr mit der Frage, ob Andrea die Richtige ist oder nicht. Sie war jetzt einfach und eindeutig meine Gefährtin in diesem Leben. Nicht, weil sie oder ich perfekt waren. Nicht, weil ich dachte, sie wäre auf jeden Fall die beste Wahl unter den gut dreieinhalb Milliarden Frauen dieser Welt. Sie war die Richtige, weil wir uns entschieden hatten, uns voll aufeinander einzulassen. Es hatte keinen Sinn mehr, gegen etwas zu kämpfen, was ich voll gewählt hatte. An diesem Tag begann ich, wahrhaft mit ihr zu kooperieren und ihre wirkliche Schönheit zu entdecken.

Das Mysterium eines Menschen wird sich dir erst offenbaren, wenn du ihm dein vollständiges JA schenkst. Wenn du ihm mit der Haltung eines kalkulierenden Krämers begegnest, wirst du seine Vollkommenheit nicht entdecken.

Es ist ein Riesenunterschied, ob du *versuchst*, dich auf etwas einzulassen, oder ob du es wirklich tust. Viele Menschen sind nicht mal in sich selbst zuhause. Selbstzweifel versperren den Eingang: »Ich sollte eigentlich schlauer, liebevoller, stärker, schlanker etc. sein.« Dein richtender Verstand hält dich in kritischer, liebesarmer Distanz zum eigenen Leben – bis es vorbei ist und du realisierst, dass du alles warst, was du hattest.

Mit Beziehungen ist es noch diffiziler, denn wir leben ja in einer ach so freien Welt. Es besteht jederzeit die Möglichkeit, den Menschen vor dir gegen einen anderen auszutauschen, wenn es nicht klappt.[18] Doch genau dieses Berechnen hält uns davon ab, uns wirklich auf einen anderen einzulassen. Und so verbringen wir viel Zeit mit Menschen, ohne sie wirklich zu erkennen. Das beschränkt sich keineswegs nur auf deine Liebesbeziehung. Es betrifft alle Wunder auf zwei Beinen, die täglich deinen Weg kreuzen und die du verschläfst …

weil der Moment nicht der richtige ist,

der Mensch nicht zu dir passt,

du gerade wahnsinnig wichtig beschäftigt bist usw.

Hast du dich schon einmal voll auf deinen Postboten eingelassen, anstatt ihm nur hektisch das Paket abzunehmen?[19] Schau ihm das nächste Mal einfach etwas länger und vor allem bewusst in die Augen. Er ist ein atmendes Wunder mit einer spannenden Geschichte. In ihr geht es genauso um Träume und Sehnsüchte, Siege und Niederlagen wie in deiner. Lass dich auf ihn ein. Heirate diesen Menschen für einen Augenblick – und plötzlich liegt Magie in der Luft. Sie war vorher da. Sie ist immer da. Doch du kannst sie nur wahrnehmen, wenn dein Bewusstsein diesen Augenblick und diesen Menschen voll wählt. Ihr redet vielleicht nur über ein Paket oder das Wetter. Doch dabei berühren sich eure Wesen und die sind magisch. Vielleicht steht ihr nur 30 Sekunden an der Tür und seid

---

18 Ausgenommen sind deine Verwandten. Hier wird das Offensichtliche noch offensichtlicher. Ob du nämlich willst oder nicht: Du hast immer zu uns allen eine Beziehung.

19 He, ich meine nicht das, was du da gerade denkst!

füreinander da. Eine halbe Minute, die dich für den Rest des Tages verzaubert.

Wenn du das nächste Mal einen öffentlichen Raum betrittst – eine Einkaufsmeile, einen Bahnhof oder ein Restaurant –, schau dich aufmerksam um. Wer von den Anwesenden ist wirklich anwesend? Guck genau hin. Kannst du es sehen? Viele sind hier und doch nicht wirklich hier. Sie leben in einem unsichtbaren Ganzkörperkondom aus Zweifeln und Vorbehalten. Der eigene Geist spinnt sie ein und vermeidet so den nackten Kontakt zu dem Leben, das sich ihnen just in diesem Augenblick präsentiert und nach Erkennen dürstet.

Wenn du das nächste Mal von Zweifeln geplagt bist, ob der Mensch vor dir der »Richtige« für dich ist, geh einfach noch einen Schritt auf ihn zu. Lass dich auf ihn ein. Sieh ihn an, hör ihm zu, fühle mit ihm. Ihr seid ganz offensichtlich JETZT füreinander bestimmt, denn sonst würdet ihr nicht voreinander stehen. Wie lange ihr miteinander lernen dürft? Wer weiß das schon? Doch du kannst nur herausfinden, wie weit ihr miteinander gehen könnt, wenn du dich auf diesen nächsten Schritt voll entschlossen einlässt.

Wohlstandsgesellschaften bringen wunderbare Geschenke mit sich, doch sie schwächen, wenn du nicht aufpasst, deinen Geist. Zum Beispiel gewöhnen sie uns daran, alles, was wir brauchen, mal schnell im Supermarkt oder im Online-Versandhandel besorgen zu können. Funktioniert etwas nicht mehr, werfen wir es weg und kaufen es neu.

Das Wesen eines Menschen entdeckst du so nicht. Dafür braucht es Zeit und Entschlossenheit. Ich bin nun so viele Jahre mit Andrea zusammen und immer noch lehrt sie mich das Staunen. Gleicht nicht jeder von uns einer Burg mit vielen vorgelagerten Schutzwällen? Je entschlossener sich ein anderes Wesen wirklich auf uns einlässt, desto näher lassen wir es an unserem Mysterium teilhaben und desto mehr fühlen wir uns erkannt. Wer hat dein wahres Wesen schon berühren dürfen? Und wem konntest du in seinem Innersten begegnen?

Wie sehr willst du dein Gegenüber wirklich erkennen?
Wie beherzt bist du herauszufinden, was zwischen euch möglich ist?
Welche Beziehung ist dir so wichtig, dass du bereit bist, ihr mit Respekt und sanfter Entschlossenheit zu begegnen?
Mit welchem Menschen möchtest du erfahren, wohin euch die Meisterschaft im Lieben führen kann?

Wenn du lediglich *versuchst*, Violine zu spielen, wirst du so lange üben, bis es zum ersten Mal richtig schwierig wird. Dann wirst du aufhören und nie herausfinden, was möglich gewesen wäre.
Wenn du *entschlossen* bist, spielst du weiter. Auch in jenen Momenten, in denen du keine Fortschritte machst. Gerade in diesen Zeiten, George Leonard (ein amerikanischer Autor und Pädagoge) nennt sie die Plateauphasen[20], reifen wahre Beziehungen.

---

20 George Leonard: *Der längere Atem. Die fünf Prinzipien für langfristigen Erfolg im Leben*, München 1998.

Also: Willst du weiter herumeiern oder willst du es wissen?

Wie du dich entschlossen einlassen kannst:

1. Hör auf, Wegrennen als Freiheit zu rechtfertigen. Schau dir ehrlich an, wie viel Angst vor Hingabe, Nähe und Öffnung in dir ist.

2. Finde heraus, was du wirklich-wirklich in Beziehungen willst. Für mich war es ein Durchbruch, als ich realisierte, dass ich nicht primär in einer Liebesbeziehung bin, um Recht zu bekommen (auch in meiner Vorstellung vom richtigen Partner), oder damit alle meine Wünsche erfüllt werden. Mein oberstes Anliegen ist zu erwachen. Ich muss herausfinden, wer ich wirklich bin und wie tief ich lieben kann. Dafür brauche ich keine »perfekte« Frau mit Katalogmaßen und anschmiegsamem Charakter an meiner Seite, sondern eine wilde Gefährtin, die im Feuer stehen kann.

3. Hör auf, dich mit der beliebten Ausrede aufzuhalten, der »andere« sei ja nicht bereit, sich voll einzulassen. Diese Welt ist ein Spiegelsaal! Projektion ist ein fast ständig in uns ablaufender psychologischer Mechanismus. Jeder Mensch will vor sich selbst und anderen gut dastehen. Deshalb verdrängt unsere Psyche gern die ungeliebten Aspekte und schiebt sie anderen Menschen in die Schuhe. Womit wir bei uns nicht in Frieden sind, sehen wir plötzlich überdeutlich in unseren Mitmenschen – Neid, Langeweile, Lust etc. Das führt stellenweise zu abstrusen Widersprüchen. Nur ein Beispiel: Um jemand

anderen Rechthaberei vorzuwerfen, musst du dir in deiner Wahrnehmung ziemlich sicher sein, stimmt's? Doch was ist dieses Urteil über dein Gegenüber, wenn nicht Rechthaberei? Hier kommt noch ein gutes: Wenn du deinem Partner gerade vorwirfst, dass er sich nicht auf dich einlässt, so wie du bist – was machst du dann selbst gerade? Bingo! Ich weiß, es ist extrem schwer, mit dem Rummäkeln am anderen aufzuhören. Es fühlt sich so verdammt richtig an, und es hält dich sehr effektiv davon ab, etwas an dir selbst ändern zu müssen. Wenn du aus der Sackgasse raus willst, hör mit dem Rumziehen am anderen auf. Lass dich voll auf den Menschen vor dir ein, gib alles. Und dann schau, was passiert. Entweder der andere zieht mit oder er macht sehr schnell Platz für eine passendere Verbindung.

4. Mach dir klar, dass es keine perfekte Partie auf diesem Planeten gibt.[21] Menschen werden dir erst zeigen, wie natürlich vollkommen sie sind, wenn du dich voll auf sie einlässt.

5. Im Endeffekt geht es nicht um eine Beziehung zu einem anderen Menschen, es geht immer nur um dich. Das ganze Leben ist ein einziger fucking-brillanter Test, der dich auf tausend verschiedene Weisen fragt und prüft: Wie weit willst du gehen? Wofür bist du wirklich hier? Oder, um bei der Metapher zu bleiben: Willst du deiner Violine hin und wieder schräge Töne entlocken oder sie mit Meisterschaft spielen lernen?

---

21 Stell dir vor, die perfekte Frau/der perfekte Mann würde plötzlich vor dir stehen. Was sollte sie/er dann bloß mit dir anfangen …?

Entschlossenes Einlassen ist nichts für Sicherheitsfreaks, die eine bequeme Couch suchen, um ihr Leben aus sicherer Entfernung an sich vorbeiziehen zu lassen. Du musst es echt wollen. Du musst den anderen richtig wollen. Denn es kann heiß werden. Unbequem. Peinlich. Öde. Du wirst deinen inneren Engeln und Dämonen begegnen, wenn du wählst, dich wirklich einzulassen. Du wirst fühlen, wie unermesslich groß dein Herz und wie erbärmlich klein dein Geist sein kann. Du wirst dem Tier und dem Gott in dir begegnen.

Lohnt es sich? Und ob! Die Geschenke einer Beziehung, die die Schallmauern des Zögerns passiert, sind ... ha! Nähe, näher als nah. Ein klares Aufeinander-eingespielt-Sein bis hin zur telepathischen Verbindung. Ein heiliger Raum zum Heilen deiner ältesten Wunden. Ein subtiler Humor, der jede Bitterkeit versüßt. Eine vergebende Kraft, die dich mit der Menschheit versöhnt und dich für uns alle hoffen lässt. Kostenlose Psychotherapie, Ekstase, Stille, Zufriedenheit und immer wieder neues Staunen ...

Als Andrea und ich das Standesamt verließen, hatte ich zum ersten Mal eine menschliche Beziehung als tägliche Übungsmatte für den Rest meines Lebens akzeptiert. Seitdem sind weitere dazugekommen. Meine Tochter. Meine Freunde. Meine Klienten. Und – ich selbst!

Ich stehe am Morgen auf und erscheine auf der Matte. Es gibt hervorragende, gute und beschissene Tage. Manchmal erziele ich sensationelle Durchbrüche in der Kunst der Beziehung, und manchmal schmettert mich einer meiner Übungsmeister wieder auf den Boden und lehrt mich Demut. Es geht auf und es geht ab. Mein Herz lächelt und jauchzt und manchmal blutet es. Doch was bleibt, ist der Frieden, denn ich habe gewählt.

Wer sich voll einlässt, kommt an.
Wer ankommt, findet sich.
Wer sich findet, lächelt still.

UMSETZUNG

Bereit, es heiß werden zu lassen? Wenn du Schwimmen lernen willst, musst du dich irgendwann nass machen. Wenn der große Rest dieses Buches Wirkung zeigen soll, brauchst du eine konkrete Übungsmatte.

Mal angenommen, es gibt keine Zufälle. Mal angenommen, dieses Buch ist in deinen Händen gelandet, weil es einen echten Unterschied in deinen Beziehungen bewirken soll.
Wegen welcher Beziehung oder welcher Beziehungen liest du gerade diese Zeilen?
Wer in deinem Leben wartet auf »mehr« von dir?
Welche Beziehung ist es wert, dass du dich mehr einlässt?
Mit welchem Menschen möchtest du gern mehr Glück, Nähe und Lebendigkeit erfahren?

Mein Tipp: Versuche nicht, diese Beziehung allein mit dem Kopf aus-
zuwählen. Dein Verstand springt vorwärts, rückwärts und im Kreis.
Beziehungen sind ein zu komplexes Wunder, als dass du die Entscheidung deiner Ratio allein überlassen solltest.

Stattdessen vertrau. Vertrau, dass dein Unterbewusstsein ganz genau
weiß, für welche Beziehung du dieses Buch liest und es dir auch zeigen wird. Es kann gut sein, dass bereits ein Name, ein Gesicht, vielleicht sogar mehrere in dein Bewusstsein hochgeploppt sind. Wenn
nicht, schließ kurz deine Augen und frage dich: Welchem Menschen
möchte ich mich gern mehr öffnen? Und dann schau, wer vor deinem
inneren Auge erscheint. Vertrau dieser Wahl. Schlaf meinetwegen
noch einmal eine Nacht darüber, bis du dir sicher bist. Vielleicht ist
es dein Liebespartner, vielleicht dein Vater, dein Kind, dein Kollege.
Vertrau.

Falls kein Mensch auf deinem inneren Radarschirm auftaucht, vertrau
auch dem. Vielleicht ist dies nicht der Moment, um dich mehr einzulassen. Dann lies dieses Buch als eine theoretische Vorbereitung auf
die Zukunft und als eine lehrreiche Nachbearbeitung vergangener Beziehungen.[22]

---

22 Denn wenn dein Verstand ähnlich wie meiner tickt, werden dir bei den einzelnen
    Kapiteln auch immer wieder alte Beziehungen einfallen, in denen du etwas ver-
    säumt hast. Nutze diese Erkenntnis bitte nicht, um dich runterzuziehen, sondern
    um dazuzulernen.

Vielleicht geht es auch um eine zukünftige Liebesbeziehung zu einem Menschen, den du noch nicht kennst, der aber just in diesem Augenblick auch schon nach dir sucht. Du kannst bei allen folgenden Umsetzungstipps immer schon an diesen Partner denken und dir vorstellen, wie du sie mit ihm zusammen praktizierst.

Kannst du auch mehrere Menschen auswählen? Ja, klar. Doch ich würde für den ersten Durchlauf des Buches mit maximal zwei Menschen arbeiten, sonst überforderst du dich eventuell. Du kannst dir sicher sein, alles, was du in einer Beziehung lernst und erkennst, steht dir in allen anderen Verbindungen ab da auch zur Verfügung.

Also konkret: Für welche Übungsbeziehung entscheidet sich dein Herz?

Bist du bereit, dich wirklich, richtig, tief, ehrlich, klar und freudvoll auf diese Beziehung einzulassen? Selbst wenn du wahrscheinlich noch nicht weißt, wie das gehen soll?

Wenn ja, lade ich dich zu folgenden bekräftigenden Handlungen ein:

Schritt 1: Wähle deine Übungsbeziehung

Notiere hier den Namen des oder der Menschen, auf die du dich mehr einlassen möchtest:

Schritt 2: Erscheine auf der Übungsmatte

Habe beim Lesen der weiteren Kapitel den Namen dieses oder dieser Menschen im Sinn. Setze deine Einsichten möglichst sofort in konkrete Handlungen in diesen Beziehungen um.

Schritt 3: Beziehe den anderen mit ein

Informiere diesen geliebten Menschen über deine Wahl, dich mehr auf ihn einzulassen. Erstens zeigst du ihm damit, wie wichtig er dir ist, und zweitens stärkst du deine Wahl, indem du dich öffentlich dazu bekennst. (Ein guter Rat sei mir gestattet: Bitte erwarte vom anderen weder eine überschäumende Reaktion noch, dass er jetzt auch sofort begeistert über das Buch herfallen und dann dich wählen wird. Auch wenn dies ein verständlicher Wunsch ist, hier geht es zu hundert Prozent um *deine* Wahl! Vielleicht ist dein Partner erst einmal sehr skeptisch und will Taten sehen. Vielleicht ist seine Art, sich dir zu nähern, grundverschieden. Lass ihn bitte so, wie er ist und schau, was geschieht, wenn du ihn als Übungsbeziehung wählst und es auch so meinst.)

Schritt 4: Wenn du es wirklich-wirklich wissen willst, setze das nächste Kapitel praktisch um.

Heirate dich frei

Ich weiß nicht, welche schönen oder vielleicht auch traumatischen Assoziationen du mit dem Heiraten verbindest. Für mich ist es ein wundervolles und, bewusst durchgeführt, enorm starkes Ritual, um deine Verbundenheit mit einem Menschen zu demonstrieren.

Wenn du nicht aus Angst oder gesellschaftlicher Verpflichtung heiratest, sondern weil du wirklich wissen willst, was zwischen euch möglich ist, befreit dich die Hochzeit.
Vom ewigen Eiertanz.
Vom Vor und Zurück.
Vom immer wieder neu anfangen.
Vom nie irgendwo zur Ruhe kommen.
Vom vor dir selbst weglaufen.

Dafür braucht es keine Kirche und kein Standesamt. Es braucht deinen inniglichen Wunsch, den richtigen Zeitpunkt und eine von euch selbst gewählte Zeremonie. Im Vorgängerbuch, *Heirate dich selbst*, plädiere ich enthusiastisch dafür, zuerst dir selbst diese Treue zu schenken und dich zu heiraten. Seit Erscheinen des Buches erhalte ich

immer wieder sehr berührende Berichte über die Selbst-Hochzeits-rituale der Leser. Manche heiraten ganz still, andere wild und laut, zum Teil beeindruckend phantasievoll. Doch am meisten freut mich, wenn diese Menschen mir schreiben, was sich danach konkret in ihrem Leben verändert hat. Wie sie eindeutiger zu sich selbst stehen, liebevoller auf sich aufpassen, mutig zu neuen Ufern aufbrechen. Ein sehr bewusst durchgeführtes Ritual kann wie ein Startschuss für einen lange anstehenden Veränderungsprozess wirken.

Deshalb meine ich meine Einladung völlig ernst. Warum nicht den Menschen, auf den du dich noch viel tiefer einlassen möchtest als bisher, in einer wunderschönen Zeremonie heiraten? Natürlich muss auch dein Gegenüber bereit dafür sein.

Ihr seid bereits verheiratet? Vielleicht ist dieses Buch der Ruf, noch einmal, frisch, radikaler und bewusster einen Bund miteinander einzugehen?

Kann man auch Kinder heiraten? Warum nicht!
Ich beobachte Eltern manchmal auf eine seltsam distanzierte Art mit ihren Kindern kommunizieren, als wären es Fremde oder Puppen. Was wäre, wenn du dein Kind noch einmal sehr bewusst wähltest und ihr dies durch eine kindgerechte Zeremonie zum Ausdruck bringen würdet?

Was ist mit Freunden? Geht das? Logisch. Daher kommt ja das Ritual der Blutsbrüderschaft. (Nein, ich sage nicht, dass ihr euch jetzt in die Hand ritzen müsst. Euch fällt sicher auch eine blutärmere Weise ein, eure Bedeutsamkeit füreinander zu feiern.)

Und deine Eltern? Das klingt erst einmal komisch. Doch aus eigener Erfahrung kann ich sagen: Mein Leben begann erst dann richtig Spaß zu machen, als ich meinen Vater und meine Mutter aus vollem Herzen als meine Wurzeln akzeptiert hatte. Viele meiner Klienten hadern mit ihrer Vergangenheit. Doch Gedanken wie »Warum waren meine Eltern nicht liebevoller? Ich hätte bessere Eltern haben sollen« schwächen dich. Denn es ist nun einmal so, wie es ist. Solange du gegen deine Wurzeln kämpfst, wirst du dich selbst nicht frei in die Zukunft hinein entfalten können. Dich mehr auf deine Eltern einzulassen bedeutet nicht, alles an ihnen gutzuheißen. Sie zu heiraten heißt auch nicht, mit ihnen unter einem Dach leben zu müssen. Deine eindeutige Bejahung dieser zwei Menschen hilft dir zu vergeben, sie und dich besser zu verstehen und die Vergangenheit loszulassen.

Wenn du das Gefühl hast, die Person deiner Wahl wäre mit einem solchen Heiratsritual eher überfordert (dein Kind), oder würde an deinem Verstand zweifeln (deine Eltern), dann vollzieh das Ritual allein.

Ich empfehle dir, die Kraft einer solchen Geste nicht zu unterschätzen. Es ist ein sehr starkes Signal für dein Unterbewusstsein (und wenn du mit dem Wort etwas anfangen kannst: auch für deine Seele).

Nimm dir Zeit. Lass den Entschluss reifen. Und wenn du es tust, mach es auf eine Weise, dass du dich rundherum wohl damit fühlst.[23, 24]

... bis in alle Ewigkeit?

Eine Frage, die nun auftauchen mag: »Heißt heiraten automatisch ›bis dass der Tod euch scheidet‹?« Auf die Gefahr hin, dass ich die Kirche als Institution verärgere: Ich halte diesen Satz für einen großen Irrtum. Niemand kann ehrlicherweise einem anderen Menschen versprechen, bis zum Rest seines Lebens bei ihm zu sein. Klar könnt ihr es physisch miteinander aussitzen, doch wie viele Paare kennst du, die seit zwanzig Jahren ihre Ehe zwar körperlich anwesend ertragen, sich aber seelisch schon lange verdrückt haben? Du weißt doch gar nicht, wie ihr euch entwickeln werdet.

Ich wünsche mir zum Beispiel nichts sehnlicher, als an der Seite von Andrea ein langes, erfülltes Leben zu genießen und am Ende in Frieden neben ihr zu sterben. In der Tiefe meines Herzens habe ich

23 Eine Bitte: Falls ihr »es« tut, würde ich mich riesig über ein Foto oder eine kurze Geschichte auf unserer Webseite zum Buch (www.liebe-radikal.de) freuen. Das inspiriert andere. Ich finde, wir sollten öfter und lustvoller andere Menschen heiraten!

24 Die erste Hochzeit, die Andrea und ich zusammen geplant hatten, endete in einem Desaster. Letztendlich sagten wir sie ab. Doch bereits bei den Vorbereitungen war der Wurm drin. Denn wir planten sie nicht nach unseren Vorstellungen, sondern denen unserer Familie. Als wir dann wirklich heirateten, lief dies denkbar still und unspektakulär ab. Für mich war es perfekt so, doch Andrea »schulde« ich noch ein richtiges Fest. Auch wir werden also noch mindestens einmal heiraten.

gewählt, alles, was ich dafür tun kann, auch dafür zu tun. Doch sollte je der Punkt kommen, an dem deutlich wird, dass wir beide uns gegenseitig eher behindern, als gemeinsam zu wachsen, werde ich mich und sie an unser wichtigstes Versprechen erinnern – das uns selbst gegenüber.

Deshalb mein Tipp: Nimm unnötigen Stress aus einem wunderschönen Ritual. Versprich nichts, was du nicht halten kannst und eventuell auch gar nicht willst.

Einige Zeit nach unserer Hochzeit bemerkten wir, dass wir anfingen, einander als selbstverständlich hinzunehmen und neben dem anderen nicht mehr unser Bestes zu geben. Aus dieser Erkenntnis ist unsere Ein-Jahres-Heirat entstanden: Obwohl wir gesetzlich verheiratet sind, treffen wir uns jedes Jahr an unserem Hochzeitstag, geben uns frei und wählen erneut. Ein Jahr ist lang genug, um echten Veränderungsprozessen Raum zu geben und Vertrauen reifen zu lassen. Ein Jahr ist kurz genug, um uns wach zu halten.

Wenn du einen anderen Menschen heiratest und der Gedanke an die Ewigkeit verdirbt dir jede Leichtigkeit und Freude, dann fang doch mit einem Jahr an. Versprecht, euch für die kommenden zwölf Monate wirklich aufeinander einzulassen. Und danach? Zieht ehrlich Resümee. War es gut? Dann heiratet wieder! Lasst euch noch tiefer ein.

Wenn du es richtig machen willst, halte dein Versprechen auch schriftlich fest.

Nimm dir ausreichend Zeit, genau zu erforschen, was es für dich bedeutet, dich in dieser Beziehung echt einzulassen und schreibe dies auf. Benutze Worte, die dich emotional berühren.

Schreibe alles auf, was für dich wesentlich ist.
Was brauchst du, um dich wirklich einlassen zu können?
Was bist du bereit zu geben?
Was möchtest du mit dem anderen zusammen erschaffen?

Hier zur Inspiration einige Punkte, die mir in meinen nahen Beziehungen sehr wichtig sind:

Mich für Nähe öffnen und auch aktiv etwas dafür tun.
Mich ehrlich zeigen, wie ich bin.
Den anderen ermutigen, sich ehrlich zu zeigen.
Die Beziehung in ein Feld verwandeln, in dem beide wachsen können.
Den anderen ermutigen, sich voll zu entfalten.
Verantwortung für meine Gefühle und Bedürfnisse übernehmen.
Mich aktiv für Freude in der Beziehung einsetzen.
Konflikte nicht als Grund für eine Trennung, sondern als Herausforderung sehen.
Die Beziehung nicht infrage stellen.
Dem anderen wirklich lauschen, ihn verstehen und achten lernen.
Ihn in seinem Erblühen unterstützen.
Wach Zeit miteinander verbringen. Dinge tun, die uns verbinden.

Wenn es eine Liebesbeziehung ist: den Raum für eine würdevolle und freudvolle Sexualität öffnen und wahren.

In Sachen Kommunikation und Beziehungskunst stetig dazulernen.

Mich dem anderen gegenüber loyal verhalten.

Die Beziehung auch als ein Heilungsfeld sehen, in der jeder Beteiligte seine schwachen und dunklen Aspekte entdecken, achten und lieben lernen kann.

Lies dir dein Versprechen noch einmal laut vor. Achte darauf, dass du dich rundherum wohl damit fühlst, und dann, wenn es passt, schenke es dem anderen.

Der härteste Entzug der Welt

Hast du eine Beziehung als Übungsmatte ausgewählt? Super.
Nun muss ich dir etwas gestehen. Da ich unbedingt wollte, dass du
weiterliest, habe ich im letzten Kapitel eine klitzekleine Kleinigkeit
unterschlagen, die du noch für eine glückliche Beziehung brauchst:
Du musst auf den härtesten Entzug der Welt gehen.

Stell dir vor, du würdest jedes Mal eine kleine, aber saftige Ohrfei-
ge von einem unsichtbaren Geist bekommen, wenn du jammerst
oder die Verantwortung für dein Glück an einen anderen Menschen abgibst. Jedes Mal, wenn du dich als Opfer der Umstände
oder »der anderen« verkaufst, macht es »Klatsch!«[25]

Ich finde die Vorstellung höchst inspirierend. In der ersten Woche
haben wir alle ein hochrot geschwollenes Gesicht, und in der zweiten Woche wird es langsam still, denn 90 Prozent unserer Ge-
sprächsinhalte fallen weg. In der dritten kommt es dann zu einer

---

25 Falls du gerade gedacht hast: »Ja, aber die anderen müssen auch alle mitmachen«
    … Klatsch!

Explosion von Kraft und Freude. Die Energie, die wir ins Meckern, Jammern und Anklagen investierten, steht uns plötzlich frei zur Verfügung. Ha! Kannst du die Welle der kreativen Ekstase fühlen, die um den Erdball jagt?

Warum verändern Menschen nichts, obwohl sie leiden? Mit dieser Frage beschäftige ich mich in meiner Tätigkeit als Berater natürlich viel. In meinem Job hört man einer Menge hochintelligenter Menschen dabei zu, wie sie sich selbst erklären, dass sie nichts verändern können, weil …

Tja, und alles, was nach diesem kleinen Wörtchen »weil« kommt, ist eine Lüge.

Zugegeben – eine sehr mächtige, perfide, überzeugende Lüge. Aber nur, weil du beschlossen hast, ihr zu glauben. Solange du deinem Weil glaubst, wird es so sein. Kein Geliebter, kein Coach und auch nicht Gott werden dich vom Leiden abbringen, solange du dein Weil wie deinen Lieblingsteddy eng umschlungen hältst.

Du kannst alle tollen Verbesserungsansätze in den schlauen Ratgebern in deinem Regal in die Mülltonne werfen, wenn du von *Opferitis Humana*[26] befallen bist.

---

26 *Opferitis Humana*, zu Deutsch Menschliches Opferbewusstsein, ist eine Sucht. Sie wurde im Laufe der Jahrtausende immer wieder von Wissenschaftlern (z.B. dem deutschen Prof. Dr. Harald Wachauf) und Philosophen (Schlau Tsu, 300 v. C.) entdeckt und untersucht. Einige der Forscher wurden für verrückt erklärt, andere

Diese Sucht ist extrem mächtig. Wenn du erst einmal angefixt bist, beraubt sie dich systematisch deiner Kraft und deiner Handlungsoptionen in Beziehungen. Sie ist hoch ansteckend, denn sie wird über Gedanken übertragen. Hat sie dein geistiges Abwehrsystem überwunden, benutzt sie dich als Wirt – manchmal für den Rest deines Lebens. Von außen wird dir fast nichts anzusehen sein, außer vielleicht ein etwas trüber, enger Blick. Doch tatsächlich ist nichts mehr, wie es war, wenn du dich mit dieser Sucht infiziert hast. Langsam, fast unmerklich, schleichen sich ihre Symptome ein. Deine Vorstellung davon, was du in deinen Beziehungen erleben möchtest, wird immer nebulöser. Unklarheit wird zu deinem normalen Geisteszustand. Dein Verstand beschäftigt sich immer mehr damit zu vermeiden, was du *nicht* willst, anstatt zu erschaffen, was du willst.

Deine Gedanken kreisen immer stärker um die Schwächen deiner Beziehungspartner als um dich selbst. Du weißt plötzlich genau Bescheid, was der andere als Nächstes erkennen und verändern sollte. Zu dumm, dass du nicht der andere bist. Jetzt hast du so viel

---

schnell mal gekreuzigt oder verbrannt, damit wieder Ruhe in der Kiste ist. *Opferitis Humana* zählt zu den Wahnerkrankungen, hat es aber bis jetzt nichts ins *Internationale Diagnostische und Statistische Manual Psychischer Störungen* (DSM-IV-TR) geschafft, da die eindeutige Klassifizierung dieser Erkrankung zur schlagartigen Überfüllung aller Krankenhäuser und leer gefegten Straßen führen würde. Dabei sind ihre Symptome sehr eindeutig: Wer von *Opferitis Humana* befallen ist, schiebt die Ursache für seine Probleme systematisch auf äußere Umstände und andere Personen. Die damit verbundenen Gefühle von Empörung und Hilflosigkeit erregen den Betroffenen insgeheim. Aus diesem Grund zeigt *Opferitis Humana* alle Kennzeichen einer Sucht.

Zeit und Energie in eine Baustelle investiert, auf der du nichts zu sagen hast.

Solange du glaubst, ein Opfer der Umstände zu sein, hängst du in deiner Entwicklung fest. Nach über zwanzig Jahren intensiver Beziehungsforschung weiß ich, dass das stärkste Hindernis zwischen mir und meinem Glück niemals ein anderer Mensch war, sondern die Sucht meines Verstandes, einen anderen Menschen für mein Glück verantwortlich zu machen.

Wie viel kostbare Lebenszeit habe ich zum Beispiel damit vergeudet, Andrea anzuklagen und verändern zu wollen. Entweder laut oder in Gedanken: Was hat sie falsch gemacht? Wie kann sie nur? Was müsste sie jetzt eigentlich tun? Warum entschuldigt sie sich nicht? Warum versteht sie mich nicht?

Was währenddessen völlig brachlag, war die Baustelle *Veit*.

Verstehe ich mich gerade?
Was fühle ich im Augenblick?
Wie kann ich mein Gefühl annehmen und integrieren?
Was habe ich zu der Situation beigetragen?
Was kann ich jetzt tun, damit es besser wird?

Wer von *Opferitis Humana* befallen ist, verbringt Jahre, manchmal Jahrzehnte damit, mürrisch und wehleidig auf der Zuschauerbank des Lebens zu sitzen und Gründe aufzuzählen, warum er unglück-

lich sein muss. Diese Sucht ist die Ursache für Einsamkeit und Streit, für Missbrauch und Gewalt, für andere Süchte und körperliche Krankheiten. Falls du dich gerade erkannt fühlst, fühle dich nicht schuldig. Es ist so leicht, sich damit zu infizieren. Diese Denkgewohnheit wurde meist schon sehr früh von geliebten Menschen an uns weitergegeben, ohne dass wir uns dessen überhaupt bewusst gewesen sind.

Doch heute bist du erwachsen und hast die Chance, den Tatsachen ins Auge zu blicken: Die Basis für lebendige, befruchtende, starke Beziehungen ist deine Bereitschaft, die Verantwortung für die Qualität deiner Beziehungen zu übernehmen. Wohlgemerkt: Nicht zu 99 Prozent, sondern zu hundert Prozent. Solange du dir für den Ernstfall ein Schlupfloch lässt und die Verantwortung für das, was du erfährst, doch wieder an den anderen abgibst, solange wirst du nicht herausfinden, wie mächtig du bist.

Tja, und jetzt stell das Buch zu all den anderen Ratgebern und lass es verstauben
… oder geh mit mir auf den härtesten und geilsten Entzug der Welt.

Hol dir deine Kraft zurück!

Nur deine Antwort zählt

»Es ist sinnlos, von den Göttern zu fordern,
was man selber zu leisten vermag.«
EPIKUR

Ich könnte mir vorstellen, dass das letzte Kapitel dein Gemüt etwas erhitzt hat.

Hundertprozentig Verantwortung zu übernehmen ist ein radikaler Standpunkt, der dich aus deinem geistigen Gefängnis befreien kann – aber nur, wenn du ihn aus deinem tieferen Verständnis heraus bejahen kannst. Der Wert Verantwortung und deine Definition davon sind der Boden oder der Sumpf, auf dem deine Beziehungen aufbauen. Du brauchst eine eigene, kristallklare, unerschütterliche Meinung dazu. Bitte übernimm nichts unreflektiert, nur weil es gut klingt. Weder von mir noch von jemand anderem. Denke nach. Denke gründlich nach. Bis du festen Boden unter deinen Füßen spürst.

Menschen mit einer unklaren Einstellung zum Thema Verantwortung flattern wie ein Fähnchen im Wind. Sie erklären sich gern für verantwortlich, solange alles gut läuft, doch sobald es brenzlig wird, wälzen sie die Verantwortung schnell auf ihr Gegenüber ab. Erst eine klare Haltung zu Verantwortung ermöglicht effektive, starke Beziehungen. Wankelmut in dieser Frage wirkt wie ein Energieleck.

Also, wo beginnt deine Verantwortung und wo hört sie auf?

Mein Lehrer Frank Natale hat mir eine sehr wertvolle Differenzierung mit auf den Weg gegeben: Es gibt einen wesentlichen Unterschied zwischen Verantwortung *füreinander* und Verantwortung *für dich*. Verantwortung füreinander bedeutet im Klartext: Ihr macht euch gegenseitig verantwortlich – für eure Bedürfnisse, Gefühle und Glück. Du fühlst dich verantwortlich dafür, dass es dem anderen gut geht. Und im Gegenzug machst du ihn dafür verantwortlich, dass es dir gut geht. In vielen unbewusst geführten Beziehungen läuft dieses Spiel. Es forciert Schuldgefühle und Vorwürfe. Und vor allem lähmt es deine Kraft, selbst etwas zu verändern.

Für dich verantwortlich zu sein, bedeutet zu hundert Prozent die Verantwortung für deine Erfahrung der Situation zu übernehmen.

Diese Einstellung versetzt dich in die Lage, so kraftvoll und intelligent wie möglich zu handeln. Bitte lies den nächsten Satz sehr aufmerksam:

Du bist NICHT zu hundert Prozent verantwortlich dafür, was in deinem Leben passiert; du bist nicht Gott.

Doch wenn du glücklich sein willst, musst du von dem Standpunkt aus leben, dass du zu hundert Prozent verantwortlich dafür bist, *wie* du deine Beziehung erlebst und *wie* du auf die Geschehnisse antwortest. Vielleicht wehrt sich etwas in dir gegen diese radikale Position. Vielleicht fallen dir Situationen in deinem Leben ein, in denen ein anderer Mensch doch so offenkundig deine Gefühle verletzt hat. Dazu möchte ich gern ein Beispiel bringen:

In einem unserer Seminare führe ich mit den Teilnehmern eine sehr intensive Übung durch. Ich lasse einen von ihnen sich in die Mitte des Raumes setzen, und fünf bis sechs andere Teilnehmer beginnen, ihm genau jene Sätze zu sagen, die ihm im normalen Leben schmerzhaft die Knöpfe drücken: »Du kannst das nicht! Du bist wie deine Mutter! Du hast versagt. Du bist zu dick! etc.« Die Knöpfe-Drücker dürfen dabei alle Register ziehen. Sie dürfen schreien, flüstern, zischeln – was auch immer. Das Ziel ist es, genau den Tonfall zu treffen, bei dem derjenige in der Mitte reagiert. Bei der ersten Runde bitte ich den Teilnehmer in der Mitte lediglich ehrlich zu beobachten, was mit ihm geschieht, wenn er diese Sätze hört. Was er denkt, was er fühlt, wie unsicher er wird, wie Empörung in ihm aufsteigt, wie manchmal auch Tränen fließen.

Dann, in der zweiten Runde zeige ich dem Teilnehmer einen Weg, wie er mehr Verantwortung für sein inneres Erleben der Situation über-

nehmen kann. Das Ergebnis ist verblüffend: Die beleidigenden Worte im Außen sind dieselben, doch sein Empfinden ist ein komplett anderes. Er bleibt zentriert und ruhig. Er antwortet mit Gelassenheit.

Der Mensch in der Mitte beginnt zu verstehen, dass seine Emotionen nichts mit den Personen im Außen zu tun hatten. Natürlich gab es einen Auslöser, doch die eigentliche Wurzel seiner unangenehmen Gefühle liegt lange zurück. Er hat irgendwann angefangen zu glauben, dass diese Sätze wahr sind, und deshalb tut es heute immer noch so weh, sie zu hören.

An diesem Beispiel kann ich gut erklären, was ich unter Verantwortung verstehe: Wenn die Menschen, die im Kreis stehen und all die hässlichen Sätze sagen, tatsächlich verantwortlich für die Gefühle des Menschen in der Mitte wären, dann müsste dieser Mensch auch in der zweiten Runde genau dieselben Gefühle empfinden. Doch indem er die Verantwortung für seine Emotionen übernimmt, kommt er in eine Position der Kraft. Er ist nicht mehr Sklave seiner eigenen, automatischen Reaktionen. Indem er sich zentriert und die inneren Erfahrungen als *seine* annimmt, kehrt die Kraft zu ihm zurück.

Nun kann er bewusst eine proaktive Wahl treffen, wie er auf die Ereignisse im Außenkreis antworten möchte. Proaktiv, anstatt reaktiv zu antworten bedeutet, zentriert, kraftvoll und selbstbestimmt zu antworten, anstatt blind und automatisch zu reagieren.

Proaktiv zu leben, bedeutet dich zu fragen,
was DU wirklich willst,
wer DU sein willst,
und was DU jetzt verändern kannst.

Mit anderen Worten: Proaktiv zu sein ist ziemlich sexy.

Ich möchte damit nichts schönreden. Manchmal berichten mir meine Klienten von so furchtbarem Missbrauch oder so schlimmen Unglücksfällen, dass ich nur noch still werden kann. Ich lausche, ich fühle und mein Herz weint.

Oft bewegt diese Menschen die Frage: »Bin ich verantwortlich für das, was damals geschehen ist?« Tatsächlich gibt es ja in bestimmten religiösen Traditionen das Konzept von früherer Schuld beziehungsweise Karma. Ich halte nichts davon. Wer sind wir, dass wir die komplexen Wirkungsmechanismen eines ganzen Universums einem kleinen Menschen in die Schuhe schieben? Auf unserem Planeten geschehen zum Teil unfassbar tragische Dinge. Es ergibt doch überhaupt keinen Sinn, wenn du die »Schuld« dafür übernimmst, wenn so etwas in deinem Leben passiert. Davon hat niemand etwas. Auch du nicht.

Bei der Verantwortung, die ich dir nahebringen möchte, geht es nicht darum, einen Schuldigen für das zu finden, was bereits geschehen ist, sondern den für dich kraftvollsten Hebel zu entdecken, um damit umzugehen. Denn wenn du dich auch Jahrzehnte später

noch als Opfer dessen fühlst, was irgendwann einmal geschehen ist, bestrafst du dich doppelt. Du reanimierst die Ereignisse deiner Vergangenheit in deinem Geist wieder und wieder. Du räumst ihnen die Macht ein, auch heute noch dein Leben zu vergiften und deine Würde zu verletzen. Wenn ich den Geschichten meiner Klienten lausche, kann ich ihren Durst nach Rache und ihre Sehnsucht nach Wiedergutmachung absolut verstehen. Ich kann sie fühlen. Doch gleichzeitig sehe ich, wie ihr Stochern in ihrer Vergangenheit die Dämonen am Leben hält und verhindert, dass sie ihre volle Kraft auf ihr aktuelles Leben richten können.[27]

Verantwortung für dein Leben zu übernehmen bedeutet, aufzuhören, das Leben, Gott, einen anderen Menschen oder dich selbst dafür anzuklagen, dass es ist, wie es ist. Erhebe dich. Richte deinen Geist auf und verwende ihn für eine weitaus sinnvollere Frage: Wie kannst du jetzt glücklich sein?

Wenn du wissen willst, was für ein machtvolles, schöpferisches Wesen du bist, dann verbiete dir ab jetzt jegliches Selbstmitleid. Vereine deinen Geist und dein Herz in einem Fokus:

---

27 Falls es dich selbst betrifft, würde ich dir jetzt gern ruhig und liebevoll in die Augen schauen und dir leise zurufen: »Ich verstehe dich. Doch bitte stehe jetzt auf und gehe weiter. Wer auch immer in deine vergangenen Erlebnisse involviert war, muss und wird auf seine Weise daraus lernen. Doch du bist du. Du musst heute und hier einen Weg finden, um glücklich zu sein. Manchmal gibt uns das Leben einfach beschissene Karten in die Hand. Können wir dies gänzlich vermeiden? Sehr wahrscheinlich nicht. Die entscheidende Frage ist, wie du damit umgehst – wie du darauf *antwortest*.

Was willst du jetzt und hier wirklich-wirklich?
Was willst du erschaffen?

Übrigens: Wenn du bereit bist, die Verantwortung für dein Leben voll zu übernehmen, sind nicht mit einem Mal alle Fragen vom Tisch. Im Gegenteil. Jetzt tauchen die eigentlich spannenden erst auf:

Was bedeutet Verantwortung, wenn mein Partner spielsüchtig ist und unser Geld verspielt?
Was, wenn mein Kind beim Klauen erwischt wird?
Was, wenn ich Lust auf Sex habe und mein Partner nicht?
Was, wenn ich Ordnung liebe und mein Partner ein Chaot ist?
Was, wenn der Mensch, in den ich mich verliebt habe, mir eine Absage erteilt?

Auf keine dieser Fragen gibt es eine Pauschalantwort. Doch jetzt stellst du zum ersten Mal die richtigen Fragen. Denn sie stimulieren dein Lösungspotenzial. Es wird heiß!

Anstatt deinen intelligenten Geist mit denselben ausgelutschten, öden, langweiligen Opferfragen zu beleidigen (»Warum hat er das gemacht? Warum macht sie das so? Warum immer ich?«) legst du ihm endlich kreative, herausfordernde Köder vor, die deinem schöpferischen Genius gerecht werden:

Wie trage ich zu dieser Situation bei?
Was kann ich daraus lernen?

Was ist das Geschenk der Situation?
Was will ich wirklich?
Was kann ich tun, damit ich bekomme, was ich wirklich will?
Wie kann ich mein Leben glücklicher gestalten?
Was ist für mich die beste, kraftvollste Konsequenz?

Opfer erkennst du daran, dass sie über das Warum reden. Menschen, die Lust auf Leben haben, beschäftigen sich mit der Frage:

»Wie bekomme ich, was ich wirklich will?«

Übrigens: Wenn du lieber weiter anderen Menschen die Verantwortung zuschieben willst, mach es. Doch die Frage ist nicht, ob du Recht hast. (Wofür auch immer du dich entscheidest: Du wirst dir beweisen, dass du Recht hast.)

Die wirkliche Frage lautet: WILLST DU RECHT HABEN ODER GLÜCKLICH SEIN?

Bereit für den Entzug? Es lohnt sich!

Die Verantwortung für dein Leben zu übernehmen – das tust du nicht für irgendjemand anderes. Es ist ein Akt der Selbstliebe. Denn in diesem Augenblick fließt die Kraft zu dir zurück, die du in all den Jahren an andere Menschen oder Umstände abgegeben hast.

Die Geschenke einer solch aufrechten Haltung sind zahlreich:

- Du bekommst in deinen Beziehungen festen Boden unter den Füßen.
- Du wirst unabhängig von den Reaktionen anderer.
- Du denkst größer, freier, kreativer.
- Dir stehen viel mehr Lösungsmöglichkeiten zur Verfügung.
- Dein Selbstvertrauen wächst, denn du lernst dich wesentlich besser kennen und »anwenden«. Das Gefühl von Schuld verabschiedet sich aus deinem Leben.

Doch vor allem: Du bekommst mehr von dem, was du willst, und weniger von dem, was du nicht willst.

Die Faszination der fremden Baustelle

Als ich vor etlichen Jahren einem meiner Lehrer von meiner starken Sehnsucht berichtete, die Welt verbessern zu wollen, lächelte er. Er schaute mich an und sagte: »Du willst die Welt retten? Gut. Dann tu der Welt einen Gefallen und rette dich.« Autsch.

Weil wir gerade von Verantwortung sprechen, lass es uns gründlich tun: Du hast auf fremden Baustellen nichts zu suchen.

Stell dir vor, jeden Morgen klingelt dein Nachbar an deiner Haustür und hat eine lange Liste mit Verbesserungsvorschlägen für deine Wohnung in der Hand. Er möchte gern in der einen Wand einen Durchbruch haben, in deinem Schlafzimmer einen neuen Teppich, und die Musik, die du spielst, gefällt ihm auch nicht. Wie würdest du dich fühlen? Und vor allem, was würdest du ihm sagen?

Doch mal ganz ehrlich: Wie viele Minuten deines Tages verbringt auch dein Geist auf Baustellen, die dich nichts angehen und wo du nichts zu melden hast?

Wie viel Zeit deines Lebens verbringst du damit, über »die anderen« nachzudenken?
Über die Schwachstellen deines Partners, deiner Eltern, deiner Kollegen…?

Was er falsch macht…
Was sie verändern könnte…
Was ihr nächster Schritt sein sollte…

Was für eine Verschwendung von Leben!

Die Welt, die du siehst, ist ein Projektionsbild deines Geistes. Viele Leinwände – doch nur ein Projektor, der allem immer wieder dieselben Farben und Bedeutungen verleiht.

Ein ängstlicher Geist sieht eine Welt voller Gefahren und Fallen.
Ein wütender Geist erschafft Gegner zum Angreifen.
Ein sich hassender Geist wittert überall Ablehnung.
Ein freundlicher Geist findet überall Schönheit und Unschuld.

Die Beziehungen, die du tagtäglich erlebst, existieren so nicht. Sie sind eine Projektion deines Denkens.

Darum vergiss die Leinwände und finde den Projektor, der den Film abspielt. Du kannst die Welt nicht verändern, bevor du nicht den entdeckst, der sie erschafft.

»Aber der Stein auf dem Weg ist doch echt! Ich bin heute Morgen mit dem Fuß dagegen gestoßen!«
Der Stein liegt auf dem Weg, ja. Doch seine Bedeutung für dich entsteht in dir.

Byron Katie schreibt dazu:

»Es gibt im Leben nur drei Angelegenheiten. Deine, meine und die der Existenz.«[28]

Wann immer du mit der Existenz haderst oder dich mit »den anderen« beschäftigst, hast du dich auf eine fremde Baustelle verirrt.

Mach das ruhig weiter so, aber dann wird sich nichts ändern. Die Welt ist ein Spiegelkabinett. Finde den Projektor und es wird einfach und still.

Die Menschen, mit denen ich arbeite, wollen sich wirklich verändern. Aber oft bewegen sie Fragen wie:

28 Byron Katie: *Lieben, was ist. Wie vier Fragen Ihr Leben verändern können*, München 2002.

»Was, wenn ich die hundert Prozent Selbstverantwortung übernehme, mein Partner aber nicht?«

»Was, wenn ich mich verändere, der andere sich aber nicht?«

»Muss das nicht gleichzeitig geschehen?«

Vorschlag: Mach den Menschen um dich herum ein faires Angebot: »Pass auf, ich ziehe jetzt das Tempo meiner Entwicklung etwas an, denn ich will mehr vom Leben. Wenn du mitkommen möchtest, würde ich mich sehr freuen. Wenn nicht, werde ich dich nicht drängen. Denn du bist genauso frei wie ich.« Und dann kümmere dich ein Jahr lang konsequent nur um deine Baustelle und schau, was geschieht. Kläre deine Sachen. Werde in dir stärker. Mach dir keine Sorgen, dass du einsam wirst. Du bist niemals allein. Es gibt das Gesetz der Anziehung, dem kannst du voll vertrauen. Wenn du dich änderst, passt sich deine Umgebung an. Die Menschen in deinem Umfeld werden auch reifen, oder sie werden deine Wirklichkeit verlassen. Du wirst dafür neue kraftvolle, selbstverantwortliche Menschen anziehen.

Geh los.

Kümmere dich um dich.

Nagel dich freiwillig fest

Bist du bereit, Selbstverantwortung zu kultivieren?

Dann schlage ich dir die folgenden drei praktischen Schritte vor:

1. Nagel dich fest.
2. Hole deine Kraft zurück.
3. Stopfe die energetischen Lecks.

1. Nagel dich fest

Es ist natürlich einfach, die Verantwortung verbal zu übernehmen, wenn es dir gerade gut geht. Die Kunst liegt darin, diesen Entschluss auch dann aufrechtzuerhalten, wenn dich das Leben herausfordert. Wir beide wissen: Der Zeitpunkt wird kommen, da wird deine Entschlossenheit getestet werden. Dann könnte es sein, dass du in einem Anfall vom temporärer Amnesie nichts mehr von hundertprozentiger Selbstverantwortung und diesem Kapitel wissen willst. Um dem vorzubeugen, empfehle ich dir, schriftlich eine Vereinbarung mit dir selbst zu treffen.

Ich empfehle dir, die von mir vorgeschlagene Formulierung durchzulesen, sie eventuell anzupassen und zu ergänzen, dann deine Version handschriftlich aufzuschreiben und nur zu unterzeichnen, wenn du spürst, dass du wirklich bereit dazu bist. du kannst dir sicher sein, dass dein Unterbewusstsein diesen Akt der Bereitschaft sehr aufmerksam registriert. Positioniere die unterschriebene Vereinbarung dann an einem Platz, wo du sie täglich gut sehen kannst.

Vereinbarung mit mir selbst

Ich, ..., bin der Mensch, auf den ich gewartet habe.

Ich bin bereit, die folgende Vereinbarung mit mir selbst einzugehen:

Ich übernehme die volle Verantwortung für das Erblühen meiner Beziehungen.

Ich übernehme die Verantwortung für meine Gedanken, meine Gefühle und mein Handeln.

Ich übernehme die Verantwortung dafür, klar herauszufinden, was ich wirklich-wirklich will und Menschen zu finden, die Lust haben, dies gemeinsam mit mir zu erschaffen.

Ich übernehme die Verantwortung dafür, auf Menschen zuzugehen, die mich achten und schätzen.

Ich übernehme die Verantwortung dafür, an Situationen, die mir schaden, schnell etwas zu verändern.

Ich finde heraus, was mir wirklich guttut und schenke mir das regelmäßig.

Ich bin bereit, tiefe Erfüllung und Freude in meinen Beziehungen zu erfahren.

Ich öffne mich für körperliche, emotionale, geistige und seelische Heilung in meinen Beziehungen.

Ich bin bereit, mich dafür zu verändern.

Ich bin bereit, ein waches Leben im Einklang mit meinen innersten Werten zu führen.

Ich vereinbare mit mir selbst, liebevoll und achtsam mit mir zu sein.

Ich erforsche meine Bedürfnisse und übernehme Verantwortung für ihre Erfüllung.

Erkenne ich menschliche Unvollkommenheiten an mir, bin ich bereit, ihnen mit sanftem Mitgefühl und Humor zu begegnen.

Ich vergebe mir meine Fehler und korrigiere sie so schnell wie möglich.

Ich schenke mir Liebe in Form von Freundlichkeit, gutem Essen, ausreichend Schlaf, frischer Luft und Bewegung.

Diese Vereinbarung mit mir selbst tritt ab heute, dem ...., in Kraft.

Unterschrift: ....

Hinweis: Wenn du diese Selbstvereinbarung aufgeschrieben hast, lies sie dir selbst achtsam vor. Wie fühlt sich das an? Viele Menschen berichten mir, dass sie dabei einen tiefen Kraftschub und eine innere Aufrichtung verspüren.

2. Hole deine Kraft zurück

Setze ein konkretes Zeichen der Selbstverantwortung. Schau mit deinem neuen Verständnis für Verantwortung auf deine Beziehungen. In welcher Beziehung hast du einen anderen Menschen für dein Wohl verantwortlich gemacht? Wähle eine Beziehung aus. Sehr wahrscheinlich ist sie dir bereits eingefallen. Ja, genau die!

Kommuniziere diesem Menschen gegenüber klar und deutlich, dass du ab heute zu hundert Prozent die Verantwortung für dein Glück übernimmst. Befreie diesen Menschen von einer Last, die sowieso nie die seine war. Kommuniziere dies direkt, am Telefon oder schreibe einen Brief. Vielleicht ist dieser Mensch auch bereits gestorben. Das macht nichts. Schreibe ihm dennoch einen Brief. Du wirst spüren, wie deine Kraft zu dir zurückkehrt.

In der Beziehung zu ……………………… übernehme ich ab heute die volle Verantwortung für mein Glück.

Ich teile dies meinem Beziehungspartner auf folgendem Weg mit: …………. (schriftlich, telefonisch).

3. Stopfe die energetischen Lecks

Jedes Mal, wenn du die Verantwortung für dein Leben an einen anderen Menschen oder an Umstände abgibst, verlierst du Macht im Sinne von Selbstwirksamkeit. Deshalb gilt es nun herauszufinden, wo du bisher Macht durch eine Opferhaltung verloren hast. Du musst an dieser Stelle gar nichts daran verändern. Erkenne dei-

ne aktive Machtabgabe erst einmal ungeschminkt an. Indem du deine Opferstrukturen beim Namen nennst, holst du sie ins Licht deines Bewusstseins. Und dadurch verlieren sie von ganz alleine ihre Kraft.

Beobachte es in den nächsten Tagen doch mal. Um etwas zu tun, was dir schadet (streiten, schädliche Dinge zu dir zu nehmen, zu viel arbeiten oder eben ins Opferbewusstsein zu fallen), musst du bis zu einem gewissen Grad unbewusst sein. Wenn du voll präsent und wach bist, geht das nicht.

Nutze die folgenden Fragen, um im Ist-Zustand der jeweiligen Beziehung voll anzukommen. Sei ehrlich. Sei genau. Sei nüchtern. Wenn es bitter schmeckt, verleugne die Bitterkeit nicht. Feiere, was schön ist und benenne ehrlich, was nicht stimmt.

A) Wähle drei wichtige Beziehungen deines Lebens aus und überlege, auf welche Weise du hier bisher die Verantwortung an den anderen abgegeben hast.

In meiner Beziehung zu .... habe ich meine Macht abgegeben, indem ich:

In meiner Beziehung zu .... habe ich meine Macht abgegeben, indem ich:

In meiner Beziehung zu .... habe ich meine Macht abgegeben, indem ich:

B) Deine Ausredenliste

Erstelle eine Liste aller Ausreden, die du normalerweise benutzt, um zu begründen, warum du deine wichtigsten Beziehungen nicht genau erfüllend und kraftvoll lebst, wie du es eigentlich möchtest. Sei schonungslos ehrlich.

Beispiele: »Mich versteht keiner. Es gibt keine guten Männer. Ich hatte eine schlimme Kindheit. Ich habe keine Zeit für die Pflege meiner Beziehungen. Ich habe immer Pech. Mein Mann ist nicht empathisch genug. In meiner Beziehung kann ich nicht ich selbst sein/werde ich stets kritisiert. Mein Partner erkennt nicht mein wahres Ich. Meine Bedürfnisse bleiben auf der Strecke.[29]

Wenn du fertig bist, lies dir die Liste noch einmal durch. Streiche die Argumente, die du leicht als Ausreden durchschauen kannst, einfach durch. Doch es wird andere Gründe geben, die für dich immer noch einleuchtend und plausibel klingen. Hier gilt es, einen Schatz zu bergen. Denn dies sind die schwarzen Löcher, in die bis jetzt deine Macht verschwunden ist.

Lies sie dir noch einmal durch und frage dich: Bin ich bereit, auch für diese Gründe die Verantwortung zu übernehmen? Selbst wenn du im Augenblick vielleicht noch nicht weißt, was du dafür tun musst?

---

29 Meine liebe Lektorin hat an der Stelle den Kommentar hinterlassen: »Mein Autor quält mich mit Manuskripten, durch die ich mich selbst kritisch hinterfragen muss.« Ist mir eine Ehre!

C) Das vergangene Jahr

Zähle die zehn wichtigsten (positiven oder negativen) Erlebnisse des letzten Jahres in deinen Beziehungen auf.

1. ………………………………………………………………..
2. ………………………………………………………………..
3. ………………………………………………………………..
4. ………………………………………………………………..
5. ………………………………………………………………..
6. ………………………………………………………………..
7. ………………………………………………………………..
8. ………………………………………………………………..
9. ………………………………………………………………..
10. ………………………………………………………………..

Für welche dieser Erlebnisse bist du bereit, Verantwortung zu übernehmen? Für welche nicht? Wo kannst du einen Zusammenhang zwischen deinem Denken und Tun und den Ereignissen in deinem Leben sehen?

Denke daran: du bist vielleicht nicht für alles verantwortlich, was dir passiert. Doch du bist dafür verantwortlich, wie du auf diese Ereignisse reagierst.

Heute ist ein guter Tag, um die Macht zu dir zurückzuholen.

UMSETZUNG: Die 30-Tage-Macht-Kur

Verzichte für 30 Tage auf jegliches Anklagen, Jammern und Selbstmitleid. Lass für 30 Tage keine einzige Ausrede gelten, sondern konzentriere dich hundertprozentig darauf, das zu bekommen, was du willst.

Schreibe es dir auf einen Zettel oder auf die Innenseite deiner Hand:

Keine Ausreden!
Kein Meckern über das, was ich nicht will!
Volle Konzentration auf: »Was will ich und wie kann ich es bekommen?«

Auf einen Nenner gebracht:

Opferbewusstsein ist die obsessive Beschäftigung mit der Frage, warum du NICHT hast, was du eigentlich willst.

Das Gegenmittel ist die freudvoll-obsessive Konzentration auf die Frage: »Was will ich jetzt und wie bekomme ich es?«

Manchmal lässt die Antwort vielleicht etwas auf sich warten. Bleibe dennoch bei dieser Frage. Wiederhole sie wie ein Mantra. Dann

brennt sie eine Schneise in das Dickicht deines Gejammers, in die das Licht neuer Ideen einströmen kann.

Tipps für harte Fälle

Wahrscheinlich wirst du erst während der Kur bemerken, wie selbstverständlich du oft ins Jammern und Anklagen abdriftest. Manchmal ist es gar nicht so leicht, aus dieser alten, tief eingegrabenen Schallplattenrille herauszukommen. Die folgenden Tipps helfen bei der wirksamen Musterunterbrechung:

1. »*Fuck it*!« Dieses Mantra ist extrem wirksam. Du musst nicht jeden destruktiven Gedanken mit dir selbst bis zum Ende ausdiskutieren. Unterbrich die alten Muster mit einem herzhaften »*Fuck it*« oder, wenn du Englisch nicht magst, probiere es mit »Scheiß drauf!« Wenn du allein oder mit guten Freunden zusammen bist, rufe es richtig laut aus.

2. Geh an die frische Luft. Atme zehn Mal bewusst und sehr tief ein und aus. Dein Opferbewusstsein spiegelt sich auch in deiner Physiologie wieder. Veränderst du den Atem, verändern sich deine Gedanken.

3. Das schließt da an: Richte deinen Körper auf. Mach ein paar Liegestütze oder tanze zu deiner Lieblingsmusik. Deine Gedanken werden sich dadurch in ihrer Qualität verändern.

4. Wenn du das Jammern gestoppt hast, frage dich: Was will ich eigentlich jetzt gern denken?

Nur mit dem Herzen sieht man gut? Quatsch!

Was konstruktives Denken mit erfüllten Beziehungen zu tun hat

»Die Welt ist materialisierter Geist.«
RALPH WALDO EMERSON

In der Selbsterfahrungsszene höre ich immer wieder Slogans wie »Geh in dein Herz!« oder »Hör auf, so viel zu denken, nur mit dem Herzen sieht man gut.« Guten Morgen!

Du kannst weder in dein Herz gehen noch kann es denken. Es pumpt Blut durch deinen Kreislauf und leistet damit einen großartigen Job. Zum Denken gab dir das Leben deinen Verstand, und es ist ratsam, diesen auch in der Liebe eingeschaltet zu lassen. Mir ist natürlich klar, dass mit den Herz-Metaphern oft auf unsere intuitive Intelligenz und unser Mitgefühl angespielt wird. Doch gerade, damit sich diese wunderbaren Fähigkeiten wirksam entfalten können, brauchst du einen klaren Verstand. Schau dir die Vorbilder der

Menschheit an, die im Namen der Liebe Großartiges bewirkt haben: Gandhi, Jesus Christus, Buddha, Martin Luther King, um nur einige zu nennen. Sie stammelten nicht einfach naiv »Liebe, Liebe, Liebe...«, sie stellten ihrem liebenden Herzen einen starken, konstruktiv ausgerichteten Verstand an die Seite.

Wir sind keine Tiere. Wir sind Menschen. Ob wir wollen oder nicht, das Leben hat uns mit einer enorm machtvollen schöpferischen Gabe ausgestattet: Wir sind in der Lage, uns innere Welten vorzustellen und sie im Außen zu erschaffen. Du kannst das nicht abschalten, sondern du musst lernen, damit umzugehen: Deine Gedanken sind niemals neutral.

Die Qualität deiner Gedanken erschafft die Qualität deiner Beziehungen.

Keine Sorge. Damit meine ich keinen esoterischen Hokuspokus à la »Ich stelle mir einen Aschenbecher vor und schwuppdiwupp materialisiere ich ihn aus Quantenteilchen.« Mir geht es um eine wesentlich pragmatischere Ebene, die durch Psychologie und Neurowissenschaft klar belegt ist: Deine Gedanken geben den Ausschnitt an Realität vor, den du bewusst wahrnimmst.
Ein ganz einfaches Beispiel: Wenn du im Spiegel dein Gesicht betrachtest und konsequent nach Fehlern suchst, wirst du jede Menge finden. Tust du das jeden Morgen, fühlst du dich irgendwann hässlich. Das wirkt sich logischerweise auf dein Verhalten und deine Ausstrahlung aus und beeinflusst damit natürlich auch deine Bezie-

hungen. Du bekommst weniger positives Feedback oder nimmst es nicht mehr wahr. Irgendwann bist du so fest davon überzeugt, hässlich zu sein, dass du dir instinktiv hauptsächlich Menschen als Beziehungspartner aussuchst, die dich darin bestätigen, weil du ja Recht behalten willst. So lebst du in einer selbstgebastelten Realitätsblase, die sich täuschend echt anfühlt, aber im Grunde genommen auf einen einzigen schrägen Gedanken zurückzuführen ist: »Was stimmt mit meinem Gesicht nicht?« Nur, dass du den Zusammenhang zwischen dem, was du in den letzten Monaten gedacht hast, und dem, was du nun als »Realität« erlebst, nicht erkennst. Viele meiner Klienten halten sich für positiv eingestellte Menschen und verstehen nicht, was sie mit dem sich kontinuierlich wiederholendem Liebesschlamassel zu tun haben sollen. Bis sie sich die Mühe machen, ihrem Gedankenfluss sehr aufmerksam und ehrlich zu lauschen. Oha!

Wenn du nicht verstehst, warum ein bestimmter Bereich deines Lebens so ist, wie er ist, empfehle ich dir, einen Tag lang ein Gedankenprotokoll zu führen. Stell dir deinen Verstand wie einen See vor, in den du jeden Tag 50-60.000 Gedanken einspeist. Du musst unter die Oberfläche der paar netten Gedanken schauen, die wir uns alle gern zulegen, um uns als gute Menschen fühlen zu können. Wie sieht es in der Tiefe aus? Mal ganz ehrlich: Wie viele Vorurteile gegenüber Männern, Frauen, speziellen Menschen und Situationen dümpeln hier vor sich hin? Ist dein geistiges Gewässer wirklich kristallklar bis zum Grund?

Wie oft ziehst du dir kurz mal zwischendurch einen ängstlichen, defensiven, zweifelnden, anklagenden Gedanken rein? Das passiert wesentlich schneller, als wir meistens mitbekommen. Häufig ist es ein automatisierter Strom von Kommentaren, der leise im Hintergrund mitläuft: »Warum macht er das immer so? Warum versteht sie mich nie? Das hat doch alles keinen Sinn. Mit jemand anderem wäre es sicher leichter. Ich kann das nicht mehr hören. Ich will das nicht. Sie liebt mich nicht. Er kapiert es einfach nicht. Das schaffen wir nie…«

Es ist ernüchternd, dem inneren Dialog einmal bewusst zuzuhören und dir klarzumachen, wie viel das alles mit dem zu tun hat, was du im Endeffekt als *dein Leben* wahrnimmst. Es gibt eindeutig bewiesene Zusammenhänge zwischen der Ausrichtung deines Denkens und dem, was du ein klein wenig später als *die Realität* erlebst.

Dein Denken beeinflusst, wie du andere Menschen wahrnimmst,
wie du dich in Beziehungen verhältst,
was du fühlst und wie du handelst.

Langfristig gesehen erschafft konstruktives Denken lebendige, stärkende Beziehungen. Destruktives Denken erschafft anstrengende, schwächende, eben destruktive Beziehungen.

Bevor du nun auf die stressige Idee kommst, ab jetzt nur noch positiv denken zu müssen, lass uns eine wesentliche Unterscheidung treffen: positives versus konstruktives Denken.

Ich bin nämlich kein Freund der Bewegung des positiven Denkens. Der Zwang, immer nur gute Gedanken zu produzieren, ist nicht gesund. Ein menschliches Innenleben ist auch dunkel, birgt Verzweiflung, Angst, Gier und Hass. Nur weil du versuchst, diesen Teil zu negieren, ist er nicht weg. Du verschiebst ihn lediglich in dein Unterbewusstsein, von wo er noch stärker wirkt. Deshalb wirkt das Lächeln der radikalen Vertreter dieser Theorie oft so aufgesetzt. Paradoxerweise wurzelt zwanghaft positives Denken eben nicht im Vertrauen, sondern in der Angst – der Angst vor dem Schatten, der Angst vor Schwäche, der Angst, was passieren könnte, wenn du einfach laut ausrufst: »Scheiße, das kotzt mich alles nur noch an!«

Konstruktives Denken ist lösungsorientiert und dazu gehört, auch den Schatten willkommen zu heißen. Wenn es dir Sch... geht, dann geht es dir Sch...! Punkt. Wenn du dich ängstigst, ist die Angst da. Punkt. Es ist wichtig, alles, was da ist, bewusst anzuerkennen. Auch die ungebetenen Gäste, zum Beispiel kleine, hinterfotzige Gedanken, wollen ins Gasthaus deiner Aufmerksamkeit eingelassen werden. Die spannende Frage ist: Was passiert hier mit ihnen?

Um im Bild zu bleiben: Destruktiv denkende Wirte machen aus solchen Gästen ein Drama. Sie ziehen sich die Nummer voll rein, bis gefühlt der Weltuntergang bevorsteht.
Positiv denkende Wirte stürzen sich hektisch auf sie und versuchen sie manisch davon zu überzeugen, dass doch hinter den Wolken immer die Sonne scheint. Wenn so ein Gast dann nicht gleich an-

fängt, dümmlich zu grinsen, wird er in den Keller geschoben, damit er das rosige Gesamtbild nicht verdirbt.

Konstruktiv denkende Wirte heißen alle Gäste erst einmal willkommen – auch die dunklen. »Aha, da seid ihr. Herzlich willkommen. Welche Botschaft bringt ihr mit?« Wenn der Gast in Ruhe angekommen ist, fängt der Gastwirt an, nach einer guten Lösung für alle zu suchen.

Konstruktiv bedeutet, deinen Verstand immer wieder neu auf das auszurichten,

was du *willst,* anstatt was du *nicht willst,*

was euch *verbindet,* anstatt was euch *trennt,*

nach der Lösung zu suchen, anstatt das Problem zu mästen,

Stärken zu fördern, anstatt obsessiv Schwächen aufzudecken,

aufzubauen, anstatt zu zerstören,

nach der Synthese zu suchen, anstatt sich im Widerspruch zu suhlen.

Kommen wir zur radikalen Essenz dieses Kapitels zurück.

Dein Verstand konstruiert deine Erfahrungswelten – auch dein Bild von dem Menschen, der gerade vor dir steht. Das, was du als deine Beziehung wahrnimmst, ist *deine* Wirklichkeit – maßgeblich erschaffen, zurechtgeschnitten, verzerrt und verstärkt durch *dein* Denken!

Wenn deine Beziehungen gegenwärtig optimal verlaufen, dann verändere nichts und genieße die Show. Dann sind die Koordinaten deines Verstandes offenbar konstruktiv justiert. Glück gehabt oder hart erarbeitet?

Wenn du jedoch immer wieder schmerzhafte Wiederholungen derselben Dramen mit geringfügigen Abwandlungen und ausgewechselten Akteuren erlebst, halte endlich inne und übernimm Verantwortung für dein mentales Sendeprogramm. Sonst kämpfst du dein Leben lang gegen die Windmühlen an, die du selbst erschaffen hast. Ich weiß, sie fühlen sich verdammt echt an! Schließlich siehst du ja, was die anderen machen und fühlst es auch. Das ist doch Beweis genug, oder? Nein. Es ist lediglich der Beweis, dass du es so siehst und fühlst. Und das passiert … in dir!

Vor zwanzig Jahren erschütterte eine Frage mein gesamtes Beziehungserleben:

Was hat mein Denken mit den Dramen zu tun, die ich immer wieder erfahre?

Erst dachte ich: »Nichts. Ich reagiere nur auf das, was vor mir auftaucht. Ich hatte halt immer wieder Pech in der Wahl meiner Partnerinnen.« Heute muss ich schmunzeln, wenn ich daran zurückdenke. Ich hielt mich wirklich für einen positiv eingestellten Menschen. Da sich aber die Mauern, an denen ich mir meinen Kopf blutig stieß, doch immer ähnlich anfühlten, begann ich zu forschen. Ich beschäftigte mich intensiv mit Wahrnehmungs- und Verhaltenspsychologie und den Neurowissenschaften. Dann fiel

der innere Groschen: Ich reagiere niemals auf den Menschen, der vor mir steht, sondern auf sein Abbild in meinem Kopf. Das ist ein himmelweiter Unterschied!

Ich begriff, wie mein Denken – bewusst und unbewusst – die Wahl und Beurteilung meiner Beziehungspartner beeinflusste. Ich verstand plötzlich, wie sich mein eigener Selbstzweifel in Projektionen verdrehte und nach den Schwächen meiner Mitmenschen suchte. Wie mein Denken aus Furcht vor Verletzungen eine versteckt-paranoide Grundstimmung erzeugte und genau dadurch diese Verletzungen provozierte. Wie mein Verstand die Frauen, in die ich mich verliebte, nach einigen Wochen in eine Schublade steckte und dort gefangen hielt: »So ist sie halt! So sind Frauen!«

Kurzum, ich kam dem mächtigsten Prinzip eines menschlichen Lebens auf die Spur:

Unsere Gedanken erschaffen unsere Realität.

Andrea und ich begannen systematisch, den geistigen Müll aufzudecken, der unsere Beziehung aus dem Unterbewusstsein heraus vergiftete. Wir enttarnten unsere Vorurteile gegenüber dem anderen Geschlecht. Wir mussten uns eingestehen, dass wir bei Weitem noch nicht so lösungsorientierte Menschen waren, wie wir gern von uns dachten. Unsere »Herzen« wollten zueinanderfinden. Doch unser undisziplinierter Verstand verlief sich wieder und wieder in destruktiven Gedankenschleifen. Wir waren beide extrem hitzköpfig. Mit dem Feuer unserer Leidenschaft kreierten wir innere Drohkulissen und brannten dann alles nieder, was wir bis dahin aufgebaut hatten.

Unsere Beziehung wurde nicht durch Liebe gerettet, sondern durch die Disziplinierung unseres Geistes. Wir haben gelernt, ihn auch in kritischen Phasen auf das zu fokussieren, was wir wirklich wollen. Aus einem misstrauischen und destruktiven Dämon wurde ein treuer, starker Wächter, der im Schmerz nicht mehr alles gegen die Wand fährt, sondern unsere Beziehung schützt.

Willst du glückliche Beziehungen?
Dann trainiere, deinen geistigen Fokus im konstruktiven Bereich zu halten, bei der Frage: Was will ich aufbauen?

UMSETZUNG: Selbsterforschung

These: Das, was du heute in deinen Beziehungen erlebst, ist maßgeblich davon beeinflusst, wie du in den letzten zwölf Monaten über diese Beziehung und diesen Menschen gedacht hast.

Überprüfung: Wähle eine wichtige Beziehung deines Lebens aus, zum Beispiel deine Übungsbeziehung. Oder einen anderen Menschen, der im letzten Jahr sehr wichtig für dich war.

Notiere kurz und ehrlich, was in dieser Beziehung im letzten Jahr geschehen ist.
Wie ist sie verlaufen? Welche Qualität hatte diese Beziehung?

Nun überlege, auf welche Weise du im letzten Jahr über diese Beziehung nachgedacht hast. Du musst dafür genau und ehrlich hinschauen: Welchen »Geschmack« hatten deine Gedanken (unter der vielleicht netten Oberfläche) für gewöhnlich? Eher positiv, klar, liebevoll? Oder ängstlich, wütend, frustriert? Hauptsächlich auf das ausgerichtet, was du dir gewünscht hast (positiv)? Oder eher darauf, was du nicht wolltest (negativ)?

Kannst du einen Zusammenhang zwischen deinem Denken und dem Verlauf der Beziehung erkennen?

Experiment: Deiner Schöpferkraft auf der Spur

Gehe heute einmal wie ein staunendes Kind durch dein Leben. Nutze den Gedanken »Alles ist ein Spiegelbild meines Denkens« wie ein Mantra. Mach daraus ein Spiel.
Schau einen Stuhl an und denke:

»Diesen Stuhl, so wie ich ihn sehe, habe ich mit meinen Gedanken erschaffen.«

Wenn Du heute einem Menschen begegnest, denke: »Diesen Menschen, so wie ich ihn sehe, habe ich mit meinen Gedanken erschaffen.«

Beobachte, was diese Gedanken mit dir machen. Spiel damit. Erforsche die Zusammenhänge tiefer. Frage dich:

»Wenn dieser Mensch, so wie ich ihn sehe, wirklich ein Spiegelbild meines Denkens wäre, was könnte ich daraus über die Qualität und Richtung meiner Gedanken schlussfolgern? Kann ich einen Zusammenhang erkennen?«

Beobachte deine Gedanken in Bezug auf diesen Menschen. Wie denkst du über diesen Menschen? Liebevoll? Hämisch? Ängstlich? Offen? Wie könnte dein Denken beeinflussen, was du in diesem Menschen siehst?

Führe diese spielerische Untersuchung überall durch. Mit bekannten und mit fremden Menschen. Zu Hause, am Arbeitsplatz, an der Bushaltestelle.
Falls du allein lebst und gar keinen Kontakt zu anderen Menschen hast, kannst du dich fragen:

»Wie könnte ich mit meinen Gedanken zu meiner isolierten Situation beigetragen haben?«

Die Macht deines schöpferischen Fokus

Liebe entsteht spontan? Na dann warte weiter…

»Die einzigen Dinge, die in deinem Leben wachsen können,
sind jene Dinge, denen du deine Aufmerksamkeit schenkst.«
RALPH WALDO EMERSON

In unseren stürmischen Anfangszeiten besuchten Andrea und ich natürlich auch einen Astrologen. Wir wollten herausfinden, welcher fiese Planet an unserem Dauerbeziehungsdrama schuld war.[30] Als der Astrologe unsere beiden Horoskope übereinanderlegte, verfinsterte sich sein Blick bedenklich. Mehrere Minuten lang brummelte

---

30 Für alle Opfer unter uns: Astrologie ist als Ausrede wirklich sehr zu empfehlen, denn Planeten wirken einfach übermächtig. Wer kann sich mit denen schon anlegen? Außerdem ist Astrologie so herrlich komplex. Irgendeiner von all den Sternen steht bei dir ganz sicher im falschen Haus, weshalb du nun endlich weißt, warum du nicht hast, was du willst.

er nur in seinen Bart: »Hmm ... Oh, oh!« Dann meinte er: »Mein lieber Schwan, da habt ihr euch ja etwas vorgenommen.« Nach diesem ermutigenden Einstieg erklärte er uns, dass unsere Sternenkonstellationen wie Minenfelder auf den jeweils anderen wirkten. Mit anderen Worten: Wenn wir uns weiter aufeinander zubewegten, würde es auch weiter knallen, und zwar regelmäßig. Tja, so war es ja dann auch.

Ich habe keine Ahnung, ob an Astrologie etwas dran ist, aber die zwei Ratschläge, mit denen wir die Praxis verließen, waren ihr Geld wert:

1. Fangt sofort an zu meditieren, um die heftigsten Gefühle abzufangen.
2. Entwickelt eine Vision, um die Sprengkraft zu lenken.

Ich war damals ein leidenschaftlicher Romantiker, der an die spontane Liebe glaubte. Die Vorstellung, mich hinzusetzen, um eine Vision unserer Beziehung in Worte zu fassen, kam mir unangenehm nüchtern vor. Ich tat es dennoch – aus lauter Verzweiflung.

Das Erste, was mir auffiel, war: Ich hatte kein Bild von unserer Zukunft. Ich hatte keine konkrete Vorstellung davon, wo ich mit Andrea hinkommen, wie ich mit ihr leben wollte. Es gab in meinem Leben kein reales Vorbild für eine Beziehung, von der ich hätte sagen können: Ja, genau so will ich es auch!

Mir dämmerte, warum ich bis dahin keine glückliche Beziehung erschaffen hatte: Ein Haus kann man nur bauen, wenn man eine relativ klare Vorstellung davon hat, wie es später aussehen soll.[31]

Ich musste erst mal meine Fantasie anregen, um eine Vision einer erfüllenden Beziehung zu entwickeln. Da ich schon immer lebensgierig war, begann ich mit den Worten:

»Ich will alles!«

Das fühlte sich schon mal gut an! Dann packte ich alles in die Vision, was meine Seele brauchte, um laut aufzujauchzen: »Ja, da will ich wirklich hin!«: Sex, Wildheit, Stille, wahres Erkennen, geile berufliche Projekte, Freiheit und Nähe, Gesundheit, Vertrauen …

Ich hatte keine Ahnung, wie das alles unter den Hut einer Beziehung passen sollte, doch meine Logik war simpel:

1. Wenn das Zeug mit der Schöpferkraft funktioniert, hat es keinen Sinn, weniger als den Jackpot zu wollen.
2. Da ich ahnte, dass mich der Weg dorthin viel kosten würde, musste der ausgeschriebene Preis hoch genug sein, um mich auch in harten Phasen zu motivieren, am Ball zu bleiben.

---

31 Hast du eine klare, attraktive Vision von einer lebendigen Beziehung, die dich wirklich anturnt?

Ich malte in meinem Geist ein farbenfrohes Gemälde meiner Wunschbeziehung mit Andrea, an das ich damals so gar nicht glauben konnte. Denn ich kannte kein Paar, die das lebten.

Doch eine leuchtende Vision dehnt deinen Verstand.[32] Sie verführt dich dazu, dich für neue Möglichkeiten zu öffnen. Wir können nur erschaffen, was wir schon einmal mindestens als leuchtende Ahnung empfangen haben. Wenn dir eine positive Referenzerfahrung im Außen fehlt, musst du sie in dir selbst entwickeln. Eine Vision ist der Leuchtturm, der dir in den stürmischen Zeiten eine Orientierung gibt: »Ja, genau da wollen wir hin. Dafür lohnt es sich, mich aktiv einzusetzen. Dafür achte ich jetzt und hier auf meine Gedanken, meine Gefühle, meine Handlungen.«

Jedes starke Unternehmen verfügt über eine solche Leitvision. Warum nicht auch eine Partnerschaft?

Hast du eine klare, attraktive Vision einer lebendigen Beziehung, die dich wirklich anturnt?
Wo willst du in deiner Liebesbeziehung hin?
Wo wollt ihr gemeinsam hin?

---

32 Die Neurobiologen haben dies mittlerweile nachgewiesen. Freudvolle Visionen führen zu einer erhöhten Dopamin-Ausschüttung in deinem Gehirn. Das sorgt nicht nur für gute Laune, sondern regt die Vernetzung deiner Nervenzellen an. Dadurch denkst du kreativer, schneller und lösungsorientierter. Also, her mit dem Kick!

Was ist euch gemeinsam so wertvoll, dass ihr bereit seid, euch dafür im entscheidenden Moment zusammenzureißen und vielleicht auch das eine oder andere Opfer zu bringen?

Eine Vision ist auch ein Polarstern, um die Entwicklung eurer Beziehung zu verfolgen:

Bewegt ihr euch gemeinsam in die gewünschte Richtung?
Geschieht das, was ihr euch vorgenommen habt?
Steht vielleicht eine Kurskorrektur an?

Vieles von dem, was heute zwischen Andrea und mir Realität geworden ist, war damals für mich die pure Utopie. An der Umsetzung meiner Vision von einer Liebe zwischen Mann und Frau, die ich vor zwanzig Jahren formulierte, zweifelte ich stark. Doch dann kam es sogar noch besser. Denn weißt du was? Das war erst der Anfang.

Wenn dein schöpferisches Genie anhand der ersten, konkreten Resultate begreift, dass es echten Einfluss auf den Verlauf deines Lebens hat, wird es hungrig und frech. Und das ist gut so. Während du dich auf deine Vision zubewegst, dehnt sich dein Verstand immer mehr. Er erlaubt dir, immer wieder eine noch größere Version deiner selbst zu empfangen und in deinen Beziehungen zu manifestieren. Letztendlich ist das eigentliche Wunder des Erschaffens nämlich nicht das Ziel, das du erreichst, sondern wer du auf dem Weg dahin werden musst.

Du bist – so wie du heute dieses Buch liest – zu viel, viel mehr in der Lage, als du gerade glaubst. Erlaube dir, immer wieder größer darüber zu denken,

was du willst,

wozu du fähig bist

und was du mit der Welt zu teilen hast.

Der heilige Zweck einer Beziehung ist es, dich aus der Komfortzone deiner alten Begrenzungen zu locken und deine schöpferische Macht wach zu kitzeln. Die Evolution hat uns Menschen mit der erstaunlichen Fähigkeit ausgestattet, in unseren Visionen neue Welten zu gebären und sie dann auch tatsächlich Realität werden zu lassen. Wir brauchen noch mehr Pioniere des Bewusstseins, die bereit sind, neue Möglichkeiten des Miteinanders zu erdenken und dem konsequent Taten folgen zu lassen.

Schließ dich den Visionären der Liebe an. Greife nach den Sternen und suche dir Spielpartner, die Bock darauf haben, mit dir gemeinsam die menschliche Möglichkeit auszuloten, anstatt auf der Couch einzuschlafen. Wenn du noch nicht mit dem zufrieden bist, was in deinen Beziehungen läuft, verrate deine Sehnsucht nicht – folge ihr! Stelle ihr einen disziplinierten, konstruktiv ausgerichteten Verstand an die Seite, der deine Träume beschützt und in Handlungen übersetzt. Wenn dir diese Welt nicht gefällt, hör auf zu jammern. Geh raus und erschaffe eine neue!

UMSETZUNG

Fasse deine Vision von eurer Beziehung in Worte. Schreibe sie auf. Nutze dabei Sätze und Bilder, die dich wirklich berühren.

Bitte auch deinen Partner, seine Vision schriftlich festzuhalten.

Ich empfehle euch, dass jeder von euch diesen Schritt erst einmal allein geht. Danach kommt zusammen und tauscht euch aus. Fragt nach, wenn euch eine Formulierung zu pauschal erscheint: »Was genau meinst du mit »glücklich«? Was bedeutet für dich »ehrlich«? Welche inneren Bilder siehst du von unserer gemeinsamen Zukunft?«

Tipp: Nicht gleich einen Schreck bekommen, wenn es eine Differenz zwischen euren Visionen gibt. Oft verwenden Menschen andere Worte, meinen aber dasselbe. Also frage nach.

Doch was, wenn ihr wirklich eine andere Zukunft für euch beide seht? Nun, dann habt ihr Gesprächsbedarf. Besser, ihr klärt das jetzt, als dass ihr nach zehn Jahren harter Beziehungsarbeit schmerzhaft aus einem Traum der Gemeinsamkeit erwacht. Wichtig ist, darüber zu sprechen: Was meint der andere damit? Welches Bedürfnis steckt hinter seinem Wunschbild? Gibt es die Möglichkeit, euer beider Vision so weit zu erweitern, dass ihr beide aus vollem Herzen JA dazu sagen könnt?

Ich kann aus meiner Coachingpraxis heraus gar nicht stark genug betonen, wie wichtig eine gemeinsame Vision ist. Manchmal berate ich Paare, die sich seit Jahren nicht wirklich aufeinander einlassen. Beim

Nachfragen stellt sich oft heraus, dass beide eine völlig andere Wunschvorstellung von der Beziehung haben. Doch es wurde nie offen darüber gesprochen, um den Schmerz dieser Erkenntnis zu vermeiden. Sie rackern sich miteinander ab, dann verliebt sich einer der beiden in einen Menschen, mit dem er mehr Übereinstimmung empfindet und weg ist er!

Auf der anderen Seite habe ich viele Paare dabei begleitet, aus der kreativen Spannung zweier verschiedener Visionen eine größere, alles umfassende und damit auch viel reichere Synthese zu entwickeln. Ein Team mit einer gemeinsamen, starken Vision kann jeden Sturm meistern!

Für deine Visionsfindung

Schaffe dir wirklich ein wohliges, dich inspirierendes Ambiente beim Schreiben: Ruhe, Kerzenschein, Lieblingsmusik, Lieblingsgetränk ...

Beginne mit der Frage: Wenn wirklich alles, alles in meinen Beziehungen möglich wäre,

dann würde ich mir in der Beziehung zu .... wünschen:

Experiment: »Den Geist öffnen«

Stell dir vor, du hast heute den ganzen Tag eine liebevolle, lauschende Glücksfee an deiner Seite, die gekommen ist, um dir einen Wunsch zu erfüllen. Sie fragt dich:

»Wenn wirklich alles, alles in deinen Beziehungen möglich wäre, was würdest du dir dann wünschen?«

Egal, wem du heute begegnest, stell dir insgeheim diese Frage:
»Wenn alles möglich wäre, dann würde ich mir in dieser Beziehung
wünschen...«

Du bist Single?
Dann frage dich heute, wenn du allein an deinem Frühstückstisch
sitzt:
»Wenn alles möglich ist, mit wem würde ich in Zukunft gern mehr Zeit
verbringen, und wie würde ich diese Beziehung erfahren?«
Sei nicht zaghaft. Träume. Denke groß und weit. Spiel mit deinen
Vorstellungen.
Ab und zu mag sich dein Verstand einschalten, mit zynischen, zwei-
felnden, konkreten Fragen und Bemerkungen:
»Wie soll das gehen? Wie willst du das machen? Das klappt doch eh
nicht. Das ist unrealistisch. Das schaffst du nie.«
Dann antworte ihm: »Danke für deinen Kommentar, mein Freund.
Morgen werden wir uns mit deinen Einwänden befassen. Heute ist
einfach nur Wunschtag.«

Entscheidest du noch oder hast du schon gewählt?

>»Gott hat euren Seelen Flügel verliehen,
>auf dass sie sich damit in den Himmel der Freiheit und Liebe erheben.
>Warum schneidet Ihr sie ab und kriecht wie Insekten auf der
>Erdoberfläche?«
>KHALIL GIBRAN

Ich bin kein naiver Optimist. Ich bin ein Realist, der wählt, an eine Zukunft des Menschen zu glauben. Zu träumen ist einfach. Eine Vision für die menschliche Möglichkeit aufrechtzuerhalten, auch wenn du siehst, was um dich herum und auch in dir selbst manchmal noch geschieht, erfordert geistige Disziplin.

Andrea und ich haben uns tausende Male verletzt. Ich habe in der Nähe von keinem anderen Menschen so viel Ohnmacht und Resignation gespürt wie neben ihr. Nicht weil sie ein besonders schwerer Fall wäre, sondern weil ich zum ersten Mal im Konflikt

stehen geblieben bin. In den Beziehungen davor bin ich immer wieder davongerannt, wenn ich im Mark meiner Seele berührt wurde. Doch irgendwann habe ich realisiert: Du kannst gar nicht wirklich fliehen. Denn egal, wohin du rennst, du wirst vom Leben immer wieder an derselben Stelle abgesetzt. Ich hatte diese Erleuchtung – endlich – mit Andrea. Ich hatte davor so viele verschiedene Frauentypen kennengelernt und war doch immer wieder in denselben Sackgassen gelandet. Ich hatte alle Faktoren der Gleichung ausgewechselt, nur eine Konstante übersehen: Mich.

Also habe ich innegehalten und eine Wahl getroffen: Ich werde neben diesem Menschen bleiben und lernen, was es heißt, frei und stark zu lieben.

Ich bin Frank Natale auf ewig dankbar, weil er mir den Unterschied zwischen einer »Entscheidung« und einer »Wahl« erklärt hat. Wenn du etwas wirklich Neues in deinem Leben erschaffen willst, musst du es *wählen*. Denn die Entscheidungen deines Verstandes greifen immer nur auf die dir bekannten Alternativen zurück: »Links oder rechts? Gut oder böse? Streiten oder Stillhalten? Aushalten oder Trennen?«

Stell dir deinen bewussten Verstand wie eine Box mit vielen Schubfächern vor. Eine Entscheidung zu treffen bedeutet, in dieser Box hektisch nach einer Lösung zu suchen. Wenn sie dort nirgendwo herumliegt, gibst du auf und arrangierst dich mit einem faulen Kompromiss. Entscheidungen sind niemals kreativ. Sie erschaffen nichts Neues, sondern lediglich Wiederholungen. Sie bewegen sich innerhalb der festen Grenzen deiner bekannten Welt. Hier stehen die Spielregeln fest: Das macht man und das nicht. Das ist möglich und das nicht. Entscheidungen sind durch die Argumente des zweifelnden Kleingeistes angreifbar: »Wahrscheinlich mache ich mir etwas vor. Vielleicht geht es gar nicht. Lieber den Spatz in der Hand als die Taube auf dem Dach. Den anderen geht es ja auch nicht besser.«

Eine Wahl entspringt der Frage: »Was will ich wirklich-wirklich?«

Eine Wahl kennt keine Grenzen. Wenn du die Lösung für deinen Wunsch in der bekannten Box nicht findest, gibt eine Wahl nicht auf, sondern sagt: Wenn es das, was ich suche, noch nicht gibt, werde ich es erschaffen. Alle Revolutionen der Menschheit wurden durch Visionäre ausgelöst, die eine Wahl trafen und dieser ihr Leben widmeten. Eine Wahl eröffnet dir neue, bisher unbekannte Möglichkeiten. Eine zu allem entschlossene Wahl sensibilisiert deine Wahrnehmung für Türen, wo andere nur Mauern sehen.

Als Andrea und ich damals die Vision für unsere Beziehung formulierten, fühlte sich dies ziemlich verrückt an. So vieles sprach dagegen. Wir hatten uns damals bereits so oft und so tief enttäuscht. Wir hatten uns beleidigt, belogen, waren beide fremdgegangen, hatten uns im Stich gelassen. Die Beziehung zwischen mir und Leona, Andreas Tochter, damals drei Jahre alt, entwickelte sich auch nicht

entspannt. Niemand in unserem Umfeld rechnete damit, dass wir es schafften.[33] Wir waren ganz kurz davor, uns endgültig zu trennen.

Doch dann schenkte uns das Leben eine Nacht, in der alle Schutzmauern fielen. Es war, als wenn wir uns völlig neu und pur erkennen könnten. Wir kamen mit einer tiefen Liebe in Kontakt, die in jedem von uns darauf drängte, endlich frei geteilt zu werden. Am nächsten Morgen erwarteten uns wieder die nächsten, alltäglichen Missverständnisse. Es tat weh, dabei zuzuschauen, wie sich unsere Herzen langsam wieder verschlossen. Doch wir wussten jetzt, was möglich war. Wir hatten nun eine Referenzerfahrung, wie es zwischen uns sein kann. An diesem Tag trafen wir eine Wahl:

»Wenn es möglich ist, dass sich zwei Menschen in einer Nacht so tief lieben und sehen, dann muss dies auch für ein ganzes Leben möglich sein. Wir wählen, alles dafür zu tun, um diese Vision dauerhaft zu manifestieren.«

Ob unsere Wahl seitdem getestet worden ist? Unzählige Male. Doch etwas ist seitdem radikal anders. Während ich davor bei jedem Streit alles infrage stellte, meldete sich nun immer schneller eine klare Stimme in meinem Kopf: »Erinnere dich an deine Wahl. Lass den Kampf los. Steh auf. Geh auf sie zu. Fang neu an.«

33 Andreas Freundinnen gründeten eine Art Anti-Veit-Club. Selbst meine Freunde rieten Andrea, sich von mir zu trennen. An dieser Stelle noch einmal vielen Dank für eure Unterstützung …!

Eine echte Wahl hat die Macht, deine Vergangenheit auszuhebeln und die Tür zu einem neuen Universum aufzustoßen.

Wenn du die freie Wahl hättest – und du hast sie –, was für eine lebendige Beziehung möchtest du erschaffen?

UMSETZUNG

Nun kommen wir zu einem wichtigen Schritt. Visionen sind gut. Sie inspirieren. Doch wenn du einen tief greifenden Wandel in einer deiner Beziehungen erfahren möchtest, braucht es nun eine konkrete Wahl für eine neue Zukunft: ein klares, positives Ziel.

Es ist wichtig, dieses Ziel schriftlich zu fixieren. Das hilft enorm, um es im Fokus zu behalten. Besonders an jenen Tagen, in denen du durch alte Gedanken- und Verhaltensmuster getestet wirst. Außerdem weisen viele Untersuchungen darauf hin, dass wir ein Ziel sehr viel wahrscheinlicher erreichen, wenn wir es schriftlich festhalten.

Dein Herzensziel wählen

Formuliere für deine Übungsbeziehung ein klares und konkretes Ziel. Achte dabei auf folgende, sehr wichtige Kriterien:

1. Freude. Hat das Wunschziel dieser Beziehung die Zustimmung deines Herzens? Löst es freudige Erregung in dir aus? Fühlt es sich richtig gut an? Es darf keine pure Vernunftentscheidung sein!

2. Qualität. Konzentriere dich mehr auf die erwünschte Qualität als auf die Form. Wichtiger ist die Frage »*Was* will ich erfahren?« als »In welcher Form will ich es erfahren?«. Beispiel: Ist es dir wichtiger, erfüllten Sex, Nähe, Freude (Qualitäten) zu erfahren, oder muss es unbedingt ein dreißigjähriger Mann mit braunen Haaren und Doktortitel (Form) sein?

Vorstellungen über konkrete Formen der Wunscherfüllung kommen immer aus alten Konzepten deines Verstandes. Sie begrenzen die Möglichkeiten, wie dein Wunsch Realität werden kann. Wer weiß, wie viele Wege es gibt, eine bestimmte Qualität miteinander zu erfahren? Vielleicht kann dich ein Mensch, von dem es dein Verstand nie erwarten würde, viel glücklicher machen als jemand, der deinen antrainierten Erwartungen entspricht.

3. Erfahrbar. Das von dir formulierte Beziehungsziel muss konkret erfahrbar sein. Beispiel: Was bedeutet Nähe für dich? Woran erkennst du, dass du jemandem nahe bist? Hast du dafür ein klares Gefühl? Wenn dich ein Freund anruft und fragt: »Erfährst du gerade Nähe in der Beziehung zu...?«, dann solltest du eindeutig mit Ja oder Nein antworten können.

4. GUT herausfordernd. Dein Ziel sollte zu deiner aktuellen Gegenwart in angenehm-herausfordernder Distanz stehen. Das heißt, deine

Wünsche sollten so hoch angesetzt sein, dass sie deine momentane Erfahrung mit dieser Beziehung kraftvoll herausfordern, doch gleichzeitig solltest du die Möglichkeit der Erfüllung immer noch fühlen können. Dein Ziel nutzt dir nichts, wenn du überhaupt nicht daran glauben kannst oder wenn es so groß ist, dass es nur noch Stress in dir auslöst.

Beispiel: Wenn ihr euch seit zehn Jahren hauptsächlich angeödet und gestritten habt, ist es dann realistisch, über Nacht eine komplett neue Beziehung zu entwickeln? Oder stresst das eher? Hat es nicht mehr Sinn, euch vorzunehmen, euch jeden Tag eine Stunde lang wirklich gutzutun? Wenn ihr das erreicht habt, schraubt die Messlatte höher.

Oder falls du seit zehn Jahren keine Liebesbeziehung mehr hattest und davor sehr oft enttäuscht wurdest, muss dein Wunschziel vielleicht nicht gleich eine Traumhochzeit und vier Kinder sein. Mich würde das stressen, und wahrscheinlich könnte ich gar nicht daran glauben. Wie wäre es, du wünschst dir für den Anfang ein nettes Date? Und dann schauen wir mal…

5. Positiv. Formuliere dein Ziel positiv. »Ich streite nicht mehr mit meiner Ehefrau« ist eine negative Formulierung. »Ich begegne meiner Frau liebevoll und verständnisvoll« ist eine positive Formulierung.

6. Gegenwärtig. Formuliere dein Ziel in der Zeitform der Gegenwart. Schreibe nicht: »Ich will mit meiner Frau glücklich sein«, sondern: »Ich bin mit meiner Frau glücklich.«

7. Formuliere einfach, klar und kurz.

Fasse dein Ziel in ein bis maximal drei Sätzen zusammen. Verwende eine Formulierung, die dir leicht über die Lippen geht.

Fragen zur Inspiration:

Was will ich wirklich-wirklich?

Wie lebendig möchte ich diese Beziehung erfahren?

Welche Qualitäten möchte ich mit diesem Wesen erfahren? (Qualitäten sind zum Beispiel Innigkeit, Ehrlichkeit, Humor, Abenteuer, Freude ...)

Welche Lebensbereiche möchte ich mit diesem Menschen teilen? (Lebensbereiche sind zum Beispiel Arbeit, Spiel, Sex, Familie ...)

Welche inneren Bilder bringen mein Herz zum Jubilieren, wenn ich sie mir vorstelle?

Schreib frei, lebendig, mit deinen Worten. Gestatte dir zu träumen!

Hinweise: Schreibe erst einmal ganz frei drauflos. Zensiere dich nicht mit Zweifeln oder falscher Bescheidenheit. Du musst jetzt noch nicht wissen, wie sich dies erfüllen kann! Deine bisherige Erfahrung in dieser Beziehung sagt nichts darüber aus, was drin ist und was nicht. Komme von dem Punkt: » Ich habe das Recht und die Fähigkeit, frei zu wählen.«

Alles
ist
möglich!

Und nun formuliere aus diesem »Rohmaterial« in ein bis drei Sätzen dein klares Herzensziel.

Beispiel: »Meine Geliebte und ich erfreuen uns jeden Tag dankbar, ehrlich und wach aneinander. Wir erfahren eine zauberhafte Sexualität, Verspieltheit und Humor. Unsere Beziehung ist ein lebendiges Feld der Liebe, der Heilung und des Erwachens.«

Genieße diesen Schritt!
Genieße es, als ein Schöpfer zu denken, zu fühlen und zu handeln.

Die Macht einer Vision

Der erste entscheidende Schritt ist getan! Du hast ein Ziel formuliert und aufgeschrieben. Herzlichen Glückwunsch und herzlich willkommen im 3 Prozent-Club! Was das für ein Club ist?

In dem Buch *Was Sie an der Harvard Business School nicht lernen*[34] von Mark H. McCormack wird über eine Untersuchung berichtet, die 1979 unter Harvard-Studenten durchgeführt wurde. In diesem Jahr wurden die Studenten gefragt, ob sie sich klare Ziele für ihre Zukunft gesetzt, sie schriftlich festgehalten und Pläne gemacht hätten, wie sie diese erreichen könnten. Nur 3 Prozent der Studenten hatten tatsächlich schriftlich festgehaltene Ziele und Pläne. 13 Prozent hatten zwar Ziele, diese aber nicht niedergeschrieben. Eine überwältigende Mehrheit von 84 Prozent hatte überhaupt keine konkreten Ziele.

---

34   Mark H. McCormack: *Was Sie an der Harvard Business School nicht lernen. Von der Trockenübung zum sturmerprobten Unternehmenslenker*, München 1989.

Zehn Jahre später wurden dieselben Personen erneut befragt, und die Ergebnisse waren vielleicht in gewisser Weise vorhersehbar, aber in ihrer deutlichen Dimension dennoch erstaunlich: Die 13 Prozent der Studenten mit Zielen verdienten im Durchschnitt doppelt so viel wie diejenigen ohne. Und die 3 Prozent, die ihre Ziele sogar schriftlich festgehalten hatten? Diese 3 Prozent verdienten im Durchschnitt zehn Mal so viel wie die anderen 97 Prozent zusammen. Ist das nicht erstaunlich?

Trotz solch einleuchtender Beweise vermeiden es die meisten Menschen nach wie vor, klare und konkrete Ziele zu formulieren. Hör dich in den nächsten Tagen ruhig einmal bei deinen Nachbarn, Freunden und Familienangehörigen um. Frage nach ihren Zielen in den zentralen Bereichen ihres Lebens. Du wirst feststellen, dass viele Menschen durch diese Frage ins Schwimmen geraten. Die meisten tragen diffuse Hoffnungen und Träume mit sich herum, die jedoch viel zu vage sind, um schöpferische Energie präzise und lange genug auf einen Punkt zu konzentrieren.

Warum ist das so?

Vier Gründe, warum wir uns schwertun, klare Ziele zu setzen

- Unklarheit ist zur kollektiven Normalität geworden.
  Vielleicht ist uns die Bedeutung von Zielen nie vermittelt worden. Unsere Eltern haben uns oft Unklarheit vorgelebt. Viele wurden als Kinder nicht ermutigt, einen klaren Willen zu

artikulieren. Wenn die Menschen, mit denen wir die meiste Zeit unseres Lebens verbringen – unsere Familie, unsere Freunde, unsere Kollegen – selbst nicht zielgerichtet leben, dann ist die Wahrscheinlichkeit groß, dass wir gar nicht auf die Idee kommen, es selbst zu tun.

- Wir wissen nicht, wie man klare Ziele herauskristallisiert.
  Die Frage: »Was will ich wirklich?« stößt zu Beginn in unserem Kopf oft auf einen diffusen Nebel, gewoben aus Ahnungen, Impulsen, Sehnsüchten und Ängsten. Das formlose Gedankenfeld muss erst geklärt und konzentriert werden. Es ist eine Kunst, ausreichend lange, fokussiert und konstruktiv nachzudenken, bis sich der Nebel lichtet. Beherrschen wir diese Kunst noch nicht, dann formulieren wir unsere Ziele zu allgemein. Sie bleiben für immer schöne, aber unklare Fantasien. Erst präzise Ziele bündeln ausreichend schöpferische Energie, um den Manifestationsprozess in Gang zu setzen.

- Wir haben Angst zu versagen.
  Für die meisten Menschen ist es eine sehr schmerzhafte Erfahrung, Fehler zu machen – verbunden mit Schuld und Scham. Wenn wir Misserfolg und Enttäuschung fürchten, beugen wir dem unbewusst vor, indem wir uns gar keine Ziele setzen und so gar nicht versagen können. Ganz nach dem Motto: »Wenn ich nichts vom Leben will, kann ich auch nicht enttäuscht werden.« Dabei ist unser sogenanntes »Versagen« eine der wertvollsten und kreativsten Etappen auf dem Weg zum Erfolg. Darauf

werden wir noch ausführlich zu sprechen kommen. In unserer Beziehungsarbeit stelle ich immer wieder fest, dass viele Paare Angst vor einer klaren Vision haben, weil sich herausstellen könnte, dass sie nicht füreinander bestimmt sind.[35]

- Wir haben Angst vor Ablehnung.
  Klare Ziele zu setzen heißt, dich klar zu positionieren und zu zeigen. Damit riskierst du, aus dem »sozialen Rudel« ausgestoßen zu werden. Es kann gutgehen, muss aber nicht. Mögen dich die anderen dann noch? Was geschieht, wenn du jemanden um Hilfe bitten musst? Vielleicht lehnt er ab. Wie wird dein Partner reagieren, wenn deine Ziele von seinen abweichen? Vielleicht lacht er dich aus? Vielleicht lässt er deine Wünsche einfach unter den Tisch fallen! Eine unserer tiefsten Ängste ist die Angst vor Ablehnung. Deswegen halten wir oft klare Vorstellungen zurück.

Eine lebendige Beziehung ist ein Feld, in dem sehr viel Energie freigesetzt wird. Wenn ihr dieser Kraft keine Richtung gebt, wird sie sich selbst einen Kanal suchen. Das kann ein guter sein, aber vielleicht hast du auch Pech und ihr landet immer wieder im Streit. Überlass euch nicht nur dem Zufall. Gestalte aktiv mit.

---

35 Das kann ich gut verstehen. Doch wenn du diese Zweifel hast, wäre es dann nicht eigentlich sinnvoller, dies so schnell wie möglich zu klären?

Das Schiff auf einen neuen Kurs bringen

Hast du schon mal versucht, »mit alten Gewohnheiten zu brechen«? Hat nicht funktioniert? Kein Wunder: Das geht nämlich nicht.

Du kannst sie nur gegen neue Gewohnheiten *austauschen*.

Vielleicht hast du auch schon einmal die folgende frustrierende Erfahrung gemacht: Du besuchst einen tollen Beziehungsworkshop. Alles erscheint plötzlich so klar und simpel. Siegesgewiss fährst du nach Hause, fest entschlossen, dein Leben positiv umzukrempeln. Doch schon nach wenigen Tagen schluckt dein Alltag die Aufbruchsenergie komplett, du merkst, dass all die klugen Erkenntnisse und Tipps, die du mitgenommen hast, der Realität doch nicht standhalten, und zurück bleibt das schale Gefühl, versagt zu haben.

Wenn eine eindeutige Wahl ausreichen würde, würde es nicht hunderte von Beziehungsratgebern geben. Du würdest ein gutes Buch zum Thema lesen, dein Glück wählen, und das wäre es. Also, was fehlt?

Die meisten Wochenendworkshops und Alles-wird-gut-Bücher verschweigen einen wesentlichen Aspekt: die Macht deiner alten Gewohnheiten.

Warum? Ganz einfach. Weil es mühsam ist, sich damit auseinanderzusetzen. Das Versprechen, dass sich dein Leben quasi über Nacht verändern lässt, verkauft sich wesentlich besser als die Aussicht auf einen langfristigen, Geduld fordernden Umstrukturierungsprozess. Schau dich einmal in deinem Bücherregal um. Warum hast du (sehr wahrscheinlich) eine Menge Ratgeber da stehen und nicht nur einen? Weil es verführerisch ist, dir einfach den nächsten zu kaufen, wenn die Wirkung nach der Lektüre verpufft, anstatt dich an die Arbeit zu machen.

Wenn du auf der Suche nach einer Schnelllösung bist, überspring dieses Kapitel. Pick dir die Rosinen raus, denk an manchen Stellen »ah« und »oh«, stell das Buch ins Regal und kauf das nächste.

Wenn du allerdings die Schnauze gestrichen voll von Versuchen hast und es endlich richtig wissen willst, dann überprüfe, ob du richtig wach bist. Wenn nicht, geh noch mal unter die Dusche oder zieh dir einen Kaffee rein. Denn hier kommt die Antwort, warum 99 von hundert guten Vorsätzen platzen und was du tun musst, um dich wirklich nicht mehr für dein Glück anzustrengen, sondern es automatisch (fast aus dem Schlaf heraus) aufzubauen:

Verändere deine Gewohnheiten.

Eine Gewohnheit ist ein Denk-, Fühl- oder Verhaltensmuster, das so tief in deinem Unterbewusstsein abgespeichert ist, dass du nicht mehr darüber nachdenkst.

Dein aktuelles Leben, also auch die Qualität deiner Beziehungen, ist das Ergebnis deiner Denk- und Verhaltensgewohnheiten der letzten Jahre.

Du willst etwas Grundlegendes in deinen Beziehungen verändern? Dann brauchst du neue Gewohnheiten.

Interessiert, woher du die bekommst? Lass uns schauen, wie Gewohnheiten in dir entstehen.
Dazu müssen wir einen kurzen Blick in dein Gehirn werfen:

Dein Gehirn ist das komplexeste und intelligenteste System, das wir in unserem Universum kennen. Die Länge all seiner Nervenbahnen beträgt ca. 5,8 Millionen Kilometer. Es besteht aus mindestens 100 Milliarden Nervenzellen, eine schier unvorstellbare Zahl. (Zum Vergleich: Unsere gesamte Galaxie hat ungefähr genauso viele Sterne.) Jede einzelne Nervenzelle ist wiederum mit etwa 1000 anderen Nervenzellen vernetzt. Wenn wir die möglichen Kombinationen der Verbindung deiner Nervenzellen untereinander in eine Zahl fassen würden, und du hättest den Auftrag, alle Nullen dieser Zahl auf ein Blatt Papier zu schreiben, bräuchtest du dafür 75 Jahre! Dein Gehirn ist ein sehr anspruchsvolles Organ mit einem besonders hohen Sauerstoff- und Energiebedarf. Obwohl es nur etwa zwei Prozent deines Körpergewichts ausmacht, strömt etwa ein Fünftel des gesamten Blutes durch dein Gehirn und es verbraucht etwa zwanzig Prozent deines Grundumsatzes. Das ermöglicht uns Rückschlüsse darauf, wie hochaktiv dein Gehirn sein muss.

Nun aber genug angegeben. Schauen wir uns an, wie in diesem Zauberkasten eine Gewohnheit entsteht. Nehmen wir dazu ein allseits bekanntes Muster wie Streiten. Wie streitest du am liebsten? Still? Dramatisch? Bockig? Wütend? Ist dir bereits aufgefallen, dass dein Streitmuster immer dasselbe ist und fast automatisch abläuft? Du brauchst nur den richtigen Auslöser – ein Augenverdrehen auf der anderen Seite, ein kleiner Satz in einem bestimmten Tonfall – und schon geht die Post ab. Vielleicht streitest du an verschiedenen Orten und über unterschiedliche Themen, doch wenn du genau hinschaust, bemerkst du Wiederholungen, stimmt's? Dein Streiten ist keine spontane soziale Interaktion, sondern ein Automatismus. In deinem Gehirn sieht das noch banaler aus: Reiz kommt an, elektrischer Strom fließt auf immer denselben Bahnen und produziert im Ergebnis immer ähnliche Gedanken, Worte, Handlungen, Gefühle und ... ähnliche Ergebnisse im Außen. Willkommen im Hamsterrad deiner Gewohnheit!

Jetzt kommt das richtig Dumme an der Sache: Wenn der Strom in deinem Gehirn immer wieder auf derselben Bahn fließt, bilden sich

alle anderen Richtungsoptionen langsam zurück. Bildhaft: Wenn du immer wieder nur die eine Autobahn des Streits benutzt, wachsen alle anderen Wege zu und stehen dir irgendwann gar nicht mehr zur Verfügung. Der Reiz kommt, und deine Nervenzellen können die Signale nur noch in eine Richtung weiterleiten. So kommt es bei eingespielten Paaren zu loriothaften Szenen, über die wir lachen, die aber nicht wirklich lustig sind. Ein ehemals unbegrenzter Geist hat sich in einem banalen Reaktionsmuster verfangen.

Als kleines Kind warst du sehr flexibel. Du konntest deine Gefühle und dein Verhalten blitzschnell verändern; der Strom in deinem Gehirn floss frei in alle Richtungen, und deine Nervenzellen waren begierig darauf, sich mit möglichst vielen Nachbarzellen zu vernetzen. Diese Fähigkeit nennt die Wissenschaft Neuroplastizität. Je höher der Grad der Vernetzung, desto größer dein Reaktionsspielraum, desto mehr Freude hast du im Leben.

Im Laufe der Jahre geschieht im Leben vieler Menschen dann etwas sehr Trauriges: Sie verblöden. Anstatt weiterhin in möglichst viele Richtungen zu feuern, verrennt sich ihr Gehirn auf einigen wenigen neuronalen Autobahnen. Sie werden zu einem Menschen, der relativ stereotyp denkt, fühlt, handelt und deshalb auch immer wieder dasselbe Leben kreiert.

Dieser Zusammenhang ist uns selten bewusst. Wir sehen nicht, wie die Summe unserer Gewohnheiten unser Leben massiv beeinflusst. Wir kämpfen mit den Früchten, weil wir vergessen haben, wer sie gesät hat.

Deshalb verpuffen auch die meisten guten Ideen. Sie sind ein kurzer Funkenschlag abseits der eingefahrenen Bahnen. Doch die kurzfristige Begeisterung reicht nicht aus, um eine neue Spur zu legen. Puff! und du landest wieder in der alten Rinne.

Aber keine Angst. Das muss nicht so bleiben. Denn ...

1. Wenn es dir bis jetzt nicht gelungen ist, dein Beziehungsleben positiv und anhaltend zu verändern, bedeutet es nicht, dass du es nicht kannst. Du hast lediglich die Macht alter Gewohnheiten unterschätzt.

2. Die Wissenschaft hat nachgewiesen, dass die Neuroplastizität deines Gehirns jederzeit, bis ins hohe Alter, wieder angeregt werden kann.

3. Es ist dir möglich, neue, erwünschte Gewohnheiten zu kultivieren.

4. Das macht Spaß.

5. Wenn dir dies gelingt, erschaffen diese neuen Muster ganz automatisch für dich ein neues Glück – ohne dass du dich bewusst dafür anstrengen musst.

Klingt das gut? Bist du bereit?

Hier ist der Plan ...

Neuronale Gartenkunde

Wie du neue Gewohnheiten pflanzt

Ein alter Indianer saß mit seinem Enkelsohn am Lagerfeuer.
Es war schon dunkel geworden und das Feuer knackte, während die
Flammen in den Himmel züngelten. Der Alte sagte nach einer Weile des
Schweigens: »Weißt du, wie ich mich manchmal fühle? Es ist, als ob da
zwei Wölfe in meinem Herzen miteinander kämpfen würden. Einer der
beiden ist rachsüchtig, aggressiv und grausam. Der andere hingegen ist lie-
bevoll, sanft und mitfühlend.«
»Welcher der beiden wird den Kampf um dein Herz gewinnen?«, fragte
der Junge.
»Der Wolf, den ich füttere«, antwortete der Alte.
VERFASSER UNBEKANNT

Ich treffe immer wieder Menschen, die verzweifelt versuchen, alte
Gewohnheiten und Glaubenssätze loszuwerden, indem sie sie auf-
schreiben und verbrennen, an ihnen herumtherapieren, sie weg-
klopfen etc. Doch kennst du jemanden, der seine Geister auf diese
Weise wirklich losgeworden ist? Ich nicht.

Deshalb mein Tipp: Hör auf, gegen das Alte zu kämpfen. Nimm es wahr. Benenne es ungeschönt als das, was es ist. Und füttere das Neue!

Für eine neue, gute Gewohnheit brauchst du

1. einen kräftigen Samen,
2. freudvolle Erregung (den fruchtbaren Boden),
3. Wiederholung (den stimulierenden Dünger),
4. Taten (das tägliche Wässern),
5. Spaß (die wärmende Sonne).

Den Samen hast du schon, es ist eure gemeinsame Vision! Es ist sehr wichtig, dass diese Vision in euch beiden nur Freude auslöst. Freude stimuliert die Ausschüttung von Dopamin in deinem Gehirn, und das wiederum fördert die Vernetzungsbereitschaft deiner Neuronen. Im Klartext: Wenn du dich freust, lernst du freiwillig und schnell. Schreib also die schönste Vision eurer Beziehung auf ein Blatt Papier und häng sie dort auf, wo ihr sie jeden Tag sehen könnt.

UMSETZUNG: Experiment: Freudvolle Erregung

Nun geht es darum, dein Gehirn möglichst jeden Tag erregt britzeln zu lassen, wenn du an eure Beziehung denkst. Denn dann fließt Strom, der die neuen Bilder tiefer verankert. Es werden neue Gewohn-

heitsautobahnen in Richtung der Vision angelegt. Wie erregst du dein Gehirn? Ganz einfach.

1. Kreiert möglichst täglich gemeinsame Ereignisse, die euch beiden Freude bereiten: Sex, gute Gespräche, gemeinsames Kochen und leckeres Essen, Lachen, Sport usw.[36] Wann immer ihr Freude empfindet, denkt kurz an die Vision. Das lädt sie auf. Gewöhnt euch daran, oft Freude miteinander zu erleben. Eure Augen müssen leuchten, wenn ihr an den anderen denkt.

2. Dein Gehirn reagiert stark auf Bilder. Visualisierung ist erwiesenermaßen eine der wirksamsten Techniken, um mit deinem Unterbewusstsein zu kommunizieren. Dein Verstand braucht inspirierende Bilder, an denen er sich orientieren kann. Achtung! Es ist nicht unbedingt wichtig, dass du ganz konkrete Details *siehst*. Manche Menschen sind visuell veranlagt und können vorgestellte Szenarien sehr leicht sehen. Anderen fällt es leichter, die dazugehörigen Geräusche zu hören, und wieder andere fühlen sich intensiv in die Vision hinein.

Stell dir zwei oder auch drei Schlüsselsituationen aus eurer Zukunft bildhaft und möglichst konkret vor, die du genau so erleben könntest, wenn eure Beziehung voll erblüht. Beschreibe diese Situationen mithilfe von drei bis fünf Sätzen eindrücklich und bildhaft.

---

36 Einer der stärksten Momente, um euer Gehirn in Richtung auf eine gemeinsame, glückliche Zukunft zu prägen, ist der sexuelle Höhepunkt. Wann fließt mehr Strom? Schaut euch dabei in die Augen und bekräftigt eure Wahl.

Situation A

Situation B

Situation C

Verankerung

Beginne nun, dich zwei- bis dreimal am Tag in die neue Qualität eurer Beziehung hineinzufühlen. Visualisiere dabei die Bilder aus eurer Wunschzukunft. Lebendig und intensiv. Verankere die neue Möglichkeit in jeder Zelle deines Körpers.

Praxistipp: Da es vielen meiner LeserInnen leichter fällt, mit Anleitung zu visualisieren, stelle ich dir auf der Webseite dieses Buchs vier geführte Meditationen zur Verfügung.[37] Ich empfehle dir, sie besonders in Phasen eines starken Kurswechsels in deinen Beziehungen so oft wie möglich zu nutzen.

Die Tagesvisualisierung eignet sich hervorragend, um dich auf deinen Tag einzustimmen. Bei der Abendvisualisierung kannst du sogar währenddessen einschlafen. So nimmst du deine Herzensbeziehung mit in deine Träume. Außerdem findest du auf der CD »Visualisierungen« noch eine kurze Anleitung für zwischendurch (8-10 Minuten) und noch eine Mini-Meditation »Vorspulen in die Zukunft«. Für die du

---

37 Geh auf www.liebe-radikal.de und dort in den Leserbereich. Gib als Passwort: »bereitzulieben« ein.

lediglich 3 bis 4 Minuten brauchst. Probier am besten alle vier aus, um so herauszufinden, welche dich am besten unterstützt.

Wiederholung!

Wie oft solltest du dir diese schönen Bilder vorstellen?
Je öfter, desto besser.
Bis du spürst, dass du nicht mehr daran zweifelst.
Ein neues Muster braucht kontinuierliche Wiederholung, um abgespeichert zu werden.

Die Bilder im Außen verankern

Welche Fotos, Collagen, Gemälde, Symbole oder sonstigen Gegenstände könntest du in deiner Umgebung aufstellen, um dich an deine Wunschbeziehung zu erinnern?

Überzeuge dich durch deine Taten

Sei proaktiv!

Dir eine Vision von einer wunderbaren Zukunft mit deinem Liebsten zu erschaffen und diese innerlich zu veranken ist wichtig, reicht allerdings nicht aus. Denn nichts überzeugt dein Unterbewusstsein und deine Umgebung mehr von deiner neu gewählten Richtung als Handlungen. Sie verbinden dein im Verstand gewähltes Ziel mit deinem Körperbewusstsein. Dein ganzes System bemerkt: »Aha, er/sie meint es wirklich ernst!«

Du willst diese Beziehung wirklich? Dann demonstriere das ab heute mindestens einmal pro Tag durch eine proaktive Handlung.

Was bedeutet proaktiv?
Proaktiv bedeutet *für* etwas zu handeln. Du widmest deine Handlung dem, was du gewählt hast und nicht dem, was dir die alte Wirklichkeit gerade präsentiert. Reaktiv bedeutet *gegen* etwas, das bereits da ist, zu handeln und es dadurch zu stärken.

Beispiel: Ihr habt euch gerade gestritten. Du schmollst. Also beschließt du, heute keine stärkende Tat in die Beziehung einzubringen, sondern dich beleidigt zurückzuziehen. Alles andere würde sich für dich künstlich anfühlen. Das nennt man Reaktion. Du reagierst auf die Umstände, weil du nicht wahrhaben willst, dass du diesen Streit selbst mit verursacht hast. Er ist ein Ergebnis deiner alten Gewohnheiten. Indem du auf ihn in der normalen Weise antwortest, bestärkst du die Vergangenheit.

Proaktiv wäre: »Aha, wir haben uns gestritten. Das ist das Alte. Aber was will ich wirklich? Ich will Frieden. Wie kann ich das jetzt durch eine Handlung demonstrieren?« Ich sage dir: Zu Beginn wird sich deine proaktive Tat ab und zu künstlich anfühlen, denn sie widerstrebt dem Sog der alten Gewohnheiten. Aber genau darum geht es: Du ziehst auf der alten Schallplatte einen tiefen, neuen Kratzer, und schon kommt das gewohnte Lied aus dem Takt.

Als ich es das erste Mal mitten in einem Streit schaffte, auf Andrea zuzugehen, ihr Blumen zu schenken und zu sagen: »Baby, ich weiß nicht, wie wir hier rauskommen, aber wir kommen hier raus«, wusste ich, dass das Muster gebrochen war. Es war nicht sofort verschwunden, nein. Dafür brauchte es noch viele proaktive Handlungen. Doch es war entscheidend erschüttert worden.

Also wenn du dich, deine Mitmenschen und das Universum von deiner neuen Wahl überzeugen möchtest, dann handle so, als ob sie bereits Wirklichkeit wäre. Und zwar täglich!

1. Lies dir jeden Morgen deine Vision von eurer Beziehung durch.
2. Frage dich, was du an diesem Tag proaktiv dafür tun wirst.
3. Schreib es auf.
4. Tu es.
5. Erkenne dich bewusst dafür an.

Was können das für Handlungen sein?

Alles, was eurer Beziehung dient und was die alten Muster durchbricht!

Beispiele:

Du liest ein gutes Buch zu diesem Thema (machst du gerade…).

Du schenkst deinem Partner Blumen.

Du tust etwas ganz bewusst für ihn.

Du sprichst mit ihm über eure Vision.

Ihr erlebt sehr bewusst einen freudvollen Moment miteinander.

Ihr erzählt euch gegenseitig, was ihr schön aneinander findet.

In einem Moment, in dem du eigentlich richtig sauer auf den anderen bist, schenkst du ihm einen Strauß Blumen.

Ihr geht ins Bett und habt Sex, anstatt immer alles ausdiskutieren zu wollen.

Es gibt hunderte verschiedene Handlungen, mit denen du eure Beziehung stärken kannst. Der entscheidende Punkt ist: Du musst es wirklich *tun*.

Wie oft?

Bis es zu einer Gewohnheit geworden ist, eure Beziehung zu stärken. Und dann... machst du auf einer noch feineren Ebene weiter. Ich garantiere dir: Freude kennt genauso wenig ein Limit wie Leid. Du musst dich nur für eine Seite entscheiden.

Was, wenn der andere nicht so reagiert, wie du es dir wünschst?

Ein Wandel vollzieht sich von innen nach außen. Zuerst verändert sich dein Denken. Dann dein Fühlen. Dann deine Taten. Der andere wird noch etwas mehr Zeit brauchen, bis deine neue Wahl zu ihm durchdringt und auf ihn abfärbt. Er kennt dich ja schon lange in der alten Version. Deshalb nimm es nicht persönlich, wenn er am Anfang auf die alte Weise reagiert. Wenn du dich davon irritieren lässt, rutschst du auch wieder in die Reaktion und alles war umsonst. Natürlich ist es legitim, dass du dir wünschst, dass er das Neue sieht und würdigt. Sprich es an. Nicht als Forderung, sondern als Wunsch. Aber vor allem: Bleib bei deiner Wahl! Handle jeden Tag proaktiv für das, was du dir in deinen Beziehungen wünschst. Nach einer Weile werden auch deine Mitspieler neu antworten.

»Talent ist billiger als Speisesalz.
Was die Talentierten von den Erfolgreichen trennt,
ist eine Menge harter Arbeit.«
STEPHEN KING

Hier trennt sich die Spreu vom Weizen! Es gibt Millionen von Menschen, die von einer glücklichen Beziehung träumen und dabei über ihre Dramen jammern. Doch bist du bereit, deinem Beziehungsglück jeden Tag eine bewusste, proaktive Handlung zu widmen?

Manchmal kommen Menschen am Ende meiner Vorträge zu mir und klagen: »Herr Lindau, bei mir funktioniert es einfach nicht. Ich habe wirklich alles getan und dennoch blieb alles beim Alten.« Bis jetzt habe ich noch jede Beschwerde an das Universum, inklusive meiner eigenen, als Schummelei entlarven können. Alles getan? *Wirklich alles?* Welche proaktive Handlung für die Liebe war es gestern? Welche vorgestern? Die meisten von uns handeln gern proaktiv, wenn es sich gut anfühlt und lassen alles sausen, wenn es zu Konflikten kommt. Doch so funktioniert das nicht. Ein Kapitän muss vor allem im Sturm das Steuer auf Kurs halten.

Deine proaktiven Handlungen bringen übrigens noch zwei weitere Geschenke mit sich:

Proaktives Handeln schafft Klarheit.

Jede bewusst durchgeführte Handlung in Richtung auf deine Beziehungsvision erzeugt mehr Klarheit. *»Was will ich ganz genau? Was dient dem und was nicht? Wer muss ich sein, um dieses Ziel zu erschaffen?«*

Proaktives Handeln richtet dein Unterbewusstsein aus.
Proaktiv bedeutet: Dein Handeln ist nicht mehr von äußeren Umständen abhängig, zum Beispiel von deiner Stimmung, dem Wetter, der Zeit. Handelst du nur dann, wenn dir danach ist, handelst du re-aktiv. Du re-agierst auf die Umstände und verstärkst so die alten Muster des Denkens und Handelns. Proaktives Handeln hingegen entkräftet alte Gewohnheitsschleifen und erzeugt eine neue, kraftvolle Ausrichtung in deinem Unterbewusstsein.

Deine Handlung macht den Unterschied!

Ich weiß, manchmal gehen wir nicht los, weil der Berg vor uns zu hoch erscheint. Vielleicht erscheint dir eure Beziehung zu verfahren. Vielleicht hast du schon zu viele negative Erfahrungen gemacht. Ja. Du kannst dich jetzt hinsetzen und verzweifelt den Berg anschauen. Ich bin mir sicher, du findest ganz leicht andere Verzagte, mit denen du dich im Selbstmitleid suhlen kannst. Oder du reißt dich zusammen, konzentrierst dich auf deine allerschönste Vision und hältst dich an den Rat von William Faulkner:

»Der Mensch, der einen Berg versetzt,
beginnt mit dem Tragen kleiner Steine.«

Ich wünsch dir ein proaktives Beziehungsleben!

Der höhere Sinn

Manchmal werden Andrea und ich gefragt: »He, ihr beide seid so verschieden, und ihr habt so viel Schmerz miteinander erfahren. Wie schafft ihr es dennoch, eine glückliche und erfüllende Beziehung miteinander zu führen?«

Die Kurzantwort lautet: durch eine klare Vision, viel Arbeit, eine große Portion Gnade und einen tieferen Sinn, der über unser Privatvergnügen hinausgeht.

Zur **Vision** habe ich schon genug geschrieben. Sie ist der Leuchtturm am Horizont, an dem du dich in stürmischen Zeiten ausrichten kannst.

Das mit der **Arbeit** würde ich eigentlich gern schonender für dich verpacken, doch ich möchte fair sein. Also nenne ich es beim Namen: Die Begegnungen zweier Menschen ist der Aufeinanderprall zweier hochkomplexer Universen. Gewöhne dich an tägliches Dolmetschen und achtsame Auslandsreisen. Lohnt es sich? Und ob. Wenn es euch gelingt, die zwei Welten zu synchronisieren, schwingt

ihr euch in Höhen — sexuell, spirituell, sozial, ökonomisch —, die jeder von euch allein niemals erreicht hätte.

Was die **Gnade** angeht: Ich würde niemals so weit gehen und behaupten, jeder könne mit jedem für immer zusammenleben. Ich habe andere Paare beobachtet, die noch mehr um ihre Verbindung gerungen haben als Andrea und ich, und denen es nicht vergönnt war, eine langfristige Ernte ihrer Bemühungen miteinander zu genießen. Doch dies kann keine Ausrede für dich sein. Erst wenn du alles, was du bist, gegeben hast, kannst du sehen, was möglich ist.

Am Anfang eurer Beziehung ist die Frage nach dem tieferen **Sinn** eures Zusammentreffens wahrscheinlich eher irrelevant. Genieß die Eroberung, das Verknalltsein und den Sex. Doch wenn der Rausch des Neuen abgeklungen ist,[38] hat es Sinn, euch nach dem Sinn zu fragen. Die Rede ist vom Mehrwert eurer Beziehung für uns andere. Sicher kennst du auch diese tristen Paare, die wie siamesische Zwillinge miteinander verwachsen scheinen. Sie umgibt eine Aura, die deutlich signalisiert: »Wir haben uns gefunden. Wir busseln und tutteln nun bis zum Lebensende aneinander herum. Was geht uns der Rest der Welt an?« Dabei strahlen die beiden Saugfischchen einen Sexappeal wie eine Schlaftablette aus. Die freien Stunden jenseits des Berufslebens werden tapfer mit »Was machen wir denn heute, Schatz?«-Ritualen gefüllt. Kennst du solche Paare? Warst du selbst mal in so einer Kiste oder bist es viel-

---

38   Die Amerikaner sagen: »Honeymoon is over!«

leicht gerade? Es ist zum Verzweifeln. Obwohl eigentlich alles da ist, um glücklich zu sein, sterben die beiden langsam aber sicher nebeneinander den Tod der Zweisamkeitslangeweile.

Was fehlt, ist der Sinn. Was fehlt, ist die Antwort auf die Frage: *Was hat die Welt davon, dass ihr zusammen seid?*

Da wir in einer Kleinfamilienkultur leben, die den Fokus sehr stark auf dem Glück in den eigenen vier Wänden hat, stoßt ihr vielleicht erst einmal auf ein Vakuum, wenn ihr euch solchen Fragen stellt. Bleibt dran. Geht mit der Frage schwanger. Kommt spielerisch von dem Punkt: Die Welt hat uns zusammengeführt, weil sie sich etwas von unserer Fusion verspricht. Was kann das sein? Mit manchen meiner besten Freunde musste ich Jahre warten, bis sich das Projekt zeigte, welches durch uns gemeinsam geboren werden wollte. Doch davor kamen wir immer wieder zusammen und fragten uns: Was können wir gemeinsam auf die Beine stellen? Ich kenne Paare, die eine allgemeinnützige Stiftung gegründet haben. Ich kenne Ärztepaare, die mehrmals im Jahr nach Afrika oder Asien gehen, um dort gemeinsam zu dienen. Es gibt Künstlerpaare, Politikerpaare …

Was ist eure größere Dimension?

Eine Beziehung, die als einzigen Zweck ihren Eigenerhalt verfolgt, ist sinnlos. Sie gleicht einem Tümpel ohne Frischwasser: Sie geht langsam ein. Daran ändern auch Theaterbesuche, Grillpartys und Golfclubs auf Dauer nichts.

Schau dich in der Natur um. Alles kommt zusammen, um dem Großen und Ganzen zu dienen. Bienen befruchten die Blüten und erzeugen Honig. Bäume bringen Früchte hervor, von denen sich Tiere und Menschen ernähren.

Was erschafft eure Beziehung, das über euch hinausgeht? Kinder sind ohne Zweifel ein heiliger Sinn einer Beziehung. Doch was, wenn sie aus dem Haus sind? Worum geht es dann? Zusammen die Zeit totzuwarten?

Menschen sind Sinnwesen. Wir existieren nicht einfach nur. Wir stellen die Frage: »*Wofür* existieren wir?« und müssen eine gute Antwort darauf finden, um glücklich zu sein.

Also: Wofür existiert eure Beziehung? Was ist ihr Sinn? Erfüllt er dich?

Wenn die Vision der Leuchtturm am Horizont ist und eure Taten der Weg sind, dann ist der Sinn die tiefe Kraft, die eure Beziehung in Krisen wachsen lässt, anstatt auseinanderzubrechen. Wenn etwas Unvorhergesehenes geschieht, wenn du bis ins Mark durch die Menschlichkeit des anderen enttäuscht wirst, dann – genau dann – musst du wissen, warum ihr zusammen seid, sonst wirst du an dieser Stelle gehen.

Wenn ihr eine gute, heilige, tiefe Antwort auf das Wofür gefunden habt, könnt ihr miteinander Stürme überstehen, die laut Lehrbuch und der Meinung eurer Freunde eigentlich nicht zu bewältigen sind. Als Andrea und ich uns kennenlernten, zeigte unsere Partnerschaft alle Symptome einer ungesunden und destruktiven Co-Abhängigkeit. Wir sind kaum zum normalen Leben gekommen, so viel haben wir uns gestritten. Spätestens als wir uns gegenseitig betrogen hatten und allerspätestens als unsere erste Hochzeit platzte, weil ich mich vierzehn Tage zuvor in eine andere Frau verliebte, gaben uns alle anderen auf. Doch wir fanden einen Sinn im Chaos. Wir fanden ein »Wofür es sich zu kämpfen lohnt«, und deshalb schreibe ich heute, zwanzig Jahre später, dieses Buch.

Menschen können Berge versetzen.
Menschen können sich grundlegend wandeln.
Menschen können Wunderbares miteinander erschaffen.
... wenn sie einen tieferen Sinn in ihrem Tun finden.

Der Sinn meiner Beziehung mit Andrea besteht für mich darin, bedingungslos lieben zu lernen und so frei wie möglich zu sein.

Ich sehe meine Aufgabe darin, Andreas Entfaltung so bedingungslos wie möglich zu unterstützen.

Den Segen des ganzen Universums erhält eine Beziehung durch einen Sinn, der anderen Menschen dient. Wir haben eine wundervolle Tochter großgezogen. Ihre Anwesenheit in meinem Leben hat meine egoistische Kruste gesprengt. Sie hat mir gezeigt, wie sehr sie litt, wenn wir stritten, und wie glücklich sie war, wenn wir aufeinander zugegangen sind. Ich bin kein perfekter Vater gewesen. Doch ich bin oft im Streit umgekehrt, weil sie mir wirklich wichtig war und ist.

Unsere Arbeit ist ein weiterer Sinn unserer Beziehung. In unserem Fall war relativ früh klar, dass wir nicht nur für uns lernen, sondern dass unsere Aufgabe darin bestehen wird, unsere Fehler und Erfolge mit anderen zu teilen. Selbst ganz am Anfang haben viele Menschen auf uns geschaut: »Wie machen die das? Schaffen die das? Geht es schief?« Das Leben hat uns regelrecht erzogen. Es war manchmal fast unheimlich. Krachten wir uns, standen die Telefone still. Vertrugen wir uns, klingelten sie wieder. Life Trust ist auch aus unserem eigenen Prozess heraus entstanden. Mittlerweile sind so viele wunderbare Menschen involviert, und es entstehen immer wieder neue wertvolle Dienstleistungen und Projekte, die allen dienen. Früher hätte mich so ein Gedanke in Panik versetzt, heute kann ich ihn ruhig annehmen: Unser Zusammensein hat auch den Zweck, viele Menschen auf ihrem Weg zu ermutigen und zu inspirieren. Ich bin überzeugt, dass unsere Beziehung sehr viel Unterstützung und Wohlwollen durch andere erfahren hat, weil wir eben nicht nur aus purem Selbstzweck zusammen sind.

Wenn ihr den Segen des Universums für eure Beziehung wünscht, fragt euch:

»Was bringen wir gemeinsam ein, was allen zugute kommt?«

Ergibt Sinn, oder?

»Wie kommt es zu einer wirklichen Verbindung zwischen Menschen?
Wenn das gleiche Wissen eine Tür zwischen ihnen öffnet.
Suche in jenen, mit denen du zusammen bist, stets nach deinem innersten
Wesen.
Wie Rosenöl aus Rosen trinkt.«
RUMI

Du hast eine Beziehung zu einem anderen Menschen begonnen?
Herzlich willkommen in einem fremden Universum!

In diesem Teil des Buches dreht sich alles um deine Fähigkeit, eine
Brücke zwischen diesen Welten zu bauen. Denn nur weil ihr dieselbe Sprache sprecht, bedeutet es noch lange nicht, dass ihr euch
versteht. Erfolgreiche Kommunikation ist die Kunst, deine Erfahrung in einem anderen Menschen entstehen zu lassen und ebenso
seine Wirklichkeit in dir zu empfangen.

Ich wünsche dir viel Geduld und Freude dabei.

Das Geheimnis einer guten Beziehung? Kommunikation, Kommunikation, Kommunikation

Es gibt kein Thema, das mich höher in Ekstase und tiefer in Verzweiflung versetzen kann als zwischenmenschliche Kommunikation. Kommunikation ist das machtvollste und gleichzeitig am sträflichsten unterschätzte Werkzeug des Menschen. Es hat lange gedauert, bis ich kapiert habe, dass jemand, der gut redet, nicht unbedingt erfolgreich kommuniziert, und ein anderer, der sich stumm in die Wüste zurückzieht, dennoch mit uns allen spricht.

Nichts hat mich schneller zur Weißglut getrieben, nichts hat andere stärker verletzt als meine Kommunikationsfehler. Und nichts hat mich mehr befreit und beschenkt als die Momente, in denen meine Kommunikation glückte.

Rückblickend weiß ich: 99 Prozent aller Konflikte mit Andrea wurzelten nicht in einem echten Problem, sondern in einem Miss-

verständnis: Wir sprachen aufeinander ein, aber wir verstanden uns nicht. Uns war nicht klar, dass der Gebrauch derselben Worte allein noch gar nichts bedeutet. Wir waren noch nicht geschult darin, die Welt eines anderen Menschen in uns zu empfangen.

Um wirklich empfangen zu können, muss in dir ankommen: Nicht die Worte sind wichtig, sondern was sie für dein Gegenüber bedeuten. Menschen sagen exakt denselben Satz und meinen unter Umständen etwas völlig anderes damit. Wie oft haben Andrea und ich uns gestritten, weil die Worte, die mir achtlos über die Lippen gingen, in ihr eine echte Bedrohung auslösten und andersherum. Den anderen zu verstehen bedeutet, deine vorschnellen Urteile zu entspannen und zu fragen: Was genau meinst du damit? Was genau willst du mir damit sagen? Welcher Wunsch verbirgt sich hinter deinem vielleicht erst einmal hilflos anmutenden Ausbruch?

Kommunikation ist interne Schöpfung. Sie beginnt lange bevor wir auf einen anderen Menschen zugehen. Du führst den ganzen Tag einen inneren Dialog mit dir, das heißt, du kommunizierst permanent mit dir selbst. Und das beeinflusst maßgeblich deine Wahrnehmung der Realität, deine Einstellung gegenüber anderen Menschen und deine emotionale Stimmung. Was du siehst und fühlst, ist hauptsächlich ein Ergebnis deiner inneren Kommunikation. Um Frieden mit Andrea zu finden, musste ich zuerst lernen, friedvoll und konstruktiv mit mir selbst zu sprechen.

Kommunikation ist externe Schöpfung. Wenn du mit anderen Menschen sprichst, übermittelst du eben nicht nur neutrale Informationen, sondern du erschaffst lebendige Erfahrungen in dem anderen. Du sprichst niemals nur mit einer Person, sondern vor allem auch mit deren Gehirn, den darin wirkenden Bedürfnissen, Instinkten und Erinnerungen. Wenn du schon einmal in einer längeren Beziehung warst, weißt du, dass irgendwann allein dein Augenverdrehen ausreicht, um den anderen stinkwütend zu machen. Das ist Power! Eine kleine Geste und der andere Zug beschleunigt auf 200 Sachen.

Indem du mit einem anderen Menschen kommunizierst, verändert ihr euch gegenseitig. Immer. Die Frage ist nur: Geschieht dies auf eine Weise, die euch freudig erregt oder eine, die euch öde frustriert? Ermächtigt euch eure Kommunikation? Stimuliert sie euer Potenzial? Oder hemmt sie euch eher?

Bevor du jetzt deinem Lieblingshobby frönst und die Kommunikationsfehler deines Partners, Kindes oder deiner Freundin analysierst, hoho! Zügle dein Pferd für einen Moment und bleib auf deiner eigenen Baustelle.

Wie kommunizierst du mit anderen?
Erfolgreich?
Aufbauend?
Brücken schlagend?

Falls (noch) nicht, ist nicht schlimm.
Gelingende Kommunikation kannst du lernen.

Ich kann es auch so sagen: Besser wäre, du lernst es.

Denn alle deine langfristigen Beziehungen sind das Ergebnis deiner Kommunikation. Wenn du sie anders, besser, lebendiger und erotischer willst, lerne, erfolgreicher zu kommunizieren. Stell dir jeden deiner Mitmenschen wie eine kostbare Schatzkammer vor – gefüllt mit Begabungen, Fantasie und Liebe. Jeder möchte seine Schätze gern teilen. Kommunikation entscheidet darüber, ob sich die Tür zu diesem Schatz im Laufe der Jahre immer mehr öffnet oder verschließt.

Bist du bereit, heute und hier das Beste aus diesem Menschen herauszukommunizieren?

Andreas und meine Beziehung hat sich im Laufe der Jahre von einem extrem zerstörerischen Hick-Hack in ein lustvolles Feldspiel verwandelt. Wir sind auch heute noch immer wieder frisch ineinander verliebt, unterstützen uns achtsam und entdecken neue Aspekte aneinander. Sind wir dafür andere Menschen geworden? Nein. Die Schätze lagen immer schon in uns bereit. Wir haben es uns zu Beginn nur sehr schwer gemacht, sie miteinander zu teilen. Unsere Kommunikation in ein schöpferisches Fahrwasser zu lenken erforderte tägliches Training. Und wir Hitzköpfe müssen das immer noch üben – jeden Tag aufs Neue.

Warum ist es manchmal so schwer, einander zu verstehen?

Weil wir es nicht gelernt haben und weil sich jedes Ego erst einmal dem Empfangen einer anderen Wirklichkeit widersetzt! Erfolgreiche Kommunikation kostet dich dein Rechthaben.

Kann es jeder lernen? Ja.

Kannst du es lernen? Ja.

Braucht es Zeit? Ja.

Braucht es Geduld? Oh, ja!

Lohnt es sich? Definitiv!

Deine Kommunikation ist der Schlüssel zu deinem Glück.

UMSETZUNG

Ich bin ein großer Fan von Fragen. Sie fordern dich heraus, das Gelesene nicht nur zu konsumieren, sondern auf deinen persönlichen Fall anzuwenden. Deshalb lade ich dich oft am Ende eines Kapitels mit einigen Fragen zur Selbsterforschung ein.

Fragen zur Selbsterforschung

In welcher Beziehung läuft deine Kommunikation nicht so gut?

Welche Art von Missverständnissen/Konflikten tritt dabei immer wieder auf?

Stell dir vor, dein Leben ist ein Spiegelbild deiner Fähigkeit, mit dir selbst und deiner Umgebung zu kommunizieren. Welche Rückschlüsse könntest du über deine Kommunikation ziehen?

Was möchtest du in deiner Kommunikation gern erlernen oder verbessern?

Dasselbe Bett bedeutet nicht dieselbe Welt

Kennst du das frustrierende Gefühl, einem geliebten Menschen körperlich nah zu sein, doch geistig seid ihr euch fern? Im selben Bett zu liegen bedeutet eben noch lange nicht, dieselbe Welt zu teilen.

Der Teenie erscheint genervt am Abendbrottisch. Seine Eltern wollen wissen, wie es ihm geht, doch sein Verstand ist noch in den Abenteuer- und Actionwelten des Computerspiels unterwegs, das er gerade stundenlang gespielt hat. Er hat keinen Bock auf Gefühlsgelaber. Er will wieder in sein Zimmer. Aliens abknallen.

Der Mann hat am Wochenende einen Gartenschuppen gebaut und freut sich darauf, bei einem kalten Bierchen vor der Sportschau zu entspannen. Die Frau kommt zur selben Zeit von einem Meditationskurs nach Hause und möchte gern mit Blumen und aufmerksamen Fragen empfangen werden.

Du triffst nach Jahren deine alte Gang wieder. Ihr habt so viel miteinander erlebt. Trotzdem habt ihr euch heute nichts mehr zu sagen.

Du fühlst dich wie ein Außerirdischer bei einem dieser großen, alljährlich stattfindenden Familienfeste. Du lauschst den Gesprächen und fragst dich insgeheim, ob du nicht doch adoptiert worden bist.

Wenn ihr körperliche mit geistiger Nähe verwechselt, redet ihr aneinander vorbei.

Für eine echte Verbindung braucht es eine geistige Schnittmenge (Werte, Interessen, Perspektiven, Überzeugungen). Wenn sich unsere inneren Welten zu weit voneinander entfernen, entsteht eine deutlich fühlbare Distanz. Wird diese nicht erkannt und abgebaut, verödet die Beziehung. Daran ändert auch ein gemeinsamer Haushalt oder regelmäßiger Beischlaf nichts. Menschen wollen von dir gesehen werden. Sonst sind sie weg.

Wir sind heute einer immensen Reizstimulation ausgesetzt. Der Mensch, der heute neben dir aufgewacht ist, ist nicht mehr derselbe, der am Abend zu dir zurückkehrt. Er hat in der Zwischenzeit Schlachten geschlagen, war Versuchungen ausgesetzt, hat die Schicksalswege anderer berührt und geteilt. Er kommt verändert zu dir zurück. Wenn er dir wichtig ist, musst du seine innere Welt mit der deinen kontinuierlich synchronisieren.

Wie du das tust?

Das erste Geheimnis für echte Nähe heißt Lauschen.
Leere dich, damit der andere dir seine Welt offenbaren kann.
Stelle Fragen und höre wirklich zu. Was bewegt ihn gerade? Womit beschäftigt sie sich? Was sind ihre Hobbys? Was seine Sorgen und Nöte? Was interessiert ihn? Bevor du mit deinem Teen die für dich wichtigen Themen ansprichst, interessiere dich (ehrlich!) für sein Computerspiel. Setze dich eine Weile daneben (ohne zu moralisieren) oder spiel sogar mit.

Das zweite Geheimnis für echte Nähe? Erkenne den anderen an. Immer wieder.
Es klingt banal und ist doch so machtvoll. Menschen blühen auf, wenn sie anerkannt werden. Kommuniziere deinem Partner, dass er dir wichtig ist. Immer wieder. Meine es auch so. Sprich konkret an, was dir an ihm gefällt. Ein aufrichtig gemeintes Lob ist ein Schnellzugang zur Wirklichkeitsinsel eines anderen Menschen.[39]

Ich möchte dir dazu eine Geschichte erzählen. Nach dem ersten Jahr unserer Beziehung waren Andrea und ich kurz davor, uns zu trennen. Es ging gar nichts mehr. So viele Missverständnisse und Vorwürfe auf beiden Seiten. Als quasi letzten verzweifelten Versuch überredete Andrea mich, einen Beziehungscoach aufzusuchen. Der

---

39 Und, ganz wichtig: Verzichte auf die belehrenden Hinweise im Nebensatz. »Schatz, toll, dass du aufgeräumt hast. Wie schön wäre es, wenn das immer so wäre.« Ätzend. Abturnend. So vergiftest du jedes Kompliment. Lass es bitte einfach pur im Raum stehen.

hörte sich unser Dilemma an und schlug dann eine Übung vor. Wir setzten uns gegenüber voneinander auf zwei Stühle. Jeder von uns sollte nun zwanzig Minuten sprechen dürfen, und der andere musste zuhören. Der Coach sagte: »Veit, du fängst an!« Ich dachte: »Ja! Endlich muss sie mir zuhören. Endlich habe ich die Gelegenheit, alles aufzulisten, was nicht stimmt.« Ich wollte gerade loslegen, als er ergänzte. »Ach, ja, Veit. Du darfst nur über das sprechen, was du an Andrea magst.« Boaah! Ich fühlte mich verarscht. Worüber sollte ich denn die ganze Zeit reden? Wir waren doch hierhergekommen, weil alles im Argen lag. Doch da ich viel Geld für die Session bezahlt hatte, ließ ich mich widerwillig auf den Versuch ein.

Tja, was soll ich dir sagen?! Nach zehn Minuten wusste ich nicht mehr, worin unser Beziehungsproblem bestanden hatte. Ich sah eine wunderschöne Frau vor mir sitzen, und ich, Glückspilz, durfte mein Leben mit ihr teilen!

Was war geschehen? Mein kritischer Geist hatte sich in einem krass überspitzten, negativen Film von Andrea verrannt gehabt. Zehn Minuten bewusster Konzentration auf das Positive waren genug, um aus der Trance zu erwachen. Aber auch Andrea verwandelte sich durch die Übung. Indem sie bewusst anerkannt wurde, öffnete sie sich zart wie eine Blume, die ihren Kelch während eines Unwetters verschlossen hatte.

Nach diesen dreißig Minuten saßen wir schweigend und schauten uns verzaubert in die Augen. Eine so einfache Übung hatte die Nähe wiederhergestellt.

Dieser Moment war für mich eine Erleuchtung. Seitdem weiß ich um die Macht bewusster Anerkennung.[40]

UMSETZUNG

Ab jetzt ist es noch viel wichtiger, dass du die praktischen Liebesexperimente wirklich täglich umsetzt. Kommunikation erlernst du nur durch möglichst viel Erfahrung.

Daher empfehle ich dir für heute:

Traue dich etwas. Riskiere etwas. Geh raus und kommuniziere. Stelle heute mit jedem Menschen, der dir begegnet, geistige Nähe her. Versuche es wirklich mit jedem! Auch mit fremden Menschen, zum Beispiel an der Bushaltestelle.
Wie machst du das?

1. Finde ein gemeinsames Gesprächsthema.[41]
2. Höre dem anderen wirklich zu.

---

40 Frank Fieß, ich danke dir dafür und für viele andere wunderbare Momente der Inspiration.
41 Wenn du so ein Small-Talk-Muffel bist wie ich, bereitet dir diese Aufgabe eventuell Stress. »Worüber soll ich denn reden?« Ich habe gelernt, dass das gute alte Gespräch über das Wetter ein sehr hilfreicher, weil universeller Schlüssel zur Wirklichkeitsinsel eines anderen Menschen sein kann.

3. Mach ihm ein bewusstes, wirklich ehrlich gemeintes Kompliment und dann schau, was geschieht.

Vielleicht denkst du: Das ist mir zu einfach. Ich möchte gern etwas, das tiefer geht. Vertrau mir. Mach es einen Tag lang ganz bewusst und du wirst sehr bereichert und berührt ins Bett sinken. Die Welt um dich herum wartet nur darauf, dass du ihr die Hand reichst.

Tipp: Genieße auch die peinlichen, verklemmten, überraschenden Momente.

Fragen zur Selbsterforschung
In welchen Beziehungen erfahre ich ausreichend geistige Nähe?

In welchen Beziehungen vermisse ich geistige Nähe?

Was macht den Unterschied zwischen den nahen und den distanzierten Beziehungen aus? Was haben die einen und die anderen nicht?

Durch den Zweifel ins Vertrauen

»In Wirklichkeit ist der andere Mensch
Dein empfindlichstes Selbst in einem anderen Körper.«
KHALIL GIBRAN

»Vertrau mir, Schatz!«

Hast du diesen Satz so oder so ähnlich schon einmal gehört?

Bullshit!

Denn wie oft hast du schon erlebt, dass dein Vertrauen in einen anderen Menschen enttäuscht wurde?

Es gibt einen wesentlichen Unterschied zwischen naivem Glauben, dass schon alles gut gehen wird, und echtem Vertrauen. Naiver Glaube lässt dich ohne Gespür über einen gefrorenen See laufen, weil andere dir vom Ufer aus zurufen: »Das wird schon klappen!« Vertrauen entsteht, wenn du dich traust, dich samt deinen Zweifeln

und gewappnet mit Vorsicht sehr behutsam Schritt für Schritt auf den Weg zu begeben.

Wenn du dich unreflektiert auf andere Menschen verlässt, gibst du einen Teil deiner Kraft an sie ab. Du kannst Glück haben. Doch du kannst auch bitter enttäuscht werden. Menschen sind nicht vollkommen. Sie sind manchmal ignorant. Sie machen Fehler. Sie können schwach werden.

Dein Mann war dir zwanzig Jahre lang treu. Doch dann, angetrunken, auf einer Dienstreise, passiert es doch.

Dein Arzt verschreibt dir ein neues Medikament. Er vergisst, dich über die möglichen Nebenwirkungen aufzuklären. Du entwickelst Verhaltensanomalien und schlägst deine Kinder.

Dein Traum ist es, einmal Fallschirm zu springen. Du meldest dich für einen Tandemsprung an. Du vertraust dem erfahrenen Begleiter, schließlich hat er über fünftausend Sprünge erfolgreich absolviert. Doch beim 5001. Sprung, nämlich deinem, geht etwas schief und du brichst dir die Wirbelsäule.

Wie oft musst du enttäuscht werden, um zu akzeptieren, dass du keinem Menschen hundertprozentig vertrauen kannst?

Ich bewege mich oft in der Öffentlichkeit – das bietet viel Raum für Projektionen. Manche mögen den Lindau gar nicht, andere versuchen, ihn auf einen Sockel zu heben. Beides hat nichts mit mir zu tun. Wenn ich höre: »Ich vertraue Veit«, zucke ich zusammen. Denn mir sollte und kann man nicht hundertprozentig vertrauen. Nicht weil ich böse bin. Ich bin einfach ein Mensch. Ich bemühe mich redlich. Aber ich bin fehlbar. Genau wie du. Dabei verstehe ich den Wunsch nach Sicherheit sehr gut. Ich war auch lange Zeit auf der Suche nach einem perfekten menschlichen Wesen, dem ich mich hingeben kann.[42]

Wenn du dich einem Menschen hingibst, weil du ihm blind vertraust, bist du dumm. Streng genommen ist das auch keine Hin-Gabe, es ist eine Ab-Gabe. Du gibst deinen gesunden Menschenverstand an der Tür ab und verhältst dich wie ein naives Lämmchen. Es kann gut gehen. Du kannst aber auch geschlachtet werden. Beschwer dich dann nicht.

Vertrauen in einer Beziehung entsteht, wenn Menschen sich ihrer Unvollkommenheit bewusst sind, und sich dennoch trauen, aufeinander zuzugehen. Sie vertrauen auf das Potenzial ihrer Beziehung. Deshalb lassen sie sich ein. Sie vertrauen aber auch darauf, dass jederzeit irgendetwas geschehen kann. Deshalb bleiben sie wach.

---

42 Einmal war ich mir so sicher! Bis ich angefangen habe, für meinen Guru zu arbeiten und Geld ins Spiel kam. Alle meine Lehrer – und es waren richtig gute dabei – haben mich auch irgendwann ent-täuscht. Das war gut so! Denn meine Ent-Täuschung hat mich auf mich selbst zurückgeworfen.

Wahres Vertrauen bedeutet, dich dem anderen mit offenem Herzen zu nähern UND deinen Verstand eingeschaltet zu lassen. Du traust dich, dich zu öffnen, obwohl dir klar ist, dass du verletzt werden kannst. Wahre Hingabe schläfert dich nicht ein. Du bleibst wach. Hellwach. Du gibst dem Ganzen eine Chance. Wahre Hingabe braucht Zeit, denn sie respektiert auch deine Zweifel und geht nicht einfach darüber hinweg.

Meistens waren es unsere Eltern und früheste Autoritäten wie Erzieher und Lehrer, die von uns forderten, unseren aufkeimenden gesunden Menschenverstand abzuschalten und unreflektiert alles zu glauben, was uns vorgesetzt wurde. Ein waches Kind kann sehr unangenehme Fragen stellen:

»Warum brüllt Papa die Mama an und erklärt mir, dass ich böse bin, wenn ich schreie?«

»Warum sind meine Eltern zu den Nachbarn so nett und reden gemein über sie, wenn sie wieder weg sind?«

»Warum muss ich in der Schule Sachen lernen, die ich nicht mag und auch nicht brauche?«

»Warum fasst mich Onkel Günther auf eine so seltsame Art an und sagt dann, er wäre mein Freund?«

Oft haben die Leitfiguren unserer Kindheit uns nicht gestattet, gesunde Zweifel zu äußern. Dadurch haben viele von uns begonnen, ihr Gespür für richtig und falsch zu unterdrücken.

Wenn du nicht sehr, sehr behütet groß geworden bist, bist du auf deinem Weg bis hierher bereits unzählige Male durch wichtige Menschen und wahrscheinlich auch durch dich selbst enttäuscht worden. Das können scheinbare Kleinigkeiten gewesen sein, wie ein nichtgehaltenes Versprechen deiner Eltern, die Lüge eines Klassenkameraden oder eine von dir als ungerecht empfundene Strafe, aber auch tiefe Traumatisierungen durch Scheidung, Missbrauch oder Gewalt. Es hat keinen Sinn, den Schweregrad dieser Enttäuschungen zu vergleichen. Ein unschuldiges, offenes Kinderherz empfindet anders, subtiler, auch irrationaler. Manches, was Erwachsene belächeln, ist für ein Kind ein furchtbarer Schock.

Die Wahrscheinlichkeit ist also groß, dass du bereits die Erfahrung gemacht hast,
dass dein Vertrauen in andere enttäuscht wurde.

Willkommen auf der Erde. Willkommen im unvollkommenen Experiment Menschheit.

Wir müssen gar nicht bösartig sein, um uns gegenseitig zu verletzen. Meine Frau ist einer der liebevollsten Menschen, die ich kenne. Dennoch hat sie mein Vertrauen in sie schon ent-täuscht. Nicht weil sie mir schaden wollte, sondern weil sie nicht stark genug war,

ihren eigenen und meinen Erwartungen zu entsprechen.[43] Ich habe sie auch oft ent-täuscht, besonders zu Beginn unserer Beziehung. Ich habe mein Wort gebrochen, die Beziehung infrage gestellt und die Wahrheit – sagen wir mal – strategisch verzerrt.

Hier zeigt sich ein elementares Dilemma, das jeder Beziehung eigen ist. Sicherheit ist mit Abstand unser stärkstes Grundbedürfnis, doch wir können sie in einer Beziehung immer nur begrenzt finden. Wenn wir uns unsicher fühlen, schalten wir in einen Flucht- oder Kampfmodus. Unser Gehirn schüttet starke, alarmierende Botenstoffe aus. Unsere Gefühle, unsere Wahrnehmung, unsere Gedanken – alles verändert sich. In diesem Zustand können wir natürlich nicht mehr vertrauen. Ein Mensch, dessen Sicherheitsbedürfnis oft enttäuscht wurde, zieht sich irgendwann komplett hinter seine Fassade zurück. Er lässt sich nicht mehr voll ein. Du kriegst nicht mehr alles von ihm zu sehen.

Um dich voll zeigen zu können, brauchst du Vertrauen.
Vertrauen ist das Feld, auf dem langfristige Beziehungen erblühen.

---

43 Zum Beispiel hat sie mich einmal aus anderthalb Meter Höhe nackt auf eine heiße Stahlplatte knallen lassen. Wir saßen in einer finnischen Sauna, und sie wollte mich in einem Anfall von Euphorie hochheben. Ich habe sie gewähren lassen. Böser Fehler! Mein Körper war schweißnass und glitt ihr durch die Arme. Ich fiel in ungeschützter Embryoposition nach unten. Seitdem kann ich nur noch schmunzeln, wenn ich von Workshops höre, in denen Vertrauen dadurch trainiert wird, dass du dich rückwärts fallen lässt und aufgefangen wirst. Das ist kein Vertrauen, was du dabei fühlst, sondern die Erleichterung, dass es gut gegangen ist.

Eine Beziehung muss in vielen Situationen auf ihre Tragfähigkeit getestet worden sein, damit echtes Vertrauen entstehen kann. Es ist unrealistisch, vom anderen schon zu Beginn eurer Beziehung zu verlangen, er solle dir vertrauen. Das musst du dir verdienen. Nicht durch Worte, sondern durch Taten.

Der erste Schritt in dieses Vertrauen besteht darin, dein ganzes Misstrauen ehrlich zu offenbaren. Bring all deine Ängste, Zweifel und Vorbehalte ans Licht. Wenn du willst, dass sich dir ein anderer Mensch wirklich hingibt, fordere nicht von ihm, dir blind zu glauben, sondern erlaube ihm zu zweifeln.

Der Weg ins JA! beginnt oft mit einem ehrlichen Ausdruck deines Zweifels.

Es war ein Durchbruch für uns, als Andrea erkannte, dass unter ihrem starken Optimismus auch eine Schicht tiefer Skepsis gegenüber dem männlichen Geschlecht verborgen lag. Eine Stimme in ihr hielt Männer für vertrauensunwürdige Schlappschwänze. Das zu hören und nicht persönlich zu nehmen, fiel mir nicht leicht. Doch ihr Misstrauen war viel älter als unsere Beziehung. Es war geprägt durch Erfahrungen mit ihrem Vater.[44] Das ehrliche Offen-

---

44 Ich bin davon überzeugt, dass das Nein der Frau gegenüber dem Mann eine kollektive, archetypische Erfahrung ist, denn ich habe dies bis jetzt von jeder Frau bestätigt bekommen. Wenn wir uns nur die letzten 2000 Jahre Geschichte anschauen, wird schnell klar, dass der Geschlechterkampf tiefe Narben in der kollektiven Seele hinterlassen haben muss.

legen ihrer Zweifel war sehr wichtig für uns. Klar tat es weh, es war, als flösse der Eiter aus einer uralten Wunde ab. Doch nun konnte sie endlich heilen. Unsere Beziehung stand danach auf einem etwas nüchterneren, dafür aber festeren Boden.

Und noch ein praktisches Beispiel, weil diese Situation in so vielen Beziehungen vorkommt. Ihr seid auf einer Party, habt Spaß. Dann sitzt ihr im Auto und deine Liebste stellt dich zur Rede: »Da war doch was, zwischen dir und dieser Blondine, mit der du dich unterhalten hast. Gib es zu!« Oder anders herum. Wie reagierst du? Ich habe lange Zeit sehr genervt und defensiv geantwortet. Ich habe mich von Andreas Eifersucht in die Ecke gedrängt gefühlt. Ich habe entweder versucht, ihr das auszureden: »Quatsch, da war gar nichts«, oder ihr Vorwürfe gemacht: »Du mit deiner Paranoia!« Doch dadurch kam es immer wieder. Bis ich begriff, dass Andrea sich unsicher fühlte. Ihre Fragen waren ihr Weg, ihre eigene Wahrnehmung zu überprüfen, um wieder in den Zustand des Vertrauens mit mir zu gelangen. Weder meine oberflächlichen Beschwichtigungen noch mein Abwehren halfen ihr weiter. Also versuchte ich etwas anderes. Ich hörte auf, gegen ihre Hinterfragungen zu kämpfen, und traf stattdessen eine Vereinbarung mit ihr: »Du kannst mich jederzeit alles fragen, und ich werde ehrlich und genau antworten.« Dann wurde es heiß. Denn meistens lag sie mit ihrer Wahrnehmung richtig. Oft hatten sexuelle Projektionen und Spielchen in der Luft gelegen, derer ich mir erst durch ihr Nachfragen bewusst wurde. Indem ich mich zwang, ehrlich und präzise zu antworten, lernte ich mich besser kennen und integer zu all meinen Gefühlen und Gedanken zu stehen. Es stärkt deine Würde, wenn du nicht mehr herumeierst, sondern zeigst, wer du bist. Andrea wiederum hatte so endlich die Gelegenheit, in Ruhe zu überprüfen, wann ihr Instinkt richtig lag und wann ihre Angst mit ihr durchging.

Ich habe großen Respekt vor Andreas Bereitschaft, sich so offen dem zu stellen, was in mir vorging. Denn natürlich tat ihr manche Wahrheit auch weh.[45] Für mich war das eine wesentliche Lektion in Sachen Vertrauen. Andrea wollte nicht naiv und blind glauben, dass ihr Mann immer nur an sie denkt. Sie wollte wissen, wer ich wirklich bin. So entstand im Laufe der Jahre in ihr die Sicherheit, einen Partner an der Seite zu haben, der transparent und klar ist.[46]

---

[45] Ein Tipp an dieser Stelle: Wenn du je einen anderen Menschen um Ehrlichkeit bitten möchtest, halte noch einmal inne und frage dich: Möchte ich es angenehm oder wahr? Wenn du dann fragst, achte darauf, wie du auf seine Öffnung reagierst. Wenn du ihn angreifst für das, was er dir zeigt, wird er sich wieder verschließen. Atme tief durch und nimm den Schmerz und die Angst an, die seine Worte in dir auslösen. Sprich ehrlich darüber, was es mit dir macht, aber verzichte auf eine Anklage. Erinnere dich: Du hast um diese Desillusionierung gebeten. Vor dir steht ein Mensch, dem du so wichtig bist, dass er sich dir ehrlich offenbart. Das ist ein Geschenk und ein Zeichen der Wertschätzung. Sehr wahrscheinlich bricht erst einmal jeglicher romantischer Zauber weg. Doch ihr gewinnt an festem Boden. Es lohnt sich!!!

[46] Manch einer wird sich an dieser Stelle gefragt haben, wie es Andrea gelungen ist, diese Offenheit auszuhalten. Wie konnte sie zu ihrem Sicherheitsgefühl und ihrem Vertrauen zurückfinden, wenn Veit ihr erzählt hat, dass er eine andere Frau begehrenswert findet oder gar sexuelle Fantasien mit ihr hat?
Wir haben das Glück, darüber nicht spekulieren zu müssen, da mir Andrea diese Fragen höchstpersönlich beantwortet hat:
»Diese Wahrheit hat mir jedes Mal das Herz gebrochen.
Wirklich.
Diese Wahrheit hat mich jedes Mal um meine Kraft gebracht.
Auch wirklich.

Es ist ein mutiger Schritt und ein großes Geschenk, wenn du dich einem anderen Menschen öffnest und ihm auch deine Zweifel offenbarst. Versuch sie nicht zu überspringen, respektiere sie. Lege sie offen und gib dieser Verbindung die Chance, sie im Laufe der Zeit zu widerlegen.

Die Wahrheit hat uns jedes Mal, als wir beide im Feuer standen, näher zueinandergebracht.
Es gab eine Nacht, in der ich wusste, wenn sich jetzt nicht etwas in mir öffnet, sterbe ich.
Ich habe so gegen Veit gekämpft. Ich habe es so sehr nicht haben wollen, dass es so ist, wie es IST.
In dieser Nacht hat sich mein Geist geöffnet, ist weiter geworden.
Ich habe erkannt, dass das alles nicht Veit oder Andrea oder sonst jemand ist,
sondern ES IST ALLES DAS LEBEN, was uns bewegt.
That's it.«
(A. d. L.)

Erst einzahlen, bevor du vom Konto abhebst

Ich bin in meinem Leben oft sehr beleidigt gewesen, wenn sich andere Menschen nicht so auf mich einließen, wie ich es mir wünschte. Bis ich mich irgendwann fragte: Warum sollten sie auch?

In privaten Beziehungen erlebe ich immer wieder ein merkwürdiges Phänomen. Während es in Geschäftsbeziehungen selbstverständlich für uns ist, dass die Kooperation für beide Seiten gewinnbringend sein muss, scheinen wir in Liebesbeziehungen, Freundschaften und Familien manchmal davon auszugehen, dass Liebe alles ertragen muss. Muss sie aber nicht. Irgendwann zeigt sie dir einen Vogel und ist weg.

Nichts, was dir andere Menschen an Freundlichkeit, Aufmerksamkeit, Lust und Wärme schenken, ist selbstverständlich. Finde dich damit ab: Es gibt in diesem Universum keine Heilige Schrift, in der geschrieben steht: »Du sollst [*dein Name*] lieben und ehren.« Du lebst. Mehr war nicht vereinbart. Wenn du jetzt auch noch richtig

Spaß haben willst, darfst du erst einmal einzahlen. Keine Sorge. Das kann viel Freude bereiten und führt zu erstaunlich positiven Überraschungen. Denn 99 Prozent aller Menschen, mit denen du zu tun hast, fühlen sich einfach noch nicht wohl genug mit dir, um sich vollständig zu verschenken. Aber wenn sie das erst mal tun ...

In seinem Klassiker *Die 7 Wege zur Effektivität*[47] bringt Stephen R. Covey ein wunderbares Bild für dieses Phänomen: das Beziehungskonto. Jede deiner Beziehungen verfügt über ein unsichtbares, aber sehr machtvolles Konto des Vertrauens und des Wohlwollens. Alles, was die Beziehung stärkt, gleicht einer Einzahlung auf dieses Konto. Alles, was der Beziehung schadet beziehungsweise sie erschüttert, ist eine Abbuchung.

Ist das Beziehungskonto stark im Plus, erlebt ihr viel Freude, Vertrauen und Nähe. Ihr fühlt euch gestärkt, ihr inspiriert und fördert euch. So eine Beziehung hält auch ehrliche Worte, kurzfristige Enttäuschungen und Herausforderungen gut aus. Mit so einem Plus fällt es dir leicht, dem anderen und dir selbst Fehler zu verzeihen. Befindet sich euer Konto jedoch im Minus, dann führt jeder neue Lapsus (=Abbuchung) zu einer weiteren, massiven Schwächung. Eine Beziehung, die ihren Dispokredit ausgeschöpft hat, ist nicht mehr belastbar. Es herrscht eine angespannte, frustrierte oder ängst-

---

47 Stephen, R. Corvey: *Die 7 Wege zur Effektivität. Prinzipien für persönlichen und beruflichen Erfolg*, Offenbach 2005.

liche Atmosphäre, und selbst der kleinste Konflikt schlägt große Wellen.

Willst du den Kontostand einer deiner Beziehungen wissen? Das ist ganz einfach. Denke jetzt an diese Person.

Wenn du dabei eine leichte, natürliche Freude empfindest, ist euer Konto im Plus. Bemerkst du Unbehagen, Zweifel, Furcht, Frust? Dann habt ihr überzogen.

Wie überziehst du ein Konto?

- Wenn du deine Vereinbarungen nicht einhältst, signalisierst du dem anderen, dass auf dich kein Verlass ist. Dadurch erzeugst du eine Atmosphäre der Unsicherheit.
- Wenn du nur an dich selbst denkst, fragt der andere: Warum sollte ich mit dir in Beziehung stehen?
- Weitere Abbuchungsarten: Verrat, Lügen, Rechthaberei, Schuldzuweisungen, Vorwürfe und nervende Unklarheit.

Ich bin Stephen R. Covey für dieses Bild sehr dankbar. Es hat mir geholfen, mein narzisstisches Selbstmitleid zu stoppen und mich ganz ehrlich zu fragen: »Was habe ich denn eingezahlt, um jetzt so fordern zu können?« Das hat mich erst einmal sehr still werden lassen. Dann habe ich begonnen, systematisch in die Beziehungen zu investieren, die mir wichtig sind. Und siehe da, es funktioniert!

Den Paaren, die mit einer zerrütteten Beziehung zum Coaching zu uns kommen, kann ich anhand dieses Modells gut erklären, warum sie nicht einfach so in diesen unangenehmen Zustand hineingeschlittert sind, und vor allem, was sie aktiv tun können, um da wieder herauszukommen:

Ist dir eine Beziehung wichtig, dann kämpfe um sie, indem du zuerst das Konto sanierst! Keine Abbuchungen mehr! Zahle immer mehr ein, als du ausgibst. So einfach ist das!

Was sind mögliche Einzahlungen?
1. Stellt einige wenige, aber wesentliche Vereinbarungen auf und haltet sie ein.
2. Verschenke täglich Freundlichkeiten, Aufmerksamkeiten und Komplimente.
3. Ganz wichtig: Höre aufrichtig zu!
4. Wenn du Mist gebaut hast, entschuldige dich!
5. Erfülle dem anderen regelmäßig Wünsche, die ihm wichtig sind. Du musst dich dafür nicht aufgeben. Doch frag dich mal ganz ehrlich: Warum sollte der andere mit dir zusammen sein, wenn er nicht auf seine Kosten kommt? Falls du es noch nicht gemerkt hast: Ihr sitzt nicht allein auf einem einsamen Planeten. Dein Partner hat 7,2 Milliarden andere Optionen. Besser, du wirfst dich etwas ins Zeug!

PS: Ach ja, ganz wichtig! Falls du zu denen gehörst, die bockig vor der Bank stehen und darauf beharren, dass zuerst der andere etwas einzahlt: So funktioniert das nicht. Die wichtigste Spielregel lautet: Du bist am Zug! Solltest du jedoch nach einer Weile feststellen, dass du sehr viel gibst und sich der andere permanent aus der Kasse bedient, ist es legitim und sehr wichtig, dass du Fairness einforderst. Mach es ganz konkret: Welche Einzahlung wünschst du dir vom anderen?

UMSETZUNG

Das Beziehungskonto auffüllen

Wenn du möchtest, dass deine Übungsbeziehung erblüht, fange an, kontinuierlich auf das Beziehungskonto einzuzahlen. Lies dir im letzten Kapitel noch einmal die Liste der Möglichkeiten durch, eure Verbindung zu stärken, und wähle dann konkrete Taten aus. Setze sie wirklich um.

Fragen zur Selbsterforschung

Wähle drei deiner wichtigsten Beziehungen aus:

1.

2.

3.

In welcher ist das Konto überzogen?

Mal ganz ehrlich: Welchen Anteil hast du daran? Auf welche Weise hast du das Konto strapaziert/überzogen?

Was willst du in den kommenden Wochen ganz konkret einzahlen?

Zuverlässigkeit

»Wenn du mich liebst,
musst du mir jede Freiheit lassen.«
DAS IST EIN MYTHOS,
DER NUR IN BÜCHERN FUNKTIONIERT.

Bist du schon einmal an einer Felswand klettern gewesen? Selbst wenn nicht, stell dir bitte vor, du würdest deinen Partner, an dessen Seil du gerade in 30 Meter Höhe hängst, fragen: »Hast du die Karabiner überprüft?« Er antwortet: »Weiß ich nicht. Ich mach das immer ganz spontan. So, wie ich Lust habe.« Und dann fügt er noch hinzu: »Und überhaupt, hab dich mal nicht so. Dein Kontrollzwang engt mich ein.« Wie oft würdest du mit diesem Menschen wohl noch klettern gehen?

Eine lebendige Beziehung ist ein intelligenter Spagat zwischen ausreichend Sicherheit, um sich entspannen und genug Freiheit, um wachsen zu können.

Menschen sind feinfühlige Wesen. Wir brauchen ein gewisses Maß an klaren Vereinbarungen und die Bereitschaft von beiden Seiten, diese einzuhalten. Wenn gar nichts sicher ist, wird ein permanenter Stresszustand erzeugt, und jeder zieht sich auf seine Weise zurück.

Beispiel: In den ersten Jahren unserer Beziehung war ich sehr skorpionisch drauf. Echt war nur das, was auch intensiv war. Freiheit stand ganz oben auf meiner Werteliste. Vor allem die Freiheit zu sagen und zu tun, was ich wollte. Andrea war tapfer im Nehmen, aber sie kam nicht mehr zur Ruhe. Und Leona, ihre kleine Tochter, war völlig konfus, weil sie nicht wusste: War dies nun der Mann, auf den sie sich als Vaterfigur verlassen konnte, oder wieder nur so eine Flitzpiepe, die verschwinden würde? Irgendwann kapierte ich, dass ich die Beziehung zerstörte, wenn ich so weitermachte. Also hielt ich inne und fragte Andrea: »Was brauchst du, um dich mit mir wohlzufühlen?« Ihre Antwort lautete: »Ich wünsche mir, dass du für ein ganzes Jahr nichts mit anderen Frauen anfängst.« Das löste nackte Panik in mir aus. Ich fühlte mich in meiner Freiheit bedroht, doch mir war auch klar: Wir brauchen Ruhe, sonst bricht das Boot auseinander. Also gab ich ihr dieses Versprechen. Für mich war es im Gegenzug wichtig, dass Andrea bereit war, mir ruhig zuzuhören, wenn ich ihr ehrlich Geschichten aus meinem Stammhirn berichtete. »Baby, du willst mich treu an deiner Seite? Okay. Aber dann muss ich dir offenbaren können, was sexuell, sinnlich alles in mir abgeht. Denn sonst drehe ich durch.«

Aus dem einen Jahr sind mittlerweile 14 Jahre geworden. Nicht weil es Andrea von mir gefordert hätte, sondern weil ich etwas Erstaunliches herausfand: Ich bekam bestimmte Aspekte meiner Geliebten erst zu sehen, als sie durchatmen konnte. Als sie begann, unserer Verbindung zu vertrauen.

Seitdem weiß ich um die Bedeutung von wesentlichen Vereinbarungen. Sie sind der Karabiner eurer Beziehung, der Sicherheitsboden, auf dem ihr tanzen könnt.

Was brauchst du, um sicher durchatmen zu können?
Keine Gewalt?[48]
Mehr Ehrlichkeit?
Das Ende einer zerstörerischen Sucht?
Pünktlichkeit bei wichtigen Verabredungen?
Klare Regeln im Umgang mit Geld?

Solche Vereinbarungen sind oft Ausschlussregeln: »XY darf nie wieder geschehen.« Sie funktionieren nur, wenn beide bereit sind, sie zu respektieren und, falls es zu einem Regelbruch kommen sollte, Konsequenzen folgen zu lassen. Eine wichtige Vereinbarung ohne Konsequenzen ist machtlos. Du bist verantwortlich dafür, dass deine Beziehungspartner dir mit Respekt begegnen, und das geht nur, wenn du dich und deine Regeln selbst akzeptierst.

---

48 Ich wünschte, dies wäre selbstverständlich. Ist es aber nicht.

Versteh den Unterschied zwischen Drohung und Konsequenz. Drohen kommt aus der Hilflosigkeit, weil du insgeheim weißt, dass du nicht handeln wirst. Viele Frauen haben sich angewöhnt, an ihren Männern herumzukritteln, ohne eine echte Konsequenz folgen zu lassen. Liebe Frau, abgesehen davon, dass dein Gemecker dich unattraktiv macht, lass dir gesagt sein, dass der Typ an deiner Seite sehr genau spürt, wann du es ernst meinst und wann nicht. Solange du meckerst, wird er vielleicht so tun, als wolle er sich verändern, doch er wird weitermachen wie gehabt. Als Andrea mich damals zu einem Jahr Treue aufforderte, sagte sie dies sehr ruhig und ohne Vorwurf. Trotzdem wusste ich, dass ich sie verlieren würde, wenn ich nicht bereit wäre, ihre Grenze zu akzeptieren.

Es muss nicht immer gleich eine Trennung als Konsequenz im Raum stehen, es gibt auch noch harmlosere Stufen. Andrea und ich hatten einmal eine Phase, in der wir uns in einer extrem negativ orientierten Kommunikation verkeilt hatten. Jeden Tag zogen wir uns gegenseitig mehr herunter. Also legten wir als wesentliche Vereinbarung fest: Außer einer festen halben Stunde pro Tag darf nur positiv, anerkennend und unterstützend gesprochen werden. Da wir verbale Hitzköpfe sind, wussten wir: Wir brauchen schmerzhafte Konsequenzen, falls einer von uns die Regel bricht. Andrea musste im Fall der Fälle eine Woche lang täglich joggen gehen. Ich musste 2000 Euro an Andrea abdrücken. Die Bedingungen waren mit Bedacht gewählt, um wirklich wehzutun, denn wir wollten es ja schaffen. Jeder von uns hat einmal die Regel gebrochen. Das hat gereicht …

Die Art und Weise, wie du Vereinbarungen einhältst und deinem Partner erlaubst, damit umzugehen, spiegelt den Grad deines Selbstrespekts wider. Vereinbarungen ohne Konsequenzen sind wertlos! Dann triff lieber gar keine.

Das andere Extrem sind zu viele, nicht wirklich wichtige Vereinbarungen aus einem Kontrollzwang heraus. Das gibt es auch. Ich war zu Beginn unserer Beziehung eine empfindliche Mimose, und Andrea hat mir in ihrer ungestümen russischen Art stündlich den Schmerzkörper gestreichelt. Also stellte ich eine Regel nach der nächsten auf:

»Du darfst nicht so und so mit mir reden. Du darfst das und das nicht sagen. Das und das solltest du nie tun.«[49]

Ich glaube, auf dem Höhepunkt dieser Phase hätte mein Handbuch »Wie geht man akkurat mit Veit Lindau um« locker einige hundert Seiten gefüllt. Dem Leben sei Dank war Andrea viel zu störrisch, um sich auf das alles einzulassen. Sonst hätte ich ihr peu à peu die Luft zum Atmen genommen.

Es geht um ein sinnvolles Mittelmaß. Streiche alle Regeln, die nicht wirklich wichtig sind. Gib deinem Partner maximalen Spielraum. Findet einige wenige, wesentliche Vereinbarungen, die ihr beide braucht, um euch wirklich sicher zu fühlen!

---

49 Du ahnst schon, es hat wirklich Spaß mit mir gemacht!

UMSETZUNG

Bei den Regeln geht es wie gesagt um ein goldenes Mittelmaß. Gar keine Regeln sorgen für Unruhe und Chaos. Zu viele Regeln ersticken jegliche Spontaneität.

Die folgende Unterscheidung kann dir helfen, zwischen wesentlichen und unwesentlichen Regeln zu unterscheiden:

1. *Muss-/ Tabu-Regeln = Überlebensvereinbarung (wirklich essenziell für den Bestand der Beziehung)*
   »XY darf nie geschehen. XY muss unbedingt geschehen.« Das sind Regeln, die auf jeden Fall eingehalten werden müssen, damit eine Beziehung überlebt. Beispiel: »Keine Gewalt.«

2. *Sollte-/ Sollte nie-Vereinbarungen*
   »XY sollte eingehalten werden.« Dies sind Regeln, die für das wirksame Funktionieren einer Beziehung sehr unterstützend wirken. Sie können hin und wieder gebrochen werden. Es sollte jedoch nicht zu oft geschehen, weil die Beziehung sonst auf Dauer sehr geschwächt wird. Beispiele könnten sein: »Wir kommen beide pünktlich zu unseren Verabredungen. Wir sind ehrlich miteinander.«

3. *Überflüssig, unnötig, hemmend*
   Viele, auch unausgesprochene Regeln behindern das kreative Aufblühen einer Beziehung und dienen lediglich dazu, den ande-

ren zu kontrollieren und eigene unangenehme Gefühle zu vermeiden. Beispiel: »Wir gehen jeden Abend gemeinsam in dasselbe Bett, weil wir verheiratet sind. Auch wenn einer mal Lust hätte, allein zu schlafen.«

Vereinbarungen in deiner Übungsbeziehung

Finde heraus, welche Vereinbarungen in deiner Übungsbeziehung wirklich wesentlich für dich sind und welche du eher als hemmend oder überflüssig erlebst.

Welche Vereinbarung brauchst du mit deinem Beziehungspartner, um dich öffnen und verschenken zu können?

Was sind nicht sinnvolle, hemmende Vereinbarungen, die du gern auflösen möchtest?

Teile deinem Beziehungspartner die Ergebnisse mit. Frage auch deinen Partner nach seinen Vorstellungen!

Hinweis: Es liegt in deiner Verantwortung, dem anderen gegenüber deine essenziellen Bedürfnisse klar zu kommunizieren und dich dafür einzusetzen, dass ihr entsprechende Vereinbarungen trefft und diese dann auch einhaltet. Achte darauf, dass du den anderen dabei nicht ins Unrecht setzt oder angreifst. Jeder Mensch hat das Recht, sich frei zu entscheiden. Achte auch darauf, dass du die beidseitige Einhaltung der wirklich wichtigen Vereinbarungen regelmäßig überprüfst.

Die Sehnsucht nach Zerstörung

Ist dies ein universelles Beziehungsthema? Vielleicht nicht. Doch wenn es dich betrifft, wirst du sofort wissen, was ich meine. Und dann ist es gut, dass wir darüber gesprochen haben.

Manchmal, besonders im Streit, erscheint es um vieles verlockender, alles noch mehr in Schutt und Asche zu legen, als es mühsam wieder aufzubauen. Worte werden zu vergifteten Pfeilen. Du weißt genau, was du nicht sagen solltest, weil es den anderen bis ins Mark verletzt. Und doch legst du das Feuer, zückst du das Schwert. Etwas in dir ergötzt sich daran, dabei zuzusehen, wie aus einem nichtigen Anlass eine riesige Lawine des Streits entsteht, die alles mit sich in den Abgrund reißen will, was ihr in den letzten Wochen miteinander erschaffen habt.

Wenn du ehrlich bist – und dafür musst du schonungslos selbstkritisch sein –, entdeckst du unter deiner Verzweiflung… Lust!

Lust am Zerstören.
Lust am Widerstand.

Lust am Nein.

Lust am Verprellen des anderen.

Warum?

Weil sich dann das Ego am intensivsten spürt – im Kampf und in der Trennung.

Weil wir auch mit der Sehnsucht nach dem Tod geboren worden sind.

Weil es oft viel einfacher ist, in einer scheinbar hoffnungslosen Situation aufzugeben, anstatt für eine wahrhaft neue Lösung zu kämpfen.

Manche Menschen wissen sofort, was ich meine, wenn ich diese zerstörerische Kraft beschreibe.

Wenn es dich betrifft, musst du eine Wahl treffen.

Du kannst das Destruktive weiterhin unkontrolliert wüten lassen. Dann werden sich deine Beziehungen für immer und ewig in schmerzhaften Auf- und Ab-Zyklen bewegen. (Ich habe dies früher als »ehrlich und intensiv leben« gerechtfertigt.) Das ist anstrengend. Du wirst viele Menschen damit verletzen. Und: Du wirst niemals erfahren, welchen Horizont ihr gemeinsam hättet erreichen können.

Oder du wählst den erwachsenen Weg: das Feuer zu disziplinieren und sinnvoll zu nutzen. Wenn die Lava im Streit aufsteigt, fühle sie, ohne sie willkürlich auszuspucken. Lass die Dämonen kommen,

deine Wut, deinen Zynismus, deinen Hass, deine Ohnmacht. Bitte sie an deinen inneren Tisch. Sie können nichts dafür, dass sie als Götter der dunklen Seite geboren wurden. Weder unterdrücke sie noch überlass ihnen dein Haus. Spüre ihre unbändige Vitalität. Nimm bewusst und achtsam wahr, wie ihre Kraft in dir aufsteigt. Es gibt dabei einen Schwellenpunkt, an dem es sich unerträglich anfühlt, nicht in die Aktion zu gehen, deinen Schmerz, deine Wut nicht auf dem anderen abzuladen. Wenn du jetzt klein beigibst, lässt zwar der Druck nach, doch du machst wieder so viel kaputt. Vor allem wirst du so nie erfahren, dass etwas in dir stärker ist.

Also schweige. Bleibe freiwillig im Feuer deiner wütenden Gäste stehen.

Mach dir klar, dass dich das Leben immer und immer wieder vor diese Schallmauer stellen wird, bist du bereit bist, nicht mehr wegzurennen.

Wenn du wissen willst, wer du wirklich bist …
Wenn du erfahren willst, dass noch viel, viel mehr möglich ist, als dein Verstand dachte …
Wenn du frei sein möchtest …
dann bleibe im Feuer stehen.

Ertrage das Unerträgliche bewusst.
Es wird ziehen. Es wird brennen.
Fühle es in deinem Körper.

Wenn es seinen Höhepunkt überschritten hat, wird das Feuer wieder gehen – wie ein Fieber, das abklingt.

Du wirst dich stiller fühlen. Weiter. Freier. Gereinigt.

Jetzt, da du deine Dämonen umarmt und ihnen Frieden gebracht hast, ist ein guter Zeitpunkt, dich zu fragen:

Was will ich in dieser Beziehung wirklich-wirklich?

Deine wahre Absicht

»Wenn du aufmerksam und wachsam bist,
wird dir die Antwort auf dein Tun in jedem Augenblick offenbar sein.
Achte darauf, dass du ein reines Herz hast,
denn etwas wird dir geboren als Frucht einer jeden Tat.«
RUMI

Kennst du das? Du willst unbedingt glücklich sein. Du versuchst alles. Du gibst alles.

Doch dann passiert genau das, was du nicht willst. Du bekommst eine Absage. Du bleibst allein. Du wirst nicht verstanden. Du verliebst dich in einen verheirateten Mann. Euer Gespräch führt in einen Streit. Und das nicht nur einmal, sondern immer wieder.

Ist das einfach Pech?

Oder hast du etwas übersehen?

Stell dir vor, du sitzt mit einem Menschen, den du gerade gedatet hast, bei einem romantischen Essen. Über dem Tisch flirtest du, bist sanft wie ein Kätzchen. Doch darunter stößt du ihm immer wieder hart gegen das Schienbein, ohne es selbst mitzubekommen. Irgendwann steht der andere abrupt auf, ruft empört »Du spinnst ja!« und verlässt den Raum. Du sitzt da wie ein begossener Pudel, verstehst die Welt nicht mehr und … fühlst dich als ein Opfer der Umstände.

Jeder Mensch möchte vor sich selbst gut dastehen. Wir sehen uns gern als intelligente, alles für unser Glück einsetzende Wesen. Doch der Großteil deiner Kommunikation mit dem Universum findet jenseits deines bewussten Radarschirms statt. Wenn dein bewusster Verstand nach rechts einbiegen will, dein Unterbewusstsein sich jedoch für links entschieden hat, wirst du immer wieder links landen.

In der Praxis sieht das so aus:

Beispiel 1: Nehmen wir deine Beziehung zu Geld. Ich berate und trainiere auch Klienten zum Thema »Finanzieller Erfolg«. In intensiver Befragung fällt es ihnen schnell wie Schuppen von den Augen, wie sie permanent und aktiv zum negativen Stand ihres Bankkontos beitragen. Spannend wird es dann, wenn wir die unterbewussten Beweggründe für so eine ökonomische Selbstsabotage aufdecken.

Beispiel 2: Du sehnst dich sehr nach einer neuen Partnerschaft, bist aber schon zehn Jahre Single. Hm … Liegt es wirklich nur daran, dass du unter 7,2 Milliarden Menschen keinen passenden Spielgefährten findest? Oder hat dein Unterbewusstsein von der letzten, von vielen Enttäuschungen geprägten Beziehung immer noch die Nase voll und keine Lust auf etwas Neues?

Beispiel 3: In deiner Version der Geschichte tust du alles für den Frieden zwischen dir und deinem Partner. Dennoch streitet ihr euch immer wieder. Liegt es wirklich nur an dem anderen? Fünf Jahre später spielt dir Gott die Aufzeichnungen dieser Gespräche noch einmal vor. Plötzlich fällt dir auf, dass du immer dann, wenn es dir zu nah wurde, bestimmte Themen auf eine ganz besondere Art angesprochen hast, von der du eigentlich schon vorher wusstest, dass sie dein Gegenüber auf die Palme bringen würde.

In unseren Seminaren kommen viele solche Opfergeschichten ans Licht:

Immer wieder in verheiratete Männer verliebt.
Immer wieder im Stich gelassen.
Immer wieder nicht die Richtige gefunden.
Immer wieder missverstanden.

Sie sind oft verbunden mit einer großen Ratlosigkeit: Was übersehe ich?

Um aus so einer alten Schallplattenrille herauszukommen, empfehle ich dir eine geistige Radikalkur. Dafür musst du eine provokative These schlucken:

Alles, was in deinem Leben wiederholt passiert, entspricht deiner wahren Absicht.

Du musst mir das nicht glauben. Doch ich empfehle dir, dein Leben in den kommenden Tagen einfach mal aus dieser Perspektive zu betrachten, und ich garantiere dir einige, zum Teil vielleicht peinliche, aber vor allem befreiende Erkenntnisse.

Denn diese These holt deine verborgenen Motivationskräfte in dein Bewusstsein.

Ein Unfall kann ein blöder Zufall sein. Wenn du dich in einem Jahr fünf Mal verletzt, hat es Sinn, dich zu fragen: Was ist deine wahre Absicht?

Dich einmal in einen verheirateten Mann zu verlieben, kann Pech sein. Wenn es dir zehn Mal hintereinander passiert (Ja, ich kenne solche Fälle!), solltest du dich fragen: Was bezwecke ich damit?

Dich mit deinem Partner zu streiten ist menschlich. Wenn du dies ständig tust, willst du es so.

Du findest seit Jahren nicht den richtigen Geschäftspartner? Vielleicht findest du ihn mit Absicht nicht?

Du bist ein extrem intelligentes, kreatives Schöpferwesen. Du bekommst auf Dauer immer, was deiner wahren Absicht entspringt. Die Welt ist ein Spiegelkabinett. Wenn deine Beziehungen wiederholt nicht so laufen, wie du es dir (scheinbar) so sehr wünschst, ist es Zeit, deine tiefer liegende Absicht zu ergründen. Und gibt dich nicht damit zufrieden, wenn dein Verstand dir sagt: »Das ist doch Quatsch, davon habe ich doch nichts«, sondern forsche weiter: »Und wenn es doch einen verborgenen Sinn hätte, worin könnte der bestehen?«

Vergiss, was du dir über dich selbst einredest, und schau stattdessen auf die Resultate in deinem Leben. Was erzählen sie dir über deine wahre Absicht?

Du kannst dich und die anderen mit »Liebe, Liebe, Liebe« zutexten. Doch wenn es deine tiefste Absicht ist, Recht zu haben und dich vor Nähe zu schützen, wirst du Trennung kreieren. Du kannst sehnsüchtig eine Bar betreten und sie einsam wieder verlassen, weil deine Ausstrahlung signalisiert: Rühr mich nicht an. Du kannst dich als Friedenskämpfer gerieren, doch in Wahrheit Zorn und Konflikt in die Welt bringen.

UMSETZUNG

Fragen zur Selbsterforschung

Wo und wie verschleierst du deine wahre Absicht?

Muster, die ich bei mir erkennen kann:

1. ....
2. ....
3. ....

Welches Interesse könnte ich daran haben, nicht verstanden zu werden? (Was ist mein versteckter Gewinn?)

1. ....
2. ....
3. ....

Was verliere ich langfristig durch meine unklare Absichtsäußerung?

1. ....
2. ....
3. ....

Ideen, wie ich in meinen Beziehungen meine Botschaft anders/ klarer/erfolgreicher kommunizieren könnte:

1. ....
2. ....
3. ....

Wann werde ich dies tun?

1. ....
2. ....
3. ....

Wie weit bist du bereit zu gehen?

Bist du dir klar darüber, was du wirklich-wirklich willst?

Kleine Kinder sind immer mit ihrer wahren Absicht verbunden. Im Laufe der Jahre wird sie ihnen dann mehr und mehr abtrainiert. Wir werden zum Taktieren erzogen. Das Ergebnis: Ein Haufen unklarer, zwiegespaltener Erwachsener, die nicht wissen, was sie wirklich-wirklich wollen und erst recht nicht den Mut haben, deutlich dazu zu stehen.

Kommunizierst du deine Absichten klar und direkt oder eierst du rum?

Wann hast du das letzte Mal einem Menschen offen deine Liebe gestanden? Seinen Namen an eine Autobahnbrücke oder eine Toreinfahrt geschrieben? Wie oft redest du um den heißen Brei herum, anstatt direkt zu sagen: »Ich wünsche mir Sex!«

Erlaubst du dir, die Stärke deiner wahren Absicht in deinen Beziehungen wirklich zu spüren? Darf der andere sehen, wie wichtig er

dir ist? Zeigst du deine Sehnsüchte, deine Wünsche und deine Ängste ganz offen? Oder legst du rationale Schutzschichten drüber?

Was willst du von wem?
Welches Spiel willst du mit wem spielen?
Trau dich, deine wahre Absicht deutlich zu kommunizieren.

Wie weit bist du bereit zu gehen, um dich verständlich zu machen?
Lässt du dich von einem ersten Nein abschrecken?

Wie sehr bist du bereit, dich zu verändern, um zu bekommen, was du willst? Oder glaubst du immer noch, das Leben müsste dir alles auf dem Silbertablett servieren?[50]

---

50 Wenn mich alleinstehende Männer oder Frauen um Rat bitten, wie sie endlich eine neue Beziehung finden könnten, sind manche regelrecht enttäuscht von meinen so gewöhnlich scheinenden Tipps: Erhöhe die Kontaktquote zum gewünschten Geschlecht. Bring deinen Body in Form (muss nicht heißen ultraschlank!), zieh dich sexy an, leg Lippenstift auf (die Frauen!), geh dahin, wo du gut jagen und gejagt werden kannst, und signalisiere mit allem, was du tust: »Ich bin bereit für das nächste Abenteuer!« Wenn du es dir und den anderen hingegen unbedingt schwer machen willst, dann beharre darauf, gefunden zu werden. Sei auf jeden Fall zu stolz dazu, dich äußerlich herzurichten. Hülle dich in undefinierbare Kleidung, so, dass niemand sieht, ob du ein Fisch oder ein Mensch bist. Lege dir, wenn du das Haus verlässt, einen mürrischen Gesichtsausdruck zu und vertraue darauf, dass der oder die Richtige dich telepathisch spüren und natürlich sofort deine inneren Werte erkennen wird. Und gehe auf gar keinen Fall abends aus. Visualisiere deinen Traumpartner einfach, dann wird es einer der nächsten Postboten sein. Warum einfach, wenn es auch schwer geht?

Vergiss die perfekte Wortwahl. Konzentriere dich in deinen Begegnungen mehr darauf, was du wirklich-wirklich willst. Stammle lieber rum, aber bringe energetisch rüber, was du willst. Glaub mir, echte Absicht setzt sich durch. Probiere dich mehr aus. Um echte Erfüllung in deinen Beziehungen zu erfahren, musst du zu jenem lebensgierigen, verspielten und direkten Wesen zurückfinden, das du einmal warst.

Es ist nicht selbstverständlich, verstanden zu werden. Da draußen gibt es über sieben Milliarden Wirklichkeitsinseln. Wenn du wirklich zu einem anderen Menschen durchdringen willst, nimm dir den folgenden Gedanken zu Herzen:

Es liegt nie am Empfänger, sondern immer am Sender.

Wenn der andere dich noch nicht verstanden hat, liegt es an dir:
Du hast dich noch nicht stark genug mit deiner wahren Absicht verbunden.
Du hast sie noch nicht ehrlich genug gezeigt.
Du hältst dich noch immer an den alten Kommunikationswegen fest, anstatt mal etwas völlig Neues zu versuchen.

Kinder wissen, was sie wirklich wollen. Sie sind bereit, ihre Ausdrucksform hundert Mal zu wechseln, bis sie es bekommen. Erfolgreich zu kommunizieren bedeutet, den verbissenen Stolz loszulassen, den Erwachsene oft an den Tag legen: »Entweder ich werde auf meine Art verstanden oder gar nicht!«

Gib nicht auf. Konzentriere dich auf deine Absicht und lass die Form los. Sei flexibel und gleichzeitig determiniert. Sei wie ein Fluss. Er weiß genau, wohin er will, aber auf seinem Weg zum Meer kennt er keinen Stolz. Er passt seinen Rhythmus und seine Form Tausende Male an, um sein Ziel zu erreichen.

Gib nicht auf, spiele und experimentiere, bis du dich wirklich verstanden fühlst.

UMSETZUNG

Liebe-Radikal-Experiment

A. Kreiere einen Tag der klaren Absicht

Was wäre heute in Bezug auf deine Übungsbeziehung eine wirklich sexy Herausforderung im Äußern deiner klaren Absicht?

Was möchte klar, offen und erfolgreich kommuniziert werden?

Traue dich, bemerkenswert zu sein.

Zeige dich heute deutlich und ehrlich.

Gib dir selbst das Versprechen, es wirklich zu tun! Riskiere.

B. Dich zeigen

In welchen Beziehungen erfährst du nicht die von dir erwünschte Erfüllung? Kennen diese Menschen deine klare Absicht?

Verhaltensmuster, die den klaren Ausdruck deiner Absicht verhindern:

Muster 1: Verwirrt tun und vorgeben, nicht zu wissen, was ich will.

Muster 2: Meine Absicht nicht kommunizieren und mich dann hinter dem Rücken des anderen beklagen.

Muster 3: Meine Absicht nicht direkt, sondern indirekt, verschleiert durch Manipulationen zum Ausdruck bringen.

Muster 4: Meine Absicht vordergründig aufgeben und mich in einer Wolke aus falscher Genügsamkeit oder Resignation einlullen.

Muster 5: Meine Absicht ex negativo ausdrücken. (Mich darüber auslassen, was ich alles nicht will, anstatt was ich will.)

Finde heraus, was genau du in diesen Beziehungen möchtest. Es ist an der Zeit, dich deutlicher zu zeigen!

Formuliere deine Absicht, deinen Wunsch – schnörkellos, positiv, klar. Trau dich! Kommuniziere ihn: live, am Telefon, in einem Brief, per E-Mail.

Lass dich überraschen, was passiert.

PS: Falls deine Botschaft nicht sofort so ankommt, wie von dir erhofft, wirf nicht die Flinte ins Korn. Formuliere es anders. Zeige dich noch mehr. Bis du dich verstanden fühlst. Leben ist zu kostbar, um es mit der Hoffnung zu vertrödeln, telepathisch erhört zu werden.

Ehrlichkeit und Zurückhaltung

»Tue niemals,
was du vor anderen verborgen halten möchtest.«
RALPH WALDO EMERSON

Lust auf mehr Ekstase?
Dann zeig dich noch ehrlicher.

Lügst du manchmal?
Wie fühlst du dich damit?
Was bringen dir deine Lügen?
Und was kosten sie dich?

Ich habe in meinem Leben schon viel gelogen. Zum Beispiel als Sechsjähriger, der enttäuscht über seine Geburtstagsgeschenke war und dennoch Freude heuchelte, weil es die Großen um ihn herum erwarteten. Als Zehnjähriger beim Klauen. Als Zwölfjähriger, wenn ich laut und selbstsicher auftrat, obwohl mich viele Veränderungen an meinem Körper zutiefst beunruhigten. Als Zwanzigjähriger, der

mit den Frauen in seinem Leben nicht darüber sprechen konnte, was ihn wirklich bewegt, sondern lieber verletzenden Blödsinn laberte. Als Dreißigjähriger, der sich fürchtete, seiner Partnerin eine Affäre zu gestehen.

Ich könnte so fortfahren. Lügen ist menschlich. Wenn ich das Thema Ehrlichkeit anspreche, geht es mir nicht um Moral, sondern um Freiheit und Lebenslust. Dieses Kapitel könnte dein Leben tief greifend verändern und dich von einer alten, peinigenden Last befreien.

Beginnen wir mit der Frage: Wie definierst du eine Lüge?

Ich sehe das sehr radikal: Für mich bedeutet Lügen nicht nur eine bewusste Falschaussage, sondern auch, etwas Wichtiges zurückzuhalten. Jedes Mal, wenn du einem anderen Menschen gegenüber etwas für ihn und dich Wesentliches nicht mitteilst – einen Gedanken, einen Wunsch, eine Kritik, ein Gefühl –, lügst du. Bewusst oder unbewusst setzt du dem anderen eine Version deiner selbst vor, die nicht deinem authentischen Ich entspricht.

Als Kind zu lügen ergab oft Sinn. Wir konnten uns unser Umfeld nicht aktiv aussuchen. Wir wollten gemocht werden. Wir wollten sicher durchkommen. Also passten wir uns an. Doch wie sieht es heute aus? Hast du heute die Eier, für dich geradezustehen?

Du kannst dich nun selbst beschützen.
Du kannst den Schmerz der Ablehnung aushalten lernen.

Du kannst aktiv auf Menschen zugehen,
die dein ehrliches Ich sehen wollen und es lieben.
Du musst nicht mehr lügen.
Finde heraus, wer du wirklich bist.
Zeig dich.
Es ist dein Leben.

Keiner der Menschen, für die du dich verstellt, verbogen, kleiner oder netter gemacht hast, wird an deinem Sterbebett stehen und dir eine Dankbarkeitsmedaille verleihen. Du wirst dir für jeden faulen Kompromiss vor Wut in den Arsch beißen.

Unehrlichkeit bringt dir kurzfristig Erleichterung. Langfristig kostet sie dich deine Lebendigkeit.

Wenn du nur lügst, weil du dich vor Auseinandersetzung, Ablehnung und Konsequenzen fürchtest, mach dir klar, was du da tust. Du zwingst einen Teil deines Bewusstseins, etwas anderes zu sein, als du eigentlich bist. Das ist nicht nur verrückt, es macht dich auf Dauer auch krank. Deine Lügen töten schleichend die Lebendigkeit eurer Verbindung ab.

Ach ja. Da gibt es ja noch die große Ausrede: Ich lüge, um den anderen zu schonen. Bullshit! Schau genauer hin. Du lügst aus purem Egoismus. Du fürchtest dich vor dem, was du fühlen musst, wenn die Wahrheit ans Licht kommt. Achtsame Ehrlichkeit gefährdet keine Beziehungen. Sie bringt die echte Substanz einer Beziehung ans

Licht. Eine starke Beziehung wird durch Wahrheit stärker. Eine Verbindung, die auf Illusionen basiert, löst sich durch Wahrheit auf. Besser jetzt als später. Dein Leben ist kostbar.

Wenn du aus Angst wesentliche Informationen, Impulse oder Gefühle zurückhältst, schwächst du eure Beziehung. Der Kommunikationsfluss zwischen euch gerät ins Stocken. Distanz, Zähigkeit, kleinkarierte Grabenkämpfe, eingeschlafener Sex sind die Nebensymptome zurückgehaltener Kommunikation.

Klar tut Ehrlichkeit auch weh. Doch genauer betrachtet, schmerzt uns nicht die Wahrheit, sondern unser Festhalten an den Illusionen. Wahrheit ist nicht nett, dafür aber lebendig.

Es gibt immer noch viele soziale und berufliche Spielfelder, auf denen du schneller vorankommst, wenn du etwas vorgibst, was du nicht bist. Lügen sind gesellschaftlich sanktioniert. Sie sichern deine Herdenkompatibilität. Du verringerst mögliche Reibungspunkte und gibst den anderen, was sie wollen.[51] Wenn es das ist, was du willst – leicht durchkommen –, dann lüge weiter. Aber konfrontiere dich auch mit dem Preis, den du auf Dauer dafür zahlst:

---

51 Wenn du gerade in einer Beziehung bist, in der du lügen musst – um deine Sicherheit, deine Kinder, deinen Job oder etwas anderes Wesentliches zu schützen – dann lüge. Doch bleibe da nicht stehen. Suche nach Menschen, die wissen wollen, wer du wirklich bist.

Du wirst nie erfahren, wer du wirklich bist und wer wirklich zu dir steht.

Du wirst nie erfahren, was zwischen dir und einem anderen Menschen möglich ist. Doch vor allem verpasst du Ekstase.

Ein Mensch, der authentisch kommuniziert, reist mit leichtem Gepäck.

Ich wurde privat und beruflich schon Zeuge unzähliger »Wunder«, tief greifender Heilungsprozesse und Höchstleistungen – freigesetzt durch einen Raum bedingungsloser Ehrlichkeit.

Denn die Lebenskraft, die du beim Lügen unterdrückst, fehlt dir. Du fühlst dich gehemmter, schwächer, angespannter. Du empfindest seltener natürlich fließende Freude. Dein intuitiver Kanal versiegt, denn du musst das, was du empfängst oder gibst, ja ständig zensieren.

Hast du schon einmal erlebt, wie dich etwas, was du einem anderen Menschen gegenüber nicht gesagt oder gezeigt hast, auch noch Wochen, ja Jahre später beschäftigt hielt? Nur weil wir etwas nicht ausdrücken, ist es nicht weg. Unausgesprochene Wahrheiten zerstören das Gefühl der Verbundenheit.

Unehrlichkeit ist die Ursache Nummer eins für gescheiterte Beziehungen, leider oft verborgen unter den Nebensymptomen. Bewusste, achtsame Ehrlichkeit ist die beste Medizin.

Wenn ich Beziehungen oder Teams in der Krise berate, stellen wir gemeinsam als Allererstes einen Raum her, in dem alles kommuniziert werden kann. Natürlich führt das auch zu Zoff, Tränen und Chaos. Es bedarf Mut, diese erste Phase der Reinigung durchzustehen und nicht abzubrechen. Doch was sich zeigt, wenn alles geteilt wurde, ist die Mühe wert.

Eheleute, die sich gerade noch scheiden lassen wollten, verlieben sich frisch ineinander. Paare, die mit Verdacht auf eine sexuelle Störung kamen, können es kaum erwarten, wieder nach Hause zu kommen. Am nächsten Tag rufen sie aufgeregt-verschämt an, um die weiteren Sitzungen abzusagen.

Familien finden wieder zueinander. Teenager kommen zur Ruhe, wenn sie ehrlich ausdrücken dürfen, was sie bewegt.

Die berufliche Leistung von Teams explodiert förmlich, wenn sich jeder eingeladen fühlt, alles zu zeigen.

Ich will es nicht verschweigen, natürlich beendet die Wahrheit auch so manche Beziehung, die nur noch als Idee existierte. Doch wenn dies ehrlich und transparent geschieht, erleben es die Beteiligten meistens als einen zwar schmerzhaften, doch sauberen und befreienden Schnitt.

Ehrlichkeit lohnt sich also. Besonders den Menschen gegenüber, die dir wirklich wichtig sind.

UMSETZUNG

Fragen zur Selbsterforschung
Untersuche deine wichtigsten Beziehungen.

In welchen lügst du?

Warum tust du es? Was gewinnst du dadurch (Sicherheit, scheinbare Harmonie ...)?

Was kostet dich dein Lügen langfristig?

Bist du bereit, damit aufzuhören?

Reinen Tisch machen

Wie ihr zurückgehaltene Kommunikation vollendet[52]

Achtung! Dieses Ritual kann deine Beziehungen retten, heilen und enorm stärken.

Wenn du mich bitten würdest, unter all den Techniken und Methoden, die Andrea und ich in den letzten zwanzig Jahren kennengelernt und ausprobiert haben, die hilfreichste auszusuchen, dann wäre es diese!

Ich werde oft gefragt: Veit, wie schafft ihr es, bei all eurer Verschiedenheit und eurer schmerzhaften Vergangenheit eine so lebendige und liebevolle Beziehung zu führen? Dann antworte ich: mit diesem Ritual. Auch heute praktizieren wir es mehrmals in der Woche.

Wenn ich bei verfahrenen Ehen und zerrütteten Teams zur Beratung herangezogen werde, führe ich als eine der ersten Handlungen dieses Ritual ein.

---

52 Ich verdanke dieses Ritual einem meiner wichtigsten, liebsten und gleichzeitig unbequemsten Lehrer, Frank Natale.

Es beruht auf einem einfachen Prinzip: Wahrheit stärkt.

Worum geht es:
Es geht darum, alles, was du in Bezug auf einen anderen Menschen bisher zurückgehalten hast, nun offenzulegen und ihm dieselbe Gelegenheit in Bezug auf dich zu geben.

Das Ziel:
Die Kommunikation soll ins Fließen gebracht werden. Das Ritual dient dazu, dich selbst und den anderen besser kennenzulernen. Echtes Vertrauen soll durch radikale Ehrlichkeit geschaffen werden.

Der Ablauf:
Das Ritual braucht Achtsamkeit, sehr klare Regeln und die Bereitschaft, es so lange durchzuführen, bis aller Eiter abgeflossen ist. Was dann bleibt, sind Frieden, Wahrheit und Liebe.

Für zwei Menschen:
Nehmt euch circa 30 Minuten Zeit.

Die Regeln:
Einer spricht, der andere hört nur zu. Nach 10 Minuten wird gewechselt. Danach hat jeder noch einmal 5 Minuten.

Runde 1
Wenn du sprichst

Lege alles offen, was du dem anderen gegenüber zurückhältst. Das kann Kritik sein, Lügen, Groll, Ängste, aber auch Lob, Wünsche, Fantasien. Wichtig: Es gibt keine Tabus! Du musst nichts netter formulieren, als du es empfindest. Wenn du seit Tagen denkst: »Du bist ja so ein Arschloch, weil du …«, dann sprich es genauso aus. Wenn du dir wünschst, dass der andere dich beim Sex endlich mal da … und so … berührt, sag es genauso.

Mir ist bewusst, dass dieses Vorgehen nicht nur vielen Konventionen, sondern auch anderen kommunikativen Ansätzen, wie zum Beispiel der Gewaltfreien Kommunikation von Marshall Rosenberg oder The Work von Byron Katie, zu widersprechen scheint. Sieh es eher als eine wertvolle Ergänzung. Ich beobachte bei vielen meiner belesenen und Workshop-erfahrenen Klienten eine regelrechte Hirnverklemmung, weil sie sich nicht mehr trauen, politisch unkorrekt zu denken, geschweige denn zu sprechen. Das Ergebnis sind oft steife und seltsam hölzern anmutende Beziehungssituationen.

Ich bring es mal salopp auf den Punkt: Wenn Scheiße da ist, muss sie raus. Wenn du »Mist« denkst, nenne es nicht »fruchtbare Erde«. Wenn du über etwas abkotzt, erzähle nicht, du seiest »etwas irritiert«. Als Kinder haben wir unsere Wahrheit ungeschminkt mitgeteilt. Dann sind wir darauf konditioniert worden, unseren Selbstausdruck zu begrenzen. Heute erlauben wir uns oft nicht mehr, alles zu denken, geschweige denn zu sagen. Die permanente Zensur erschwert den natürlichen Fluss unserer Beziehungen. Außerdem liegt das, was du nicht aussprichst, dennoch in der Luft. Es wirkt so oder so.

Also erlaube dir, wirklich alles auszusprechen, was du über den anderen denkst. Du denkst es ja eh! Es geht nicht darum, DIE Wahrheit zu sagen, sondern DEINE Wahrheit zu teilen, selbst wenn sie erst einmal schmerzhaft, peinlich, kleinlich oder lüstern daherkommt.

Beispiele für zurückgehaltene Botschaften:

»Ich habe dich in dem und dem belogen.«
»Mich kotzt an, dass du...«
»Ich habe gestern beim Sex mit dir an meine Ex gedacht.«
»Ich finde, du hast dich gestern wie ein Schwächling verhalten.«
»Ich wünsche mir das und das von dir.«

Halte nichts zurück, bis du dich dem anderen gegenüber frei und vollendet fühlst.

Wenn du zuhörst

Setze dich aufrecht hin und atme gut durch. Ja, manches von dem, was du hören wirst, mag dir nicht gefallen, an deinem Ego kratzen, dir Angst einjagen oder dir unfair vorkommen. Egal, welche Knöpfe dir die Worte des anderen drücken, höre einfach nur zu. Keine Fragen, keine Kommentare, kein Augenverdrehen, kein körperliches Abwenden. Erinnere dich: Der andere öffnet sich und zeigt

dir, was wirklich in ihm abgeht. Das ist ein Geschenk, auch wenn es wehtut. Deshalb ist es sehr wichtig, dass du am Ende einfach nur »Danke« sagst. Dieses Danke bedeutet nicht: »Du hast Recht mit dem, was du sagst.« Es meint: »Danke, dass du so ehrlich und mutig warst, deine Wahrheit mit mir zu teilen. Ich lasse sie wirken.«

Nach zehn Minuten werden die Rollen gewechselt.
Wenn du bis jetzt zugehört hast, kannst du nun sprechen. Der andere hört zu. Danach wieder einfach nur »Danke« sagen.

Runde 2

Jetzt dürft ihr noch einmal jeweils 5 Minuten sprechen. Gibt es noch etwas zu sagen? Hattest du in der ersten Runde noch etwas vergessen? Dann jetzt raus damit. Wichtig: Schließe diese Runde mit etwas Anerkennendem (was magst du an dem anderen) und einem positiven Wunsch für die Zukunft eurer Beziehung ab. (»Ich wünsche mir mehr Nähe zwischen uns. Ich wünsche mir, dass unsere Ehrlichkeit unsere Beziehung stärkt.)

Hier ein paar essenzielle Regeln und Tipps:

1. Das Ritual niemals unvorbereitet oder übermüdet durchführen. Es braucht Achtsamkeit und Respekt.
2. Einmal begonnen, muss es genauso durchgeführt werden. Kein vorzeitiger Abbruch! Ich bin zu Beginn manchmal rausgerannt, wenn mir das, was Andrea sagte, ungerecht vorkam. So verlor sie das Vertrauen, alles sagen zu können.

3. Wenn ihr damit beginnt, macht euch klar: Das ist eine Revolution gesellschaftlich anerkannter Kommunikationsnormen. Wir wurden alle dazu erzogen, die Wahrheit mehr oder weniger zurückzuhalten. Wahrscheinlich braucht es Zeit und einige Wiederholungen, bis ihr euch traut, alles auf den Tisch zu packen.

4. Es ist wichtig, dieses Ritual immer wieder durchzuführen, bis alles auf dem Tisch ist. Tut das auch weh? Ja. Besonders am Anfang, wenn die »dicken Dinger« ausgepackt werden.[53] Nun ist es wichtig, solange weiterzumachen (am besten täglich), bis wirklich alles raus ist. Oft werdet ihr dann eine nüchterne und frische Freiheit zwischen euch erleben. Es kann sich wie ein zarter Neubeginn anfühlen. Ihr könnt euch wieder klarer sehen und neu aufeinander zubewegen. Manchmal entfacht das Ritual auch eine eingeschlafene Leidenschaft, und Paare fallen verliebt übereinander her. In manchen Seminaren führe ich das Ritual mehrmals am Tag durch. Es ist faszinierend zu erleben, wie Menschen Schicht für Schicht ihre Wahrheit offenbaren. Am Ende schwingt meistens nur noch Stille und Liebe im Raum.

---

53 Es kann sogar sein, dass ihr euch nach dem ersten Ritual nicht erleichtert, sondern schlechter fühlt. Vergleiche es mit dem Öffnen einer alten Wunde. Der Eiter beginnt abzufließen und das stinkt. Ihr werdet Sachen hören, die euer Ego verletzen, die euch Illusionen nehmen. Doch wenn du aufmerksam hinschaust, wirst du merken: Irgendwie hast du es die ganze Zeit schon geahnt. Es lag unausgesprochen in der Luft. Der Eiter war bereits da und schwächte euer System.

5. Wenn es wehtut, frage dich: Willst du lieber einmal am Tag unangenehme Wahrheiten zu hören bekommen, dafür aber wissen, woran du wirklich bist? Oder möchtest du geschont werden und dafür mit der Unsicherheit leben, den anderen und dich nicht wirklich zu kennen? Wenn du während des Rituals einen starken »Treffer« kassierst, empfehle ich euch, danach für einige Stunden nicht zu reden. Lass es nachwirken. Oft stelle ich dann fest: »Naja, sie hat es krass ausgedrückt, aber es steckt auch ein Körnchen Wahrheit dahinter. Zu lernen, unangenehme Wahrheiten ohne Widerstand zu hören und dann alles zu fühlen, ist keine leichte Kunst, aber es stärkt dein Selbstvertrauen auf Dauer enorm.

6. Wie oft? In Krisenzeiten jeden Tag. Sonst empfehlen wir einmal pro Woche. Selbst wenn mal gar nichts von dir zurückgehalten wurde, tut es gut, euch Zeit füreinander zu nehmen.

7. In der restlichen Zeit rate ich, nur konstruktiv und wohlwollend miteinander zu kommunizieren. Hier sind Modelle wie die Gewaltfreie Kommunikation oder das System von Schulz und Thun sehr hilfreich. Ihr könnt es aber auch genauso einfach halten wie wir. Unsere Regel lautet: Außerhalb des Rituals »Reiner Tisch« wird nur anerkennend und wohlwollend kommuniziert. Fehlt einem von uns etwas, äußert er es als Wunsch. Andrea und mir hat diese Regel sehr viel Sicherheit gegeben. Auf der einen Seite hörte so das in Beziehungen oft übliche subtile Kritisieren über den Tag verteilt auf. Wir können uns in den Begegnungen viel mehr entspannen und öffnen. Auf der anderen Seite hatten wir die Gewissheit, dass das,

was in uns rumort, in maximal 24 Stunden auf den Tisch kommt.

8. Angst, die Beziehung verkraftet die Wahrheit nicht? Spüre mal in diesen Zweifel hinein. Was macht er mit dir? Wie fühlst du dich mit einem Menschen, bei dem du nicht weißt, ob du ihm alles sagen kannst und er dir gegenüber wirklich ehrlich ist? Was macht das auf Dauer mit eurer Verbindung? Ich sag dir was: Wenn eure Beziehung echte Substanz hat, wird sie durch Wahrheit immer stärker. Wenn sie auf Illusionen aufbaut, musst du eine Wahl treffen: Weiterschlafen, bis du unfreiwillig erwachst, oder jetzt selbstverantwortlich den Realitätstest vornehmen?

9. Mit wem kann man es durchführen? Mit deinem Liebsten, deinen Kollegen, deinen Kindern. Mit jedem. Voraussetzung: Alle nehmen freiwillig teil, verstehen, worum es geht und akzeptieren die Regeln.

10. Wenn du es mit Kindern durchführst: Wenn du deine zurückgehaltenen Botschaften mit ihnen teilst, achte auf eine altersgerechte Sprache. Bei Kleinkindern halte ich es nicht für angemessen, ihnen deinen Frust vor den Latz zu knallen. Bei Teens kannst du Tacheles reden. Die schätzen es, wenn du mit jeglichem scheinheiligen Gesülze aufhörst. Du stärkst das Vertrauen aller Beteiligten in sich selbst und das Familiensystem, wenn du deinen Kids den Raum gibst, einmal am Tag wirklich alles zu sagen, zum Beispiel, dass sie dich doof, peinlich, langweilig etc. finden. Kinder haben ein starkes Gerechtigkeitsempfinden. Wenn du etwas zu hören bekommst, das dei-

nem Ego nicht passt, ist es wichtig, dass du es in den Tagen danach nicht durch Strafen, Machtspiele oder Schmollen an ihnen auslässt. Wenn sie das bemerken, werden sie sich nicht mehr zeigen.

Ich habe diesem Ritual ein ganzes Kapitel gewidmet, weil ich es für sehr einfach, wirksam und heilsam halte. Ich habe diesbezüglich schon viele »Wunder« erleben dürfen. Teams steigern ihre Leistungsfähigkeit und die Freude am Arbeitsplatz damit enorm. Paare, die kurz vor der Scheidung stehen, finden neue Hoffnung. Der Krieg zwischen Eltern und Teenagern entspannt sich, wenn alles kontrolliert auf den Tisch kommt.

Also ran! Probier es aus. Und wenn du es tust, nimm mal die Atmosphäre danach wahr. Sie wirkt oft so frisch und energiegeladen wie nach einem reinigenden Sommergewitter.

Hörst du dem anderen zu oder lauschst du ihm offen?

Ein Mann kam zum Haus seiner Angebeteten und klopfte:
»Wer ist da?«, fragte eine Stimme.
»Ich bin es«, antwortete der Mann.
»Hier ist kein Platz für dich und mich«, entgegnete die Stimme. Die Tür
blieb verschlossen.
Nach Jahren der Einsamkeit und Entbehrungen kam der Mann wieder
zu der Tür und klopfte.
»Wer ist da?«, fragte die Stimme wieder.
»Du bist es«, antwortete der Mann. Und die Tür wurde ihm aufgemacht.
RUMI

Allein zu leben kann dich mit der extrem unangenehmen Erfahrung der Einsamkeit konfrontieren. Es ist verständlich und verführerisch zu hoffen, dass eine neue Zweisamkeit dieses Problem lösen wird. Doch das stellt sich oft als eine trügerische Illusion heraus.

Noch nie war ich jemand so nah wie Andrea. Und noch nie habe ich mich so einsam gefühlt wie neben ihr. Kennst du das Gefühl, etwas für dich sehr Wichtiges kommunizieren zu wollen, aber partout nicht zu dem anderen durchdringen zu können?

Oh, wie haben Andrea und ich in solchen Augenblicken schon darum gekämpft, verstanden zu werden! Wir haben alle Register gezogen. Von geduldig wiederholend bis genervt schreiend. Von bittend bis drohend. Hitzköpfe wie wir schaffen es auch heute noch, ein romantisches Dinner innerhalb von zwei Minuten in ein Desaster zu verwandeln.[54] Neben einem geliebten Menschen zu sitzen, dieselbe Sprache zu sprechen und ihn dennoch nicht erreichen zu können, kann uns mit einem brutal ziehenden Schmerz und abgrundtiefer Ohnmacht konfrontieren.

Was fühlst du in solchen Situationen? Wie gehst du damit um?

Die meisten Menschen reden in solchen Fällen weiter auf den anderen ein. Sie wechseln den Kanal – auf lieb, böse, laut, leise, flehend, anklagend, hysterisch verzweifelt. Sie versuchen alles, um sich verständlich zu machen. Nur zu einem sind wir oft nicht bereit: dem anderen offen zu *lauschen*.

---

54 Wenn auch wesentlich seltener und kürzer. Die Kellner in unseren Lieblingsrestaurants kennen uns und erfassen sofort, wenn es Zeit ist, einen Bogen um unseren Tisch zu machen, und wann sie sich mit einem verschmitzt-wissenden Lächeln wieder nähern können.

Lauschen ist nicht das, was die meisten von uns unter zuhören verstehen. Wenn wir zuhören, möchte der andere mit Worten und Gesten seine innere Welt vor uns entfalten, doch wir nehmen, was wir sehen und hören und bewerten es sofort: »Richtig! Falsch! Kenne ich. Langweilig. Ich will jetzt auch mal erzählen.« In unserem Kopf löschen, verzerren und verallgemeinern wir, was der andere mit uns teilt, bis es in unsere Verständnisschubladen passt. Wir nicken freundlich mit dem Kopf, aber insgeheim warten wir nur auf die nächste Atempause unseres Gegenübers, um endlich selbst auf Sendung gehen zu können. (Wir hören den anderen im wahrsten Sinne des Wortes *zu*.)

Wenn wir nur zuhören, verpassen wir einander. Wir begegnen nur unserem eigenen Ego und bleiben deshalb unerfüllt. Zuhören benutzt den anderen als Statist für die eigene Selbstdarstellung. Deutlich zu erleben ist dies in den heutigen Talkshows im Fernsehen. Erwachsene Menschen fallen sich gegenseitig ins Wort und streiten sich wie kleine Kinder. Man kommt nicht zusammen, um voneinander zu lernen, sondern um den eigenen Standpunkt in den Mittelpunkt zu stellen.

Lauschen ist radikal anders. Es bedeutet, deine Meinungen und Bewertungen wegzulassen und dich mit allem, was du bist, als ein offenes Gefäß zur Verfügung zu stellen, um die Erfahrung eines anderen Menschen in dir wieder zu erschaffen.

Um lauschen zu lernen, habe ich angefangen, mir meine Mitmenschen und mich als kleine Inseln vorzustellen. Hinter den Augen

deiner Liebsten existiert eine komplett individuelle Wirklichkeitsinsel. Ihr benutzt dieselben Worte, zum Beispiel Liebe, Treue, Ehrlichkeit, und glaubt, ihr versteht euch. Doch auf der inneren Insel
deines Partners bedeuten diese Begriffe eventuell etwas ganz anderes als auf deiner. Wenn so eine Diskrepanz nach Jahren schmerzhaft
auffliegt, sind wir vom anderen ent-täuscht. Doch vielleicht haben
wir nur nie richtig zugehört. Auf der inneren Wirklichkeitsinsel
deines Partners, Kindes, Kollegen gelten nicht nur andere Regeln,
Glaubenssätze und Definitionen. Bestimmte Situationen sind für
ihn auch mit anderen emotionalen Markern versehen. Was dich
romantisch dahinschmelzen lässt, bringt ihn gelangweilt zum Gäh-
nen. Wonach du dich sehnst, macht ihr vielleicht Angst. Für dich
sind die zehn Minuten, die du zu spät zur Verabredung erscheinst,
nicht weiter tragisch. (Oder sie sind eine verborgene Demonstrati-
on deines Freiheitsdranges à la »Ich verfüge selbst über meine
Zeit!«) Deine Partnerin hingegen ist vielleicht als kleines Mädchen
einmal auf einem fremden Bahnhof nicht abgeholt worden. Gut
möglich, dass sie sich bewusst gar nicht mehr daran erinnern kann,
doch ihr limbisches System schüttet auch noch dreißig Jahre später
Angst- und Stresshormone aus, wenn jemand nicht zur angekün-
digten Zeit auftaucht. Wenn ihr euch dann zehn Minuten nach
acht begegnet, geht es schon gar nicht mehr um Zeit, sondern um
den Aufprall verschiedener emotionaler Welten.

Ich habe es lange Zeit sehr persönlich genommen, wenn mich
meine Liebsten nicht verstanden. Bis ich begriff: Niemand missver-
steht einen anderen Menschen mit Absicht. Wir sehnen uns alle

nach Verständnis und Verbindung, doch unsere Kommunikation unterliegt einem Riesenmissverständnis. Nur weil ein anderer Mensch die gleiche Sprache spricht wie du, meint er noch lange nicht dasselbe. Man hat uns beigebracht, mit Worten umzugehen, aber nicht, wie man die Wirklichkeit eines anderen Menschen betritt. Wir stehen an den Ufern unserer Insel, schreien über das Wasser und erwarten, vom anderen abgeholt zu werden. Das Blöde ist nur: Wenn das beide machen, findet keine Begegnung statt. Wir reden dann im wahrsten Sinne aneinander vorbei.

Hör auf zu warten. Geh auf den anderen zu. Besuche ihn auf seinem Ufer, indem du ihm lauschst.

Du bist von Natur aus in der Lage, dich mit der gesamten Existenz nah zu fühlen. Eigentlich ist das ganz einfach. Die Sache hat nur einen Haken: Um deinem Partner wirklich nah zu sein, musst du bereit sein, dein Rechthaben loszulassen.[55] Du musst deine Vorstellung von richtig und falsch, deine Bewertung, ja deine ganze Welt loslassen, um seine betreten zu können. Um zu verstehen, warum dir das manchmal so verdammt schwerfällt, möchte ich hier gern einen kleinen Exkurs einbauen (Keine Sorge, ich halte es kurz und pragmatisch):

---

55 Falls du jetzt gerade locker genickt und gedacht hast: »Kein Problem, mache ich gern«, behaupte ich: Du hast noch keine Ahnung, was es alles bedeutet, dein Rechthaben loszulassen.

Exkurs: Was ist das Ego und wer bist du?

Was ist das Ego? Der Begriff wird seltener von der Wissenschaft, dafür aber gern von esoterischen und spirituellen Richtungen verwendet, um zwischen dem begrenzten, persönlichen Selbst und deinem wahren, höheren Selbst zu unterscheiden. Das Ego (griechisch und lateinisch für »ich«) ist dein Bewusstsein für dein Ich. Als du geboren wurdest, hattest du diesen Sinn noch nicht. Du kamst aus neun Monaten Einheit mit deiner Mutter und hast dich auch eine gewisse Zeit danach noch eins mit ihr und deiner Umgebung gefühlt. Mit fünfzehn Monaten realisieren die meisten Kinder, dass sie eigenständige Wesen sind. Das Ich-Bewusstsein erwacht. Wörter wie »Ich« und »meins« werden häufiger und intensiver verwendet.[56] Im Laufe unserer Entwicklung bauen wir unser Ich-Bewusstsein aus. Wir entwickeln eine umfassende Liste von Überzeugungen darüber, wer wir sind, was wir können und wie wir uns verhalten. In bestimmten (meiner Meinung nach sehr oberflächlichen) spirituellen Interpretationen wird das Ego für jegliches Leid verantwortlich gemacht und daraus der naive Trugschluss gezogen: Ego abschaffen und dann ist alles gut!

---

56 Ob ein Kind bereits über Ich-Bewusstsein verfügt, lässt sich mit dem *Rouge-Test* herausfinden. Dabei wird das Kind vor einen Spiegel gesetzt. Auch Säuglinge schauen sich darin gern an, allerdings nicht, weil sie sich selber erkennen, sondern weil sie die sich bewegenden Bilder interessieren. Um herauszufinden, ob die Kinder nur von den Bildern oder von sich selbst fasziniert sind, zeichnet man einen roten Punkt auf den Spiegel – zum Beispiel in der Höhe der Stirn des Kindes. Hat das Kind bereits ein Ich-Bewusstsein, fasst es sich nun an die eigene Stirn, wo sich der rote Punkt ja befinden würde. Ist das noch nicht der Fall, versucht das Kleinkind den Punkt vom Spiegel zu wischen und zeigt damit, dass es noch nicht versteht, dass es sich selbst im Spiegel sieht.

Doch nicht dein Verständnis von deinem Ich ist die Ursache von Leid und Trennung, sondern deine verkrampfte Identifikation damit.

Stell dir vor, jemand möchte von dir deine Heimatstadt erklärt haben. Du breitest dafür einen Straßenplan auf dem Tisch aus. Du sagst: »Schau, das ist meine Heimatstadt.« Aber gleichzeitig glaubst du ja nicht wirklich, dass da eine ganze Stadt auf dem Tisch liegt, oder? Nein, aber du nutzt diese Karte als eine Orientierungshilfe. Sie hilft dir zu verstehen, wo du wohnst, wie die Stadt aufgebaut ist und wie du von A nach B kommst. Dafür ist diese Karte wirklich sinnvoll.

Nichts anderes ist das Ego. Es ist dein Verständnis (deine Landkarte) von dir. Ohne ein gut entwickeltes Ego gehst du in dieser Welt der Millionen Möglichkeiten sehr schnell verloren. Du weißt nicht, wer du heute bist und wie du tickst. Du schwimmst haltlos durch das Leben. Ein gut sortiertes und natürlich gereiftes Ich-Verständnis bietet dir ein Zentrum der Orientierung und einen soliden Boden für weitere Reifung.
Problematisch wird es, wenn du an einem bestimmten Punkt deines Lebens beschließt: »Das bin ich und so will ich bleiben«, wenn du dich also auf eine Version der Landkarte versteifst, selbst wenn sie veraltet ist. Dann legst du dich mit dem stärksten Gesetz des Lebens an: Alles wandelt sich.[57]

---

57 In der Jugend ist es zum Beispiel normal und wichtig, sich erst einmal mit seinem Körper zu identifizieren. Wenn du jedoch verpasst, später deine Landkarte von dir maßgeblich zu erweitern (»Ich bin viel mehr als dieses Fleischklöpschen.«), wirst

Dein Leid entsteht nicht durch die Landkarte, sondern weil du diese Karte mit dem eigentlichen Ort verwechselst. Du beginnst, sie angestrengt zu verteidigen und vor Veränderungsversuchen zu beschützen. Doch deine Heimatstadt ist viel, viel mehr als die Landkarte, richtig? Und so bist du viel, viel mehr als alles, was du über dich denkst und weißt, als alles, was du dir heute vorstellst zu sein. Dein Ego (Ich-Verständnis) ist die Landkarte, an der du dich orientierst. Doch dein wahres ICH ist ein komplexes, in weiten Teilen unerforschtes Universum. Diese große, unbegrenzte Dimension von dir werde ich ab jetzt groß schreiben, um sie so bewusst von deiner begrenzten Ich-Vorstellung abzugrenzen. Wenn du immer weiter und genauer herausfinden willst, wer DU wirklich bist, musst du bereit sein, deine kleine Idee von dir immer wieder loszulassen. DU musst bereit sein, über den Rand deiner bisherigen Anschauungen hinauszuschauen, auch wenn das Angst macht.

So gesehen bedeutet Lauschen, bereit zu sein, den Blick von deiner Landkarte zu heben und dich auf die Welt eines anderen Menschen zu begeben, um dann erstaunt festzustellen, dass du auch hier wieder einen Teil von DIR wiederfindest.

Ich möchte dies an einem praktischen Beispiel verdeutlichen. Als meine Tochter noch sehr klein war, weinte sie manchmal, wenn sie über irgendetwas enttäuscht war. Ich reagierte darauf immer wieder

---

du sehr wahrscheinlich beginnen, komisch-verzweifelte Versuche zu unternehmen, »dich« dem zeitlichen Wandel der Dinge zu widersetzen.

sehr schnell mit »klugen« Ratschlägen: »He, du musst doch gar nicht weinen. Sieh es doch mal so und so ...« Bis mir auffiel, dass ich mit meinen Kommentaren gegen ihre Tränen und Gefühle ankämpfte. Also setzte ich mich beim nächsten Mal neben sie, ließ meine Vorstellungen los (was Tränen bedeuten, wann man weinen sollte und wann nicht) und öffnete mich für ihre Welt. Ich ließ mich von ihren Worten an die Hand nehmen und in ihre Gefühle führen. Plötzlich verstand ich sie nicht nur, sondern ich entdeckte auch einen kleinen, traurigen Jungen in mir.

Mir war in meiner Kindheit oft gesagt worden: »Jungs weinen nicht!« Also hatte ich irgendwann damit aufgehört. Indem ich mich von den Tränen meiner Tochter berühren ließ, fand ich einen vergessenen Anteil meiner selbst wieder. Wir saßen zusammen, weinten still und waren traurig. Nach fünf Minuten stand Leona auf, schaute mir klar in die Augen und sagte: »Veit, jetzt ist wieder alles gut. Ich spiele weiter.«

Keine Ratschläge. Einfach nur Lauschen.

Lauschen fällt uns so schwer, weil unser Ego sterben muss, um die Welt eines anderen zu betreten. Du wirst darin manchmal Sachen zu sehen, zu hören und zu fühlen bekommen, die du nicht magst, die Angst, Schmerz oder andere unangenehme Gefühle in dir auslösen. Dann erinnere dich: Es ist niemals die Welt des anderen, die dir Probleme bereitet – sondern die Gefühle, die seine Welt in dir auslöst. Er berührt etwas in dir, was du in diesem Augenblick noch nicht fühlen willst. Der andere ist nur der Bote. Er überbringt dir eine Nachricht von deinem größeren Selbst: »Schau, hier ist noch Neid. Hier ist noch

Kleinheit. Hier ist noch Angst. Bist du bereit, diese Anteile jetzt nach Hause zu holen?«

Lauschen erfüllt uns so sehr, weil wir uns selbst am anderen Ufer wiederfinden werden. Du entdeckst im anderen verschollene Anteile von dir. Lauschen macht dich heiler (im Sinne von ganz).[58]

Die meisten von uns sind in ihrer Kindheit nicht ausreichend gesehen worden. Unsere Sehnsucht, verstanden (in unserer Wirklichkeit besucht) zu werden, blieb unerfüllt. Wir können uns gegenseitig erlösen, wenn wir uns offener zuhören. Lauschen entspannt den Menschen vor dir. Wenn du dich leer machst und deinen Mitmenschen in dir empfängst, kann er seine Geschichte endlich loslassen. Du wirst ein stiller, liebevoller Zeuge seines Lebens. All die Anteile in ihm, die sich nach Erkennen sehnen, können zur Ruhe kommen, und er kann sich natürlich weiterentwickeln.[59]

---

58 Ich habe leider die Erfahrung gemacht, dass gerade in den Berufen, in denen sehr viel gelauscht werden sollte (Ärzte, Priester, Therapeuten, Coachs, Lehrer), dies sehr wenig geschieht. Das ist nicht nur auf Zeitmangel zurückzuführen, sondern auch auf ein oberflächliches Verständnis des Berufes. Wirkliche Heilung verändert immer beide Seiten – den Sender und den Empfänger. Ein Menschenbegleiter, der es ernst meint, ist bereit, immer wieder sein eigenes, kleines Ich zu opfern, um den anderen in sich zu finden.

59 Das ist der Grund, warum ich in meinen Ausbildungsseminaren die zukünftigen Coachs und Berater zuerst im Lauschen trainiere, bevor ich ihnen Methoden beibringe. Ich möchte, dass sie die Erfahrung machen, wie viel Erkennen und Heilen in ihren Klienten von ganz allein geschieht, wenn sie einfach »nur« offen da sind und lauschen.

UMSETZUNG

Welchen Menschen habe ich lange Zeit nicht mehr wirklich gelauscht? Welchen Menschen kann ich heute lauschen?

Kreiere einen Tag des Lauschens

Heute stelle ich dich vor die einfachste und gleichzeitig schwerste Herausforderung in jeder Kommunikation. Wenn du sie meisterst, wirst du zum Magier und Friedensbringer in deinen Beziehungen. Menschen werden gern zu dir kommen. In den Gesprächen mit dir werden Wunder geschehen, ohne dass du erklären könntest, was du gemacht hast.

Deine Aufgabe für heute lautet:

Übe dich in der Kunst des Lauschens. In deiner Übungsbeziehung und mit allen Menschen, denen du heute begegnest. Anstatt zu senden, konzentriere dich mal nur auf das Empfangen. Das beginnt damit, den anderen wirklich zu sehen:

Wie sieht er aus? Was strahlt er aus? Kannst du seinen Atem wahrnehmen?

Wenn du möchtest, stelle ihm einige wenige, aufrichtig gemeinte Fragen:
Wie geht es dir heute?

Was beschäftigt dich gerade?
Womit kann ich dir etwas Gutes tun?

Frage und dann lass dich vom anderen auf seine Insel führen.
Lass all deine Urteile über ihn los und lausche.

STÄRKEN

Deine Wahl, dich zu verbinden

Gehst du mutig und offen auf die Menschen zu, die dich interessieren?

Weißt du, dass es dein Recht ist, dich mit dem zu verbinden, was dich stärkt?

Sich mit dem zu verbinden, was stärkt, ist eine Gesetzmäßigkeit des Lebens.

Die Wurzel sucht das Wasser.

Die Bäume wachsen der Sonne entgegen.

Die Biene saugt den Nektar aus der Blüte.

Alles in der Natur funktioniert nach dem einfachen Prinzip:

Meide, was dir schadet. Verbinde dich mit dem, was dir guttut.

Nur die menschliche Neurose dreht dieses Prinzip herum:

Meide, was dich stärkt. Verbringe deine kostbare Lebenszeit mit dem, was dich schwächt.

Erinnerst du dich daran, wie neugierig und offensiv du als Kind die Welt erkundet hast?

Du hast dich umgeschaut und Dinge gesehen, die deine Aufmerksamkeit erregt haben. Dann bist du ohne Umschweife darauf zugegangen beziehungsweise gekrabbelt, hast sie in die Hand genommen, daran gerochen, darauf herumgelutscht und damit gespielt.

Es gab keine innere Stimme in dir, die dir vorgeschrieben hat:

»Das steht dir zu und das nicht.«

»Mit dieser Person darfst du Kontakt aufnehmen und mit der nicht.«

»Das gehört sich und das gehört sich nicht.«

»Dieses Verhalten ist erwünscht und dieses ist zu vermeiden.«

Wenn etwas wehgetan oder dich gelangweilt hat, hast du es in Zukunft vermieden.

Wenn du etwas spannend fandest, hast du mehr Zeit damit verbracht.

Wie viel Impulsivität und Neugier erlaubst du dir heutzutage, als Erwachsener?

Gestattest du dir immer noch, dich aktiv mit dem zu verbinden, was dich stärkt?

Und lässt du noch immer los, was dich schwächt?

Ein kleines Kind zieht seine Hand instinktiv zurück, wenn es aus Versehen auf eine heiße Herdplatte fasst. Es tut weh, also Finger

weg. Doch wie würde es sich wohl verhalten, wenn es peu à peu an die Hitze der Herdplatte gewöhnt worden wäre?

Menschen agieren in ihren Beziehungen manchmal so, als täte es ihnen gut, die Finger immer weiter auf der heißen Herdplatte zu lassen, oder als läge ein Sinn darin, sich endlos mit dem langweiligen Gegenstand zu beschäftigen, statt den interessanten, der daneben liegt, in die Hand zu nehmen. Ohne äußeren Zwang setzen sie sich Situationen aus und bleiben in Lebensumständen stecken, die sie langweilen oder die ihnen nicht guttun. Eigentlich könnten sie sich frei bewegen, doch sie blockieren sich durch unbewusste Regeln:

So bedeutet Höflichkeit für viele Menschen, kostbare Lebenszeit in einem Gespräch zu vergeuden, das sie im Grund völlig uninteressant finden.

Falsch verstandene Loyalität lässt uns Verbindungen aus den »guten, alten Zeiten« aufrechterhalten, die lange schon sinnentleert sind.

Der falsch verstandene Wert der Treue schreibt manchem Menschen vor, neben einem anderen auszuharren, selbst wenn die Beziehung ihm zutiefst schadet.

Wir erlauben uns nicht, direkt auf Personen zuzugehen, die uns wirklich faszinieren. Wir schätzen den anderen als wertvoller ein oder fürchten uns vor Ablehnung.

Wir verbieten uns, Menschen des anderen Geschlechts Komplimente zu machen, weil wir bereits in einer Liebesbeziehung sind. (Und erst recht nicht Menschen des gleichen Geschlechts, weil sonst andere denken könnten, wir seien homosexuell.)

Wir unterdrücken unseren Impuls, wildfremde Menschen zu umarmen.

Anstatt den Job zu wählen, der uns am meisten Spaß machen würde, wählen wir Anstrengung und Pflicht.

Das klingt deprimierend, stimmt. Nur unsere Gattung macht so was.
Doch es gibt auch eine gute Nachricht.
Du kannst diese menschliche Neurose überwinden und dir selbst einen existenziellen Schubs verpassen, wenn du dir klarmachst, dass es keine Garantie auf ein Morgen gibt, an dem du alles besser machen könntest. Du weißt nicht, wie viel Zeit dir noch bleibt, auf das zuzugehen, was dir guttut.

Manche Menschen glauben, dies habe etwas mit ungesundem Egoismus zu tun. Doch den Strom des Lebens verantwortungsvoll in dir zu bejahen, ihm Raum zu geben, ihm zu folgen, dich von ihm nähren und stärken zu lassen, ist kein Egoismus, es ist ein Dienst. Ein Mensch, der sich wie die Blume und die Biene lebendig und frei verbinden kann, dient allem am meisten. Er ist eine pulsierende Schnittstelle des Lebens.

Be in service.
Connect yourself.

PS: Paare, die sich selbst und dem anderen nicht vertrauen, blockieren sich häufig in einer ungesunden Umklammerung. Sie achten argwöhnisch darauf, dass der Partner nicht auf andere starke Menschen zugeht. Doch wenn ihr euch nach außen zu sehr abschottet, kommt es zum Kommunikationsinzest. Ihr schafft euch eure kleine, vermeintlich heile Welt. Doch es fehlen die Wachstumsimpulse anderer Quellen. Mit der Zeit wandelt sich so die süßeste Romantik in schalen Mief. Gib dem anderen Luft zum Atmen. Zeig Größe und lass ihn auf das zugehen, was ihn stärkt. Wenn er wirklich dein Buddy ist, wird er dankbar zu dir zurückkehren und den neu entdeckten Reichtum mit dir teilen.

UMSETZUNG

Um dich mit dem zu verbinden, was dich stärkt, braucht es vor allem den Mut, die bestehende Situation nüchtern einzuschätzen. Geh in den kommenden Tagen mit den folgenden Fragen in deine Begegnungen:

Tut mir diese Situation gut?
Inspiriert sie mich?
Bereitet sie mir Freude?

Wenn du darauf ein eindeutiges Ja bekommst, frag weiter:
Was genau tut mir gut?
Was bereitet mir daran Freude?
Wie kann ich allen Beteiligten zeigen (auch mir), wie sehr ich wertschätze, was ich gerade erfahre?

Hinweis: Indem du bewusster wahrnimmst, was genau dich stärkt und erfreut (bestimmte Menschen, Themen, Situationen), wird dein Bewusstsein dafür sensibilisiert und du kannst mehr davon erschaffen.

Wenn du auf die obigen Fragen ein Nein bekommst, frag weiter:
Was genau stört mich?
Was fehlt mir (was wünsche ich mir mehr)?
Was kann ich selbst zu einer Verbesserung beitragen?
Wenn ich völlig frei von Bedenken wäre, was würde ich gern an der Situation verändern?

Hinweis: Es geht nicht darum, alle Beziehungen, in denen du Langeweile oder Leid erfährst, sofort abzubrechen. Oft haben wir ja selbst einen gehörigen Anteil an der Situation. Finde heraus, was dir fehlt. Konzentriere dich dann auf deine Wünsche. Sprich es ehrlich an. Bring dich selbst mit Ideen und Impulsen ein. Oft steckt ja der andere im selben Dilemma wie du. Ich erinnere mich noch sehr gut daran, wie ich mich vor mehr als zwanzig Jahren endlich dazu durchrang, einer Freundin ehrlich zu sagen, dass mich unsere Gespräche langweilten. Ich mochte sie. Ich wollte sie nicht verletzen, und ich hatte Angst vor ihrer Reaktion. Doch mir war damals schmerzhaft bewusst geworden, wie viel Zeit

meines kostbaren Lebens ich in Situationen verbrachte, die mir nicht guttaten. Ich formulierte es damals als eine Bitte: »Ich mag dich und ich schätze unsere Beziehung. Doch ich kann mit unseren Gesprächen nichts anfangen. Können wir gemeinsam neue, spannende Themen finden?« Und siehe da! Sie war erleichtert. Ihr ging es nämlich seit Wochen genauso. Also verbrachten wir einen quicklebendigen Abend damit, nach neuen, aufregenden Themen zu suchen.

Verbünde dich mit dem, was dich stärkt

Intelligente Kooperation ist ein wesentlicher Schlüssel zu deinem Glück

Wie sieht ein durchschnittlicher Tag in deinem Leben aus? Die Wahrscheinlichkeit ist hoch, dass er vollgepfropft ist mit Herausforderungen und Verpflichtungen. Womöglich bist du schon froh, wenn du am Abend ins Bett gehst und den wichtigsten Teil deines Pensums abgearbeitet hast. Vieles ist trotzdem liegen geblieben. Und für manche deiner schönsten Vorhaben war gar keine Zeit. Richtig geraten?

Fühlst du dich hin und wieder vom Leben überfordert? Weißt du manchmal nicht weiter? Hast du das Gefühl, es reiche vorn und hinten nicht?

Dann ist es höchste Zeit zu überprüfen, ob du dich in der Falle der Einzelanstrengung verfangen hast. Als Coach stelle ich immer wieder erstaunt fest, wie tief sich in vielen Menschen die Überzeugung festgesetzt hat, das Leben allein bewältigen zu müssen.

Wir leben in einer sehr individualistischen Gesellschaft. Das bringt Licht und Schatten mit sich. Die Verantwortung für deine Realität, deine Gefühle und deine Bedürfnisse zu übernehmen, ist eine wesentliche Grundlage für ein erfülltes und reiches Leben. Doch wenn du dich nur auf *deine* Fähigkeiten und Kapazitäten verlässt, isolierst du dich und stößt schnell an schmerzhafte Grenzen. Du kannst noch so kreativ sein, irgendwann sind deine Ideen ausgereizt. Egal wie stark dein Körper ist, irgendwann ist er am Ende seiner Kräfte. Und selbst bei effektivstem Zeitmanagement hat dein Tag nur 24 Stunden …

Irgendwann kommt für jeden von uns der Augenblick, in dem wir all unsere Trümpfe ausgespielt haben und erkennen: Das Leben ist zu groß für uns allein. Wir strengen uns so an und doch reicht es nie. Und warum nicht? Weil wir uns in unserem Bestreben nach Unabhängigkeit in der Illusion der Einzelanstrengung verrannt haben.

Dabei bist du in Wahrheit nicht allein oder unabhängig, und du wirst es auch nie sein. Du bist eine Zelle im unendlichen Netzwerk des Lebens. Leben bedeutet zu kooperieren. Intelligente Kooperation ist ein wichtiger Schlüssel zu deinem Glück.

Nehmen wir zum Beispiel eine kleine Eichel. Sie wäre niemals in der Lage, ganz von allein zu einer riesigen Eiche zu werden. Dennoch wird aus ihr im Laufe der Zeit ein majestätischer Baum. Wie macht sie das?

Erstens: Die Eichel zweifelt nicht an ihrer Bestimmung. Der Bauplan einer Eiche ist tief in jeder Zelle ihres kleinen Eichelkörpers gespeichert, und sie verfolgt nicht als diesen einen Zweck.

Zweitens: Die Eichel denkt nicht, das heißt, sie kommt gar nicht erst auf die Idee, ihre Aufgabe allein bewältigen zu müssen. Sie leistet sich nicht den Luxus der Egozentrik. Sie kooperiert. Sie öffnet sich für einen fruchtbaren Austausch mit ihrer Umgebung, ohne ihr Ziel aus den Augen zu verlieren. Sie braucht Verbündete, um sich zu verwirklichen. Sie ist sich nicht zu stolz, um Hilfe anzunehmen.

Du hast der Eichel gegenüber noch einen spektakulären Vorteil: Du bist nicht darauf angewiesen, per Zufall auf einem guten Boden zu landen. Du kannst dich aktiv auf das zubewegen, was dir guttut.

Öffne deine Augen und sieh das Netzwerk des Lebens – sichtbar und unsichtbar. Erkenne den Reichtum menschlicher Beziehungen – die verschiedenen Begabungen, Interessen und Potenziale. Öffne dich für Verbündete. Gehe mit deinem Anliegen aktiv auf andere Menschen zu. Vernetzt eure Geister, eure Herzen, eure Handlungen und Kontakte.

Die Erfahrung, auf dich allein gestellt zu sein, ist eine von dir akzeptierte Illusion. Unter den über sieben Milliarden Menschen auf diesem Globus gibt es ganz sicher viele mit einem ähnlichen Anliegen wie du.

In unserer Arbeit legen wir großen Wert auf Vernetzung. Viele unserer Klienten sind mutige Menschen, die sowohl privat als auch beruflich neue Wege gehen wollen. Wir ermutigen sie, sich auf unseren Plattformen[60] entsprechend ihrer Interessen zusammenzufinden und sich gegenseitig zu unterstützen. Ich erwähne dies, weil ich auch immer wieder mit Menschen spreche, die glauben, sie wären mit ihren »verrückten« Ansprüchen an ein sinnerfülltes Leben allein. Ich garantiere dir, wenn du aktiv den Blick hebst und nach Gleichgesinnten suchst, wirst du staunen, wie sehr die Welt schon im Umbruch ist.

Bist du bereit, den Stolz der Trennung loszulassen und die anderen zu finden?

Beharrst du auf der Vorstellung, alles allein machen zu müssen, stößt dein Erfolg in allen Bereichen permanent an Grenzen. Du wirst gezwungen, Dinge zu verrichten, die dir überhaupt keinen Spaß machen, Dinge, für die dir das Wissen, das Geld oder der nächste Kontakt fehlt. Doch es geht auch anders.

Indem du dich aktiv mit den Geistern, den Herzen, der Tatkraft und den Ressourcen anderer Menschen verbindest, erschaffst du ein kollektives Schöpfungs-Feld, in dem sich neue Lösungen zeigen können, die so für keinen von euch allein zugänglich gewesen wären.

60 Zum Beispiel dem Living Master Club (www.livingmasterclub.com)

Wenn eine Eichel auf steinigen Boden fällt, ist sie aufgeschmissen. Sie verdorrt. Du kannst aktiv nach Gleichgesinnten suchen! Angesichts der Kostbarkeit deines Lebens hast du das Recht zu wählen, mit wem du deine Zeit verbringen möchtest.

UMSETZUNG

Ein Sprichwort sagt: Wenn du als Adler fliegen willst, solltest du dich nicht in einer Kolonie Pinguine verstecken.

Wer in deiner Umgebung ist bereit, mit dir gemeinsam groß zu denken und auch zu handeln?
Wer in deiner Umgebung teilt ähnliche Werte und Visionen mit dir?
Wo könntest du solche Menschen finden?
Wenn du keine Angst vor Fehlern oder vor Ablehnung hättest, mit welchen fünf Menschen würdest du dich gern aktiv verbinden?

1. ....
2. ....
3. ....
4. ....
5. ....

Worauf wartest du? Geh auf diese Menschen zu. Zeig ihnen dein Interesse.[61] Erwarte nicht, dass sie dir sofort um den Hals fallen. Manchmal darf man um die Aufmerksamkeit eines anderen Menschen auch ringen.

Wie könntest du diese Menschen in ihren Zielen unterstützen, so dass sie dir gern helfen?

Frag sie. Mach ihnen ein Angebot.

Hör auf, auf ein Wunder zu warten. Sei eine schlaue Zelle des Lebens.

Definiere, was du dir von deinen Beziehungen wünschst – sowohl privat als auch beruflich. Dann lade die Menschen, die dir wichtig sind, zum ehrlichen Dialog ein. Finde heraus, wer gemeinsam mit dir Lust hat, das Spiel eurer Beziehung auf ein lebendigeres Level zu verfrachten. Dann formuliert eine Vision. Wohin wollt ihr miteinander? Worin und wie könnt ihr euch unterstützen? Und dann tut es.

Mach es dir zur Angewohnheit, mindestens einmal am Tag über deine Ziele und Wünsche zu sprechen. Du weißt nie, wer die nächste zün-

---

61 So bin ich zum Beispiel fast allen meinen wichtigsten Lehrern und Geschäftspartnern begegnet. Wenn ich einen Menschen finde, der mich mit seinem Wesen, seiner Kompetenz und Erfahrung stark inspiriert, versuche ich, ihm so nah wie möglich zu kommen. Früher war ich in dieser Hinsicht sehr stolz. Doch dann begann ich, mein Interesse offen zu zeigen und den anderen zu fragen, was ich tun kann, um eine intensive Beziehung mit ihm einzugehen. Du wirst erstaunt sein, was für Türen sich öffnen, wenn du mit Klarheit und Hingabe anklopfst.

dende Idee, den wichtigen Kontakt oder die dir fehlende Fähigkeit in sich trägt.

Gewöhne es dir an, andere Menschen nach ihren Träumen zu fragen und sie darin zu unterstützen und sie werden dir bereitwillig dienen.

Ein guter Deal!

Beziehungen sind auch Dienstleistungen. Die Frage ist nur: In welcher Qualität?

Du unterliegst einem folgenschweren Irrtum, wenn du glaubst, dein Partner wäre mit dir zusammen, weil du so toll bist. Das denkt er vielleicht. Vielleicht denkst du es sogar selbst, wenn du mit einer Portion narzisstischen Größenwahns ausgestattet wurdest. Doch was genau an dir ist für ihn so toll? Warum fühlt es sich für ihn wirklich gut an, mit dir zusammen zu sein? Weil der Kontakt mit dir – bewusst oder unbewusst – seine essenziellen Bedürfnisse erfüllt.

Schon einige Male hab ich es vorsichtig erwähnt, jetzt schmiere ich es dir ganz dick aufs Brot: Viel von dem, was du als Liebe bezeichnest, sind schlichtweg angenehme Erfahrungen, ausgelöst durch einen Drogencocktail. Der Barmixer ist dein limbisches System.[62] Jedes Mal, wenn deine Grundbedürfnisse erfüllt werden,[63] schüttet

---

62 Eine ausführliche Erläuterung dazu findest du in: *Heirate dich selbst.*
63 Zum Beispiel durch Sex, eine Umarmung, warme Pantoffeln, dass der andere den Müll rausbringt oder dich in Ruhe Zeitung lesen lässt …

dein Gehirn Botenstoffe und Hormone aus, die dir angenehme Gefühle bescheren.[64] Das macht dich glücklich, und du nennst es Liebe.

Jemand, mit dem du dich oft gut fühlst, regt regelmäßig deine körpereigene Drogenproduktion an. Daraus ergibt sich eine provokante Frage: Liebst du diesen Menschen oder liebst du, wie du dich in seiner Nähe fühlst? Die ehrliche Antwort darauf muss dir nicht peinlich sein. Es sei denn, du bestehst darauf, ein Heiliger zu sein, der bedingungslos liebt. Oder du hast zu viele Hollywoodschnulzen gesehen und glaubst wirklich, dass diese neunzig Leinwandminuten echtes Leben widerspiegeln. Ich liebe Romantik. Ich bin gern und möglichst oft verknallt in meine Frau. Es bereitet mir sogar noch mehr subversiven Spaß, ihr zu sagen, dass ich sie liebe, seitdem ich weiß, wie viele unterschiedliche Botschaften in diesem Satz transportiert werden können.

Wollen wir noch einen Mythos schlachten?

»Du verdienst es, so geliebt zu werden, wie du bist.«

---

64 Meine Tochter hat wunderschöne große Augen. Wenn sie mich weichklopfen will, schaut sie mich an wie ein weidwundes Bambi. Obwohl ich weiß, was gerade passiert, kann ich beobachten, wie mein Gehirn Oxytozin ausschüttet und ich gar nichts anderes mehr tun will, als sie zu beschützen und ihr alles zu kaufen, was sie sich wünscht.

Oh, je! Wenn du das glaubst, habe ich schlechte Neuigkeiten für dich: Es gibt kein göttliches Buch, in dem geschrieben steht: »Und die Welt soll [*dein Name*)] bis in alle Ewigkeit lieben.«

Ja, es gibt da diese berauschenden spirituellen Konzepte: »Gott liebt dich, wie du bist, mein Kind!« »So, wie du bist, bist du vollkommen.« Das mag auf einer absoluten, erleuchteten Ebene vielleicht sogar stimmen. Doch dieses Buch handelt nicht von deiner Beziehung zu Gott, sondern der zu den Menschen.

Vielleicht hat es dir noch niemand gesagt: Die Liebe deiner Mitmenschen ist nicht selbstverständlich – du kannst sie dir verdienen.[65] Wenn du nicht böse überrascht werden möchtest, klemm dir deine Selbstverliebtheit sonstwohin und frage dich immer wieder nüchtern: »Warum sollte dieser Mensch heute seine kostbare Lebenszeit mit mir verbringen wollen? Was hat er davon?«

Setzt dich das unter Druck? Gut so. Im Grunde genommen erwartest du von deinem Liebsten eine wahnsinnige Wahl. Er steht vor einem Buffet mit mindestens 7,2 Milliarden Optionen, und du wünschst dir, dass er einen Großteil seiner Zeit nur mit dir verbringt. Damit er diese Entscheidung nicht bereut, sondern sie jeden Tag gern und ohne zu zögern wieder trifft, solltest du schon etwas Einsatz bringen. Du willst ja sicher nicht nur ausgehalten, sondern richtig gewollt werden, oder? Na, dann biete etwas. Nicht nur ein-

---

65   Höre ich da gerade so manches Ego vor getroffenem Stolz aufheulen?

mal. Immer wieder. Menschen wollen begehrt, verführt, umworben, inspiriert, beschenkt werden. Wenn dich das stresst, anstatt zu erfreuen, liegt noch ein Missverständnis vor. Sich an einen anderen Menschen zu verschenken macht Spaß. Wenn du dir nicht sicher bist, ob du dich genug anstrengst, frag dich: Bin ich ein Mensch, mit dem ich selbst gern mein Leben verbringen würde?[66]

Und da wir gerade dabei sind:

»Wer gestern Ja zu mir gesagt hat, muss das morgen auch noch tun.«

Böse Falle! Beute sichern und dann abschlaffen. Zuerst wirfst du dich in Schale, gibst dein Bestes und zeigst deine Stärken. Bis in deinem Kopf aus einer Frau/einem Mann (Beute noch nicht sicher!) *deine* Frau/ *dein* Mann (gesichert!) geworden ist. Jetzt, denkst du, kannst du dich wieder entspannen und dein wahres Ich im ungewaschenen Schlabberlook am Frühstückstisch präsentieren, Verabredungen sausen lassen, nicht richtig zuhören, Fett ansetzen etc., denn schließlich hat sie/er ja JA zu dir gesagt. Meinst du wirklich, dass du von dem Eindruck, den du damals, in der ersten Nacht bei Mondenschein auf sie/ihn gemacht hast, ewig zehren kannst? Ich würde dich da gern etwas beunruhigen: Dein Mangel an Innova-

---

66 Mein Tipp: Sag nicht zu schnell Ja, denke ruhig noch etwas gründlicher darüber nach. An dieser Stelle lohnt sich Selbstkritik.

tion und Originalität erfüllt zwar eines der wichtigsten Grundbedürfnisse deines Partners, nämlich Sicherheit, doch er vernachläs-
sigst sträflich das zweite: Wachstum. In dem Fleischklöpschen deines
Partners wohnt Bewusstsein. Und Bewusstsein langweilt sich
schnell, wenn du dir keine Mühe gibst. Es fängt dann an, nach Er-
satzbefriedigungen zu suchen. Wenn dein Partner mehr Zeit mit
Tatort, Fußball, Tortenessen und Arbeit verbringt als mit dir, ist das
eine klare Aussage. Diese Dinge sind für sein Bewusstsein gerade
spannender als das Zusammensein mit dir. Bevor du dich darüber
beschwerst, solltest du dich ehrlich fragen: Was biete ich ihm denn
als echte Alternative an?

Es könnte sein, dass diese drei Punkte starker Tobak für dich sind.
Ich hoffe, wir haben dennoch nicht den Kontakt zueinander verloren und du folgst mir noch. Denn ich würde dir nun gern eine
Sicht vorschlagen, die dir einen etwas realistischeren, dafür aber
festeren Boden für dein Beziehungsglück bietet.

Fassen wir noch einmal zusammen: Wir verwenden das Wort Liebe
häufig für Zustände, in denen unser limbisches System macht, dass
wir uns wohlfühlen, weil unsere Grundbedürfnisse erfüllt sind.
Werden diese Bedürfnisse auf Dauer ignoriert, verkommt das Wort
zur leeren Worthülse. Du bekundest deine Liebe dann zwar vielleicht noch verbal, aber du fühlst sie nicht mehr.

Menschen lieben es, in Beziehungen zu sein, in denen ihre Bedürfnisse erfüllt werden. Du hast das Recht, gezielt auf Menschen zu-

zugehen, die deine Bedürfnisse wahrnehmen. Du wirst für deine Liebsten spannend, wenn du ihnen bei der Erfüllung ihrer Bedürfnisse hilfst. Wenn du willst, dass Menschen gern Zeit mit dir verbringen, mach sie glücklich beziehungsweise gib ihnen den Raum, sich selbst glücklich zu machen. Wenn du begeistert an deine Beziehung denken möchtest, sorge dafür, dass diese Beziehung dich glücklich macht.

Viele Menschen lassen sich in ihren privaten Beziehungen Dinge gefallen, die sie im Beruf so niemals hinnehmen würden. Oder würdest du es akzeptieren, wenn dein Geschäftspartner über Jahre hinweg Vereinbarungen bräche? Würdest du auf Dauer mit jemand Geschäfte machen, der sich keine Mühe gibt und sich nur mitschleifen lässt? Was bei der Arbeit als Mobbing gilt, ist in manchen Familien der normale Umgangston.

Warum dulden wir, dass unsere wichtigsten Beziehungen in langweiliger Routine und Mittelmäßigkeit versinken?
Warum gewöhnen wir uns daran, nicht mehr mit leuchtenden Augen an diese Beziehungen zu denken?
Warum nehmen wir es als gegeben hin, nicht mehr voll auf unsere Kosten zu kommen?

Weil wir kulturell so geprägt sind. Über weite Strecken unserer Geschichte waren Beziehungen primär Zweckbündnisse, um sich fortzupflanzen, Kinder großzuziehen und Arbeit zu teilen. Die Vorstellung, dass eine Beziehung der Selbstverwirklichung und Erfül-

lung aller Beteiligten dienen kann, ist also noch sehr jung und gewissermaßen elitär.

Wir sollten beginnen, das Mittelmaß infrage zu stellen. Was, wenn der andere sagt: »Ohne mich! Das ist mir zu anstrengend.« Und was, wenn er begeistert zustimmt und du nun an deinen eigenen Worten gemessen wirst?

Es liegt an dir. Du musst für dich klären:

Wie kostbar ist dein Leben, womit möchtest du es verbringen, und was bist du bereit, dafür zu investieren?

UMSETZUNG: Liebe-Radikal-Experiment: Herzvolles Business

Warum nicht mal für einen Monat das Wort Liebe aus eurem Wortschatz streichen und dafür eure Beziehung als ein herzvolles Business der gegenseitigen Bedürfniserfüllung begreifen?

Beginnt die Woche, indem ihr eure Wünsche an den anderen miteinander teilt:

Ich wünsche mir in dieser Woche mehr Unterstützung von dir bei den Kindern.

Ich wünsche mir charmante Aufmerksamkeit.

Ich wünsche mir interessante Gespräche.

Ich wünsche mir ein romantisches Abendessen.

...

Setzt euch am Ende jeder Woche hin und bewertet euch gegenseitig: Auf einer Skala von 1 (höchst unzufrieden) bis 10 (sensationell) – wie glücklich bist du mit mir in dieser Woche gewesen?

Gab es eine hohe Note, feiert das! Gab es Abstriche, bleibt nicht in kindlicher Beleidigung hängen, sondern fragt mit sportlicher Neugier nach: »Okay, was kann ich tun, verändern, damit du mir am Ende der kommenden Woche mindestens eine 9 gibst?«

Das Spiel kann sehr viel Spaß machen und eine Beziehung radikal stärken. Wir sind oft so verdammt eitel und erwarten, wenn wir auf Sparflamme durchs Leben schlurfen, immer noch Begeisterungsstürme auszulösen. Aber willst du nicht gern mit Menschen zusammen sein, die dich wirklich vor Freude grinsen lassen, wenn du an sie denkst? Und möchtest du nicht jemand sein, der von seinen Liebsten wirklich hoch geschätzt wird?

Freies Geben

Was du teilst, wird mehr. So einfach ist das.

Ein Rabbi bat Gott einmal darum, den Himmel und die Hölle sehen zu dürfen. Gott erlaubte es ihm und gab ihm den Propheten Elia als Führer mit. Elia führte den Rabbi zuerst in einen großen Raum, in dessen Mitte auf einem Feuer ein Topf mit einem köstlichen Gericht stand. Rundum saßen Leute mit einem langen Löffel und schöpften alle aus dem Topf. Aber die Leute sahen blass, mager und elend aus. Denn die Stile ihrer Löffel waren viel zu lang, so dass sie das herrliche Essen nicht in den Mund bringen konnten. Als die Besucher wieder draußen waren, fragte der Rabbi den Propheten, welch ein seltsamer Ort das gewesen sei. Es war die Hölle. Daraufhin führte Elia den Rabbi in einen zweiten Raum, der genauso aussah wie der erste. In der Mitte des Raumes brannte ein Feuer, und dort kochte ein köstliches Essen. Leute saßen ringsum mit langen Löffeln in der Hand. Aber sie waren alle gut genährt, gesund und glücklich. Sie versuchten nicht, sich selbst zu füttern, sondern benutzten die langen Löffel, um sich gegenseitig zu essen zu geben. Dieser Raum war der Himmel!

(EIN RUSSISCHES MÄRCHEN)

Möchtest du das Geheimnis kennen, das einen Mensch, den du liebst, ausgesprochen gern bei dir sein lässt? Es ist wirklich ganz einfach.

Unterstütze ihn.
Mach ihn glücklich.

Je mehr Bedürfnisse[67] ein Mensch mit dir gemeinsam stillen kann, desto wohler wird er sich an deiner Seite fühlen. Wenn dies einmal nicht mehr der Fall sein sollte, wird er dich verlassen. Entweder physisch oder, falls er sich das nicht traut, auf jeden Fall seelisch. Dann sitzt sein Körper zwar noch neben dir auf der Couch, doch sein Inneres hat sich verabschiedet. Vielleicht hast du das schon einmal erlebt. Ätzende Erfahrung, stimmt's? Die Beziehung erfüllt dann gerade noch das Grundbedürfnis der Sicherheit, doch Stimulanz oder Wachstum kommen zu kurz. Also schickt das limbische System deines Partners ihn auf Suche, um diese Bedürfnisse woanders zu stillen: beim Computerspielen oder in einer Affäre.

Ich nenne die Dinge ungeschminkt beim Namen, damit du ihnen wach begegnen kannst. Wir reden hier nicht über eine Kraft, die du und ich ab- und wieder anschalten könnten. Die Erfüllung unserer Bedürfnisse ist ein Imperativ des Lebens. Ein Mensch, dessen Be-

---

67 Sicherheit, Stimulanz, Dominanz, Nähe, Wachstum, Dienen und Transzendenz. Siehe: *Heirate dich selbst*.

dürfnisse du nicht siehst und achtest, muss gehen. Wenn deine Bedürfnisse nicht erfüllt werden, wirst du gehen.

Bewusstes Unterstützen bedeutet anzuerkennen, dass eure Beziehung ein natürliches Medium für euer Erblühen sein muss. Dein Partner ist eine Schatztruhe des Lebens. Er wird dir vieles freiwillig geben und auf Dauer gern bei dir sein, wenn du ihn in seiner Erfüllung unterstützt.

Ist eure Beziehung ein stärkendes Fruchtwasser oder ein lähmender Sumpf?

Legst du dem anderen Steine in den Weg oder bist du der Wind unter seinen Flügeln?

Wann hast du deine Liebste das letzte Mal gefragt, was sie braucht, um glücklich zu sein, ihrer Antwort aufmerksam gelauscht und ihr dann exakt das gegeben? Oder bist du dafür zu stolz? Zu sehr vom eigenen Ich besessen?
Das ist okay. Doch dann beklage dich nicht, wenn sie weiterzieht. Sie muss.

Sicher ist dir schon aufgefallen, dass Beziehungen sehr verschiedene Phasen durchlaufen. Ihr seid herausgefordert, immer wieder neu zu überprüfen, auf welche Weise ihr eure Grundbedürfnisse aktuell am besten stillen könnt. Menschen verändern sich. Beziehungen verändern sich. Und so werden sich auch die Themen eurer Beziehung verändern müssen. Kein einzelner Grund hält euch ewig zusammen.

Vielleicht war es heftiger Sex, der euch zusammenbrachte. Doch irgendwann habt ihr alle Stellungen durch.

Vielleicht bestand die Hauptaufgabe eurer Beziehung über viele Jahre darin, Kinder miteinander großzuziehen. Was hält euch zusammen, wenn sie das Haus verlassen?

Ich kenne Frauen, die sind, wenn sie ganz ehrlich sind, nur noch da, weil sie sich finanziell abhängig fühlen. Was, wenn sie irgendwann ihr eigenes Geld verdient? Was lässt sie dann gern bei dir bleiben?

Welcher Grund auch immer euch heute miteinander in Beziehung stehen lässt, er wird irgendwann hinfällig werden. Wenn du möchtest, dass ein geliebter Mensch langfristig gern und wach in deinem Leben bleibt, beginne, deine Beziehung zu ihm als ein natürliches Dienstleistungsunternehmen zu betrachten. Hilf ihm, sich zu erfüllen und er wird es lieben, mit dir zusammen zu sein.

Ganz wichtig ist dabei: Beachte den Unterschied zwischen *manipulativem Dienen* und freier *Unterstützung*. Wenn dein Geben durch starkes Eigeninteresse gefärbt ist, fühlt es sich für den anderen klebrig und schwer an. Er spürt instinktiv, dass er eine Verpflichtung eingeht, wenn er dein Geschenk annimmt. Menschen, die manipulativ dienen, sind selbst unerfüllt. Sie erhoffen auf Umwegen etwas

zu bekommen, das sie sich selbst nicht geben können. Du merkst es daran, wenn dich dein Dienen auf Dauer erschöpft. Dann ist es mit Anstrengung und Hintergedanken verbunden. Wenn du manipulativ unterstützt, willst du etwas zurück. An deinem ›Geschenk‹ kleben Erwartungen. Der andere fühlt sich schuldig, wenn er nicht auf eine bestimmte Weise reagiert.

Freie Unterstützung bedeutet, in der Lage zu sein, die Grundbedürfnisse eines anderen Wesens zu erkennen und ihm ohne eigene Absicht bei deren Erfüllung zu helfen. Natürlich ist dies ein Idealzustand. Ich weiß nicht, ob es möglich ist, sich von manipulativem Dienen gänzlich zu befreien und nur noch bedingungslos zu geben. Ich ertappe mich jedenfalls immer wieder mal dabei, enttäuscht zu sein, wenn meine Tochter auf ein Geschenk nicht so reagiert, wie ich es erhofft habe oder wenn Andrea nicht angemessen gerührt von dem »Opfer« ist, das ich an der einen oder anderen Stelle unserer Beziehung bringe.

Doch wenn wir bereit sind, unsere Manipulationsversuche nüchtern als das zu sehen, was sie sind, vielleicht sogar darüber zu schmunzeln und sie dann loszulassen, können wir die Qualität unserer Unterstützung weiterentwickeln. Wenn wir sie schönreden, bleiben wir stehen, wo wir sind.

UMSETZUNG

Die folgenden Fragen können dir helfen, zwischen manipulativer und freier Unterstützung zu unterscheiden:

Fühlt sich meine Unterstützung leicht und natürlich an?
Kann ich immer noch frei geben, wenn nichts zurückkommt?
Erschöpft mich mein Geben oder belebt es mich?

Fragen zur Selbsterforschung

Wo erkenne ich in mir Muster des manipulativen Dienens?

Welche Angst und welche verborgene Absicht stehen dahinter?
Beispiel: Wenn ich aufhöre, nett zu sein, bin ich für den anderen nicht mehr interessant.[68]

Wie könnte ich es konkret üben, dieses übertriebene Dienen loszulassen?

Drei wichtige Menschen in meinem Leben sind:

1. ....
2. ....
3. ....

---

68 Mich hat mal eine Klientin gefragt: »Oh ja, Veit. Ich kenne diese Angst. Wie bekomme ich die aus meinem Kopf?« Gar nicht. Sie wird sich nur legen, wenn du mit dem übertriebenen Geben aufhörst und eine neue Erfahrung machst. Nämlich dass die guten Freunde bleiben und sogar erleichtert aufatmen.

Wie kann ich diesen Menschen bewusst dienen?

1. ....

2. ....

3. ....

Hinweis: Falls du dir nicht sicher bist, wie du diesen Menschen gut dienen kannst, frage einfach nach: »Wie kann ich dir zeigen, dass ich dich liebe? Wie kann ich dir dienen? Was brauchst du wirklich?«

Achte genau auf eventuell auftauchende Wünsche, doch etwas zurückzubekommen. Ein Lob, eine Berührung, ein Dankeschön ... Nimm das Bedürfnis bewusst wahr, atme tief durch und lass es bewusst los. Ein Geschenk, an das Erwartungen geknüpft sind, bleibt energetisch bei dir. Lass alles, was du schenkst, bewusst los. Gib es frei!
Genieße es heute, dich frei zu verschenken!

Es ist wirklich einfach

Bewusstes Dienen ist so unglaublich einfach. Und es heilt!
Eine Blume. Ein Kompliment. Etwas mehr Trinkgeld. Ein Lächeln.
Die Frage: »Was kann ich für dich tun, um dir zu zeigen, wie wichtig du mir bist?«
Freiheit bedeutet, dich zu verschenken. Tausche ein kleinkrämerisches, berechnendes Leben gegen ein Leben in Vertrauen und Großzügigkeit.

Und was ist mit mir?

Diese Frage bekomme ich häufig gestellt, wenn ich meinen Seminarteilnehmern und Klienten die Tugend des freien Unterstützens erläutere.

Was ist mit mir?
Komme ich dann nicht zu kurz?
Ich habe schon so viel gegeben, aber es kommt nichts zurück.

Freies Unterstützen funktioniert nur, wenn du den anderen und dich als gleichwertige Elemente der Beziehung begreifst. Das heißt, alles, was du im letzten Kapitel gelesen hast, musst du natürlich genauso auch auf dich anwenden. Ihr müsst beide glücklich sein, damit die Beziehung Bestand hat und Spaß macht. Denn wenn du nicht erfüllst bist, wirst du gehen.

Es ist wesentlich, dass du keinen Unterschied zwischen dir und deinem Partner machst. Du darfst ihn weder erheben und ihm mehr Unterstützung zukommen lassen als dir noch darfst du ihn vergessen und dich zu viel um dich selbst kümmern.

Es liegt in deiner Verantwortung, dich selbst gut kennenzulernen, damit du weißt, was du brauchst, um zu erblühen.

Es liegt in deiner Verantwortung, dich darum zu kümmern, dass du dies auch bekommst.

Es liegt in deiner Verantwortung, deine Bedürfnisse klar und deutlich zu kommunizieren, ohne in die Falle der Forderung zu fallen. Nirgendwo steht geschrieben, dass dir irgendein Mensch dieser Welt irgendetwas schuldet. Weder seine Aufmerksamkeit noch seine Freundlichkeit. Es sind alles freiwillige Geschenke des Lebens an dich. Es ist ein Unterschied, ob du sagst:

»Ich möchte, dass du weißt, dass ich das und das brauche, um glücklich zu sein. Ich würde mich freuen, wenn du derjenige bist, der mich bei der Erfüllung unterstützt.«

Oder ob du sagst: »Du musst mir das und das geben!«

Du wirst erstaunt sein, wie viele Menschen dir bereitwillig beim Glücklichsein helfen, wenn du offen und klar darum bittest.

Doch bevor du dich jetzt zu sehr darauf konzentrierst, was du dir von anderen wünschst, verweile ruhig noch eine Weile bei der Frage:

Wie sehr bin ich wirklich bereit, meine Mitmenschen frei zu unterstützen?

Falls du jetzt zögerst, fang doch erst einmal mit dem Geben an. Denn ich garantiere dir: Du wirst eine Überraschung erleben.

Das kleine Ich fürchtet sich vor dem Geben, weil es aus seiner Sicht immer so aussieht, als ob es dadurch etwas verliert. Wenn du dich trotzdem verschenkst, machst du eine erstaunliche Erfahrung: Du fühlst dich nicht ärmer, sondern erfüllter. Du kommst nicht zu kurz, sondern auf deine Kosten.

Freies Unterstützen erfüllt nämlich auch eines deiner essenziellen Grundbedürfnisse: Im Leben eines anderen Menschen einen echten Unterschied zu machen. Du wirst dich besser und reicher fühlen. Denn erst dadurch, dass du gibst, merkst du, was du hast.

In diesem Sinne: Schenke dich frei.

Freies Empfangen

»Es können nicht zwei in einem Herzen wohnen –
mach dich leer, dann kannst du mit Liebe gefüllt werden.«
ALTE SUFI-WEISHEIT

Es gibt zwei Wege, die Menschen, die du liebst, zu unterstützen:
1. Verschenke dich an sie.
2. Nimm ihre Geschenke an.

Ich erkläre dies gern am Beispiel einer Biene im Kelch einer Apfel-
blüte. Hast du dieses Wunder schon einmal aus nächster Nähe betrachtet? Wer dient hier wem? Wer beschenkt und wer empfängt?
Die Blüte hat sich geschmückt, um auf sich aufmerksam zu machen. Sie stellt der Biene bereitwillig ihren Blütenstaub zur Verfügung. Die Biene ist einen weiten Weg geflogen. Sie nimmt das
Geschenk der Blüte ohne Stolz entgegen und hilft dem Baum im
Gegenzug, sich fortzupflanzen. Biene und Blüte verschmelzen in
einem Tanz des freien Austauschs. Sie brauchen sich gegenseitig
und haben ganz offensichtlich kein Problem damit. Und das

Schönste daran ist: Indem sie sich einander hingeben, erschaffen sie weitere Wunder, die auch anderen zugute kommen: leckere Äpfel, süßen Honig, neue Bäume.

Leben pulsiert – Geben und Empfangen, Ein- und Ausatmen, Hingeben und Führen – es ist der Verstand, der trennt. Jede Beziehung ist ein Teilen von Informationen, Berührungen, Aufmerksamkeit, Anerkennung, Geld, Dienstleistungen etc. Findet der Austausch frei statt, erblüht die Beziehung und es entsteht ein Mehrwert für alle. Wird das Geben oder das Empfangen blockiert, kommt der Tanz ins Stocken. Eure Verbindung bleibt hinter ihren Möglichkeiten zurück.

Das Ego entwickelt interessanterweise nicht nur einen Widerstand gegen das Geben, sondern oft auch gegen das freie Empfangen. Wie sieht es bei dir aus? Wie reagierst du auf Komplimente oder Hilfsangebote? Nimmst du sie wahr? Kannst du sie genießen?

Paare und auch Teams verfangen sich häufig in starren Rollenmustern. Bei Andrea und mir waren die Pole anfangs klar verteilt: Ich war ein Neinsager. Veit rennt weg, Andrea hinterher. Veit verweigert sich. Andrea strengt sich noch mehr an. Es hat Jahre gedauert, dieses Spiel harmonisch auszubalancieren. Doch auch heute noch ertappe ich mich manchmal dabei, auf Andreas Frage, ob ich einen Tee möchte, erst einmal automatisch mit Nein zu antworten. Oft wird mir erst Sekunden später bewusst, was sie mich gefragt hat und dass ich sehr wohl gern eine Tasse trinken würde. Vielleicht kennst du

dieses Rollenmuster auch. Je mehr du dich um den anderen be-
mühst, desto mehr stellt der sich quer. Andrea hingegen hat sich
dem Empfangen oft verwehrt, indem sie gab, gab, gab. Andere
Menschen um sie herum hatten gar keine Möglichkeit, ihr zu dienen, denn sie war immer schneller. Als ich die ersten Male am
Sonntag für sie das Frühstück vorbereitete, war das die pure Folter
für sie. Ständig rief sie aus dem Schlafzimmer: »Soll ich nicht doch
helfen kommen???« Sehr gemütlich. Sowohl Menschen, die sich
verweigern, als auch die, die viel für andere tun, haben oft extreme
Schwierigkeiten, auf Empfang zu gehen.

Wieso ist das so, und wie kommst du da heraus?

Das Ego mag es nicht, wenn das Leben leicht und natürlich fließt.
Das ist zwar angenehm, doch wer bist du ohne Widerstand? Wenn
alles im Fluss ist, verschwimmen die Grenzen. Wo hört der andere
auf und wo fängst du selbst an? Bist du etwa abhängig geworden?
Oh, nein, das darf nicht sein! Das Ego fließt nicht einfach mit, es ist
die klar abgegrenzte Insel im Strom, an der sich alles andere reibt.
Es definiert sich über den Widerstand, den es erzeugt. Deshalb
kämpft es gegen den Fluss der Dinge, entweder indem es zu viel,
bis zur Erschöpfung, gibt oder indem es verbohrt alles abwehrt, was
ihm vom Leben angeboten wird.

In jedem Fall regiert Angst das Spiel. Der zwanghaft Gebende
fürchtet, dass niemand ihn liebt, wenn er aufhört zu geben. Der
Neinsager hat Angst vor Abhängigkeit und Bedeutungslosigkeit,

wenn er aufhört, Nein zu sagen. Denn, mal ganz ehrlich, auf einer Party nicht richtig mitzuspielen, sondern bockig und mit verschränkten Armen am Rand zu stehen, sichert dir eine Menge Aufmerksamkeit. (Ich weiß, wovon ich spreche. Ich war ein professioneller Party-Schreck. Wenn ich dann doch mal einen Witz machte, fielen die anderen vor Freude fast in Ohnmacht.)

Wenn ihr diese Ja- und Nein-Pole unbewusst einnehmt, entstehen ätzende und völlig unnötige Machtspiele in der Beziehung. Das Thema – Sex, Geld, Haushalt oder Kinder – ist im Grunde genommen egal, Hauptsache zwei Egos können genug Widerstand erzeugen, um sich zu beweisen, dass es sie noch gibt.

Die Gebenden fühlen sich meistens als die etwas besseren Menschen, denn sie bringen ja so viel ein. Sie übersehen gern, dass sie gerade durch ihren übertriebenen Einsatz verhindern, auch mal etwas zurückzubekommen. Sie glorifizieren ihr Geben und negieren, dass sie es auch benutzen, um das Geschehen zu kontrollieren.

Die Neinsager legen nach außen gern übertriebenes Selbstbewusstsein an den Tag. Sie geben es ungern zu, doch in Wahrheit mögen sie sich selbst nicht und sind unsicher. Sie würden gern mitspielen, aber sie wissen nicht, wie das geht und fürchten sich vor Abhängigkeit.

Je mehr du dich auf eine dieser Rollen einspielst, desto vehementer wird dein Partner den Gegenpol einnehmen. Das führt zu den be-

klopptesten Schützengrabenkämpfen, die sich Paare über Jahrzehnte liefern können. Gebannt starrst du auf den anderen, siehst seine Fehler und wartest darauf, dass er sich endlich einen Schritt auf dich zubewegt. Der eine nervt. Der andere blockiert.

Wie kommst du da heraus? Durchschau das Spiel! Der andere ist ein Statist in deinem Drama. Wenn du aus deinen Routinen ausbrichst, muss sich auch seine Rolle ändern.

Change the Game!

Entdecke beide Pole in dir. Jeder offensichtliche Geber verbirgt darunter einen Verweigerer, der zu stolz ist, Hilfe anzunehmen. Jeder Neinsager sehnt sich danach, die zarte Großzügigkeit in seinem Herz zu befreien und hat nur eine Höllenangst, dadurch angreifbar zu werden.

Vergiss die anderen. Bring dich selbst in die Balance. Decke auf, wo und wie du dich den Gaben des Lebens verweigerst. Da gibt es viele, zum Teil sehr subtile Varianten:

- Wir können uns weigern, Komplimente wirklich anzunehmen.
- Wir lassen uns nicht helfen.
- Wir erlauben uns nicht, die Blicke und Berührungen eines anderen Menschen wirklich zu fühlen.
- Wir ignorieren Menschen, die uns Zuneigung entgegenbringen.
- Wir nehmen Kritik nicht an.
- Wir arbeiten immer schneller als die anderen.

- Wir vermeiden Stille, denn dann würden wir die Impulse des Lebens deutlicher empfangen.
- Wir feiern unsere Erfolge nicht, sondern stellen sofort das nächste Ziel auf.
- Wir bitten nicht, sondern wenn überhaupt beklagen wir uns oder fordern.[69]

Eine Beziehung rockt, wenn du dich bewusst für Geben UND Empfangen öffnest. Finde den Neinsager in dir und heile ihn. Lass deinen Stolz los. Steh dir nicht selbst im Weg und lerne, wieder frei und offen zu empfangen. Du bist kein müder Einzelkämpfer in einem gefährlichen Universum. Das ist ein Traum, in den dich dein ängstliches Ego eingelullt hat. Du bist eine wertvolle Zelle im Netzwerk des Lebens.

---

69 Eine kleine Episode am Rand zum Thema Fordern/Bitten. Ich hatte mal eine therapeutische Session bei einem meiner wichtigsten Lehrer. Ich saß ihm gegenüber und spürte meine Sehnsucht, gehalten zu werden. Doch ich brachte es nicht über mich, sanft darum zu bitten. Stattdessen forderte ich seine Liebe ein. Als das nicht half, machte ich ihm Vorwürfe. Irgendwann sagte er gar nichts mehr. Er schaute mich nur still und liebevoll an. Das war fast unerträglich. Dann begriff ich, dass zwischen mir und dem, was ich mir wünschte, ein Riesenberg Stolz stand. Er hinderte mich daran, auf das zuzugehen, was ich brauche. In meiner hilflosen Sehnsucht stand ich auf, zog meinen Lehrer vorsichtig von seinem Stuhl auf den Boden (er sagte immer noch nichts), legte mich daneben und schlang seine Arme um mich. Ich erlebte mich ungeheuer nackt und verletzbar. Aber auch frei. Denn in diesem Augenblick war kein Stolz mehr, aber ich fühlte eine stille Würde. Ich nahm meine Sehnsucht, geliebt zu werden, endlich an. Tränen brachen aus mir heraus. Mir war egal, was er jetzt tun würde. Ich liebte mich in meiner Bedürftigkeit. Und just in diesem Augenblick, als ich ihn nicht mehr brauchte, nahm er mich von sich aus fest und behutsam in den Arm. Ich habe an diesem Tag gelernt, was der Unterschied zwischen Fordern und Bitten ist. (Satyamurti, ich liebe dich!)

UMSETZUNG: Fragen zur Selbsterforschung

In welchen meiner aktuellen Beziehungen entdecke ich das Rollenspiel des manipulierend Gebenden oder des Neinsagers? Welche Rolle übernehme ich selbst meistens?

Wo und wie verweigere ich das freie Empfangen?

Was würde ich sehr wahrscheinlich fühlen, wenn ich mich für ein freies Empfangen öffnen würde?

Zehn einfache Methoden und Rituale, mit denen ich mich für freies Empfangen öffnen kann:

1. ....
2. ....
3. ....
4. ....
5. ....
6. ....
7. ....
8. ....
9. ....
10. ....

(Beispiele:

- Tief und bewusst einatmen.
- Mir eine Badewanne gönnen und loslassen.
- Sehr bewusst Danke! und nichts weiter sagen, wenn mir jemand ein Kompliment macht.
- Einen anderen Menschen bewusst um einen Gefallen bitten und es dann auch »aushalten«, dass er ihn mir erfüllt.)

Liebe-Radikal-Experiment

Beobachte heute einmal, wie oft und auf welche Weise dich das Leben beschenkt (durch einen Sonnenstrahl, einen zarten Windhauch, ein Lächeln, einen Strauß Blumen, dass du laufen kannst, dass dir jemand Geld gibt, dass du zu essen hast usw.).

Nimm jedes Geschenk ganz bewusst an. Atme tief durch, entspanne deinen Körper. Lass das Geschenk in dir ankommen und sage innerlich oder auch laut sehr bewusst »Danke«.

Vielleicht bist du misstrauisch und denkst: »Wer soll mich schon beschenken?«

Nun, lass dich überraschen. Wir haben weder Kosten noch Mühe gescheut und beim Universum heute einen Tag des Überflusses für dich beantragt ...

Der Zauber eines Wunsches

Forderungen bauen Mauern. Wünsche öffnen Türen.

Ist dir schon aufgefallen, dass Forderungen in Beziehungen sehr unsexy sind und meist auch nicht zum Erfolg führen?

Du hast natürlich das Recht (und in meinen Augen auch die Pflicht), deine Bedürfnisse sehr genau zu studieren und optimale Regeln für das Leben mit dir aufzustellen. Doch du hast nicht das Recht, von einem ganz bestimmten Menschen zu fordern, dass er diese Regeln einhält. Du kannst ihn nur darum bitten.

Ist dir der Unterschied klar? Hier ein Beispiel (spüre in die grundverschiedene Kraft der beiden folgenden Aussagen hinein):

Forderung: Ich fordere von dir Ehrlichkeit und Treue! Das schuldest du mir.

Wunsch: Ich habe gewählt, mein Leben mit Menschen zu verbringen, die bereit sind, ehrlich und treu zu sein. Ich würde mich sehr freuen, wenn du einer davon bist, denn du bist mir wertvoll. Natürlich bist du frei. Falls es dir nicht möglich ist, respektiere ich deine Wahl. Ich werde dich weiterhin lieben, aber keine Zeit mehr mit dir verbringen, denn diese Werte sind mir heilig.

Willst du glücklich sein?
Möchtest du, dass andere mit dir glücklich sind?

Dann werde dir über deine optimalen Lebensregeln klar.
Streiche sie auf ein essenzielles Minimum zusammen.
Informiere deine Mitmenschen klar und präzise darüber und wünsche dir von ihnen, dass sie diese Regeln einhalten.
Wenn sie das aus irgendeinem Grund nicht können oder wollen, zieh deine Konsequenzen, aber greife sie nicht persönlich an.
Alles, was über dieses Minimum hinausgeht, formuliere als klare, positive Wünsche.
Du wirst erstaunt sein, wie viele Wünsche du erfüllt bekommst, wenn du auf Forderungen verzichtest. Gesunde Menschen haben Freude daran, andere Wesen glücklich zu machen, wenn sie dies freiwillig wählen dürfen.

Auf einem Basar darf auch gehandelt werden

Vom Umgang mit Werte- und Bedürfniskonflikten in deinen Beziehungen

Werte sind deine Definition dessen, was WERTvoll ist. Die Einhaltung deiner Werte ist die Basis deiner Selbstachtung.

Bedürfnisse drücken aus, was du als Gesamtwesen brauchst, um optimal erblühen zu können.[70]

Eine lebendige Beziehung erfüllt deine Bedürfnisse und achtet deine Werte.

Wenn ihr wirklich wach am Leben seid, dein Partner und du, kommt es unweigerlich immer wieder zu Werte- und Bedürfniskonflikten. Gut so! Wenn ihr in diesem Feuer aufmerksam und freiwillig stehen bleibt, entsteht etwas Neues.

70   Beides wird sehr ausführlich in *Heirate dich selbst* erklärt.

In der Philosophie gibt es die sogenannte Widerspruchstheorie, auch bekannt als dialektischer Dreischritt. Ganz frech auf unsere Beziehungsthematik umgemünzt lautet sie:

Du stellst einen Wert oder ein Bedürfnis in den Raum. Das ist die *These*.

Dein Gegenüber schreit auf: Nein, das ist ja alles ganz anders. Oder: Ich habe ein vollkommen anderes Bedürfnis. Das ist die *Antithese*.

Zuerst erscheint euch der Abstand zwischen den Positionen vielleicht unüberbrückbar. Ihr spürt die Distanz körperlich. Ihr streitet, ihr kämpft, ihr geht faule Kompromisse ein oder ihr trennt euch. Dadurch löst sich nichts wirklich. Bejaht ihr hingegen eure Verbindung UND die Spannung zwischen These und Antithese, dann entsteht schöpferische Reibung. Daraus kann eine völlig neue Lösung geboren werden, die *Synthese*. Sie integriert beide Positionen, was kurz zuvor von euch beiden noch für unmöglich gehalten wurde.

Werte- und Bedürfniskonflikte können dann extrem unangenehmen Stress auslösen...

... wenn du glaubst, ihr müsstet immer einer Meinung sein. Das ist ein absurder Anspruch, denn ihr beide seid lebendige, hochkomplexe Wesen.

... wenn in der Phase, in der sich noch keine Lösung zeigt, das Vertrauen verlorengeht. Dann nimmt die Angst überhand. Du gehst in den Angriff oder ziehst dich zurück.

… wenn du stur darauf bestehst, dass deine Position die allein richtige ist.

Die Kunst besteht darin, den Interessenskonflikt offen anzuerkennen, ohne die Beziehung infrage zu stellen:

»Ja, wir haben im Augenblick scheinbar diametrale Bedürfnisse und wissen nicht, wie wir sie unter einen Hut bekommen sollen. Doch unsere Verbindung ist uns so wichtig, dass wir bereit sind, nach einer neuen Lösung zu suchen, die uns beide glücklich macht!«

Dann wird die Spannung zum Wachstumskatalysator eurer Beziehung.

Mein Tipp für den Umgang mit Bedürfnis- und Wertekonflikten

1. **Verständnis**: Erkenne an, dass diese Art von Konflikten zwischen wachen, selbstbewussten Menschen natürlich dazugehört.

2. **Selbstverantwortung**: Wenn ein Werte- oder Bedürfniskonflikt in einer Beziehung sichtbar wird, löst dies oft starke Emotionen aus. Illusionen werden zerstört. Verlustängste tauchen auf. Oft erleichtern wir uns kurzfristig, indem wir die Position des anderen angreifen. Es ist von zentraler Bedeutung, dass du Verantwortung für deine Gefühle übernimmst und sie dem anderen nicht einfach vor den Latz knallst.

3. **Toleranz**: Die Spannung lässt sich dauerhaft nur dann lösen, wenn beide Parteien den folgenden Standpunkt einnehmen:

Jeder Mensch hat das Recht, der zu sein, der er ist. Auch wenn du die Position des anderen für dich nicht annehmen kannst, kannst du ihn für sein Bedürfnis nicht verurteilen. Wer angegriffen wird, ist nicht mehr zur Kooperation bereit. Wenn du Macht ausübst, unterdrückt dein Partner vielleicht seinen Wunsch, doch der Konflikt schwelt in der Tiefe weiter. Über kurz oder lang wird er sein Bedürfnis auf einem anderen Weg ausleben oder die Beziehung zu dir beenden.

4. **Klarheit**: Ein Bedürfniskonflikt lässt sich nur lösen, wenn die Bedürfnisse allen klar sind. Oft spüren wir unsere Unerfülltheit nur vage und jammern herum. So kann sich nichts verändern. Legt eure persönlichen Wahrheiten offen und schonungslos auf den Tisch. Formuliert eure Bedürfnisse (und ihre konkrete Bedeutung) so klar wie möglich. Ihr könnt nur dann miteinander eine echte Lösung finden, wenn alle Karten aufgedeckt sind. Was wünscht ihr euch wirklich? Gibt es vielleicht geheime Fantasien oder Zweifel? Was löst das Bedürfnis des anderen in dir aus? Was fühlst du? Vielleicht benutzt dein Gegenüber andere Worte, meint jedoch dasselbe wie du. Ich habe oft die Erfahrung gemacht, dass sich mein Bedürfnis allein durch das Aussprechen schon entspannt hat und nicht mehr so wichtig war.

5. **Commitment**: Jetzt, da eure Positionen klar im Raum stehen, stellt euch ehrlich der bedeutsamen Frage: Wie wertvoll ist jedem von euch diese Verbindung? Ist sie euch wichtiger als Rechthaben? Seid ihr beide bereit, im Feuer des Interessenskonflikts zu stehen, bis ihr eine wirklich intelligente Synthese

gefunden habt, die euch beide glücklich macht? Das braucht nämlich Geduld, einen sehr genauen und ehrlichen Austausch, die Bereitschaft, auf den anderen zuzugehen, und Neugier auf neue Wege.

Geduld: Ich habe es in meinen eigenen Beziehungen oft erlebt und auch bei Klienten, die ich durch diesen Prozess begleitet habe. Wenn These und Antithese auf dem Tisch sind, fühlt es sich meistens erst einmal schlimmer an als davor. Ratlosigkeit liegt in der Luft: »Wie sollen wir diese Distanz je überbrücken?« Dann wird kurz im geistigen Oberstübchen nach einer Lösung gesucht. Da sie da selten auf Anhieb zu finden ist, brechen viele Paare zu schnell und frustriert ab. Entweder wird der Interessenskonflikt wieder totgeschwiegen oder man trennt sich. Geduld lautet hier das Zauberwort.

Ehrlicher Austausch: Der persische Dichter Rumi schrieb einmal: »*Der Andere ist dein eigenes Selbst in einem anderen Körper.*« Oft rutschen wir, ohne es zu merken, in starre Gegenpositionen. Der Offene und die Verschlossene. Die Gebende und der Nehmende. Der Sicherheitsfreak und die Abenteurerin. Je stärker wir auf unserem Recht beharren, desto verfahrener wird die Situation. Wenn wir dem Partner jedoch aufmerksam lauschen und versuchen, seine Position nachzuempfinden, verstehen wir ihn nicht nur besser, wir werden auch oft erstaunt feststellen, dass er etwas lebt, was wir unterdrückt oder vergessen haben.

Der scheinbar immer Offene entdeckt etwas tief Verschlossenes in sich. Die Abenteurerin stößt auf ihre Sehnsucht nach Sicherheit. So lernen wir durch einen offen ausgetragenen Interessenskonflikt nicht nur voneinander, sondern wir werden ›ganzer‹.[71]

Neugier auf neue Wege: Eine echt frische Synthese eurer Bedürfnisse zu finden setzt voraus, dass ihr beide bereit seid, neue Wege auszuprobieren. Warum nicht einmal testen, was geschieht, wenn du einen Schritt auf den anderen zugehst? Wie fühlt es sich an, ihm in seinem Bedürfnis zu dienen? Gibt es für eure Bedürfnisse vielleicht andere Möglichkeiten, sie zu erfüllen, als die bis hierher bekannten Wege? Dieses Experimentieren kann natürlich nur funktionieren, wenn ihr auch achtsam den Raum eurer eigenen Würde wahrt.

Wenn euch beiden die Beziehung wirklich wichtig ist, gibt es immer zwei Lösungen.

Lösung 1: Der Kompromiss. Das ist die einfachere Variante. Er braucht weniger Denkarbeit. Ihr verhandelt einfach, wo jeder von euch einen Schritt auf den anderen zugehen kann. Das mag nicht besonders sexy klingen, doch es funktioniert und ist natürlich legitim. Beziehungen sind immer auch ein Arrangement. Zwei Zellen

---

71 Andrea und ich haben uns unzählige Machtkämpfe dieser Art geliefert. Die scheinbar unlösbare Distanz unserer Positionen führte uns schnell in den Krieg. Im Laufe der Jahre haben wir begriffen, dass unsere Beziehung ein System, ein Wesen ist. Andrea spricht oft Werte und Perspektiven an, die mir verloren gegangen sind und andersherum. Ja, ich kann mittlerweile behaupten: Wenn heute so ein Konflikt auftaucht, überwiegt die Freude. Denn wir wissen, wenn wir ihn lösen, werden wir beide größer sein als davor.

des Lebens (dein Gegenüber und du) verbünden sich, um gemeinsam mehr zu bewältigen, als jeder für sich allein könnte. Das passt selten so maßgeschneidert zusammen, dass jeder immer voll auf seine Kosten kommt. Aber geht es darum überhaupt? Es kann eine sehr bereichernde Erfahrung sein, etwas für den anderen Menschen bewusst zu opfern. Doch Achtung, dies funktioniert nicht, wenn der Verzicht aus Feigheit, Unklarheit oder Co-Abhängigkeit eingegangen wird. Dann wird dich der Kompromiss nicht stärken, sondern blockieren und schwächen.

Lösung 2: Die neue Synthese. Ihr wisst, dass ihr miteinander weiterwachsen wollt. Ihr wollt möglichst wenige Kompromisse. Dafür seid ihr bereit, euch einem intensiven Innovationsprozess auszusetzen. Der Auftrag: Miteinander eine völlig neue Lösung zu kreieren, die beide Bedürfnisse erfüllt.

Andrea und ich füllten vor etlichen Jahren einen sehr ausführlichen Persönlichkeitstest aus. Dabei bekamen wir schwarz auf weiß einen Wertekonflikt gespiegelt, mit dem wir in den ersten Jahren unserer Beziehung sehr zu kämpfen hatten. Mal ganz vereinfacht ist Andreas Sinn für Altruismus wesentlich stärker ausgeprägt als meiner. Das liegt wahrscheinlich an den russischen Genen. Meine Antenne für ökonomischen Erfolg ist hingegen weiter ausgefahren als ihre. Was haben wir uns deswegen in der Wolle gehabt! Du musst wissen, wir haben auch sehr karge Zeiten hinter uns, in denen wir am Ende eines Monats immer zwischen den Dispokrediten unser beider Konten hin und her jonglieren mussten, um die Miete bezahlen zu können. Für Andreas Hilfsbereitschaft war ein Kontostand von –10.000 DM allerdings kein Grund, nicht weiter zu geben. Ihre Logik war einfach. Dort wird Hilfe gebraucht. Ob wir nun –10.000 oder –11.000 auf dem Konto haben, macht das Kraut auch nicht fett. Wenn wir mit Freunden essen waren, zückte Andrea immer als Erste die Kreditkarte und bezahlte die Rechnung. Russische Gastfreundschaft, sage ich da nur. Mich hat diese Haltung fast zur Weißglut getrieben.[72] Ich wollte sparen, Gewinn machen und dann davon etwas abgeben. In den ersten Jahren kämpften These (Großzügigkeit) und Antithese (Gewinnorientierung) miteinander. Gewann Andreas Wert überhand, konnte ich nicht mehr schlafen, denn unsere Rechnungen waren nicht bezahlt. Setzte ich mich durch (Andrea durfte niemanden mehr einladen), blieb zwar mehr Geld auf dem Konto, aber meine Frau fühlte sich wie ein eingesperrtes Herz. Ich kürze einen jahrelangen, zum Teil sehr schmerzhaften Konflikt ab. Irgendwann kam mir die Synthese: Ich möchte eine glückliche Frau, die jederzeit großzügig geben kann, und ich möchte in Ruhe alles bezahlen können. Also gibt es nur einen Weg: So viel verdienen, dass immer ausreichend zum Teilen da ist. Ich lernte Andreas Wert immer mehr schätzen und akzeptierte sie, was Herzlichkeit betrifft, als meine Lehrerin. Andrea begriff, dass sie viel effektiver geben konnte, wenn sie mich in der ökonomischen Stärkung unseres Unternehmens unterstützte. Wir bauten neben unserem Business auch noch einen gemeinnützigen Verein auf, den wir nutzen, um gezielt Gutes zu tun.

72 Na ja. Ertappt. Nicht fast.

Sicher bemerkst du, welche Lösung ich bevorzuge. Ich habe zu häufig erlebt, dass Menschen zu schnell aufgegeben haben, weil ihnen nicht sofort eine Lösung eingefallen ist. Doch ich habe auch oft genug erfahren, was für geniale Neuschöpfungen möglich werden, wenn Menschen sich zusammensetzen und sagen: »Es muss gehen! Das Leben hat uns aus einem wichtigen Grund zusammengeführt. Wenn wir jetzt noch keinen Weg kennen, heißt es nur, dass wir ihn noch nicht gefunden haben.«

Das Leben gibt dir ein Rätsel auf, wenn es dich stark in Richtung eines Menschen zieht, der andere Bedürfnisse hat als du. Wenn ihr trotz dieser Spannung bewusst in Verbindung bleibt und dem anderen Meinungspol mit Respekt begegnet, kommt etwas Neues durch euch auf die Welt.

Legt alle eure Bedürfnisse ehrlich auf den Tisch eurer Beziehung, haltet die kreative Spannung zwischen These und Antithese aus und dann schaut, was geschieht.

Da wo die Freude ist, geht's lang

Im Beziehungsdschungel verloren zu gehen ist einfach. Es ist zum Beispiel erstaunlich, wie schnell sich ein Mensch an Schmerz, Drama oder Ödnis gewöhnen kann und sich diese Dinge dann auch noch über Jahre tapfer schönredet.

Ich weiß aus eigener Erfahrung, dass es sich lohnt, um Menschen und Beziehungen zu kämpfen – auch über längere Zeiträume. Wir verändern uns langsam. Also ist Geduld eine wichtige Tugend.

Doch woran merkst du, dass es Sinn hat und du nicht an einer Stelle nach Wasser bohrst, wo es wirklich keines gibt?

Damit du dich nicht komplett verirrst, hat dir das Leben einen unbestechlichen Freund zur Seite gestellt: deine Freude.

Freude ist das Leuchten deiner Seele, das dir zeigt: »Ich bin auf dem richtigen Weg!«

Natürlich fühlt sich eine lebendige Beziehung zwischenzeitlich auch mal beschissen, verfahren, langweilig oder traurig an. Doch langfristig sollte sich deine Freude in der Verbindung mit diesem Menschen immer mehr entfalten, vertiefen und verfeinern. Wenn dein Herz schwer wird und dein Geist nicht mehr jubiliert, wenn du an den anderen denkst, stimmt etwas nicht.

Dann halte inne.
Sei mutig und stelle dir unbequeme Fragen.

Wo ist meine Freude geblieben?
Was fehlt mir?
Was muss ich tun, damit mein Herz wieder aufatmen kann?

Ich habe früher tatsächlich geglaubt, dass sich eine Beziehung über die Intensität des Dramas definiert. Mein Gott, wie habe ich es mir und den anderen damit schwer gemacht! Bis ich irgendwann eine radikale Wahl getroffen habe: Ich habe begonnen, der Freude zu vertrauen und ihr zu folgen.

Wenn du mich fragst, hat das mehr Sinn.

HEILEN

Das Feuer der Nähe aushalten

»Euer Schmerz ist das Zerbrechen der Schale, die euer Verstehen um-
schließt. Wie der Kern der Frucht zerbrechen muss, damit sein Herz die
Sonne erblicken kann, so müsst auch ihr den Schmerz erleben. Und könn-
tet ihr in eurem Herzen das Staunen über die täglichen Dinge des Lebens
bewahren, würde euch der Schmerz nicht weniger wundersam scheinen als
die Freude.
Vieles von eurem Schmerz ist selbst gewählt.
Er ist der bittere Trank, mit dem der Arzt in euch das kranke Ich heilt.
Daher traut dem Arzt und trinkt seine Arznei schweigend und still.
Denn seine Hand, obwohl schwer und hart, wird von der zarten Hand des
Unsichtbaren gelenkt, und der Becher, den er bringt, ist, obwohl er eure
Lippen verbrennt, geformt aus dem Ton, den der Töpfer mit seinen heiligen
Tränen benetzt hat.«
KHALIL GIBRAN

Es gibt viele Ebenen von Beziehungen. Neben manchen Menschen stehst du nur einmal im Fahrstuhl. Mit anderen hast du
ein paar Mal guten Sex und das war es. Und dann gibt es jene, die

dir wirklich nahkommen. Du sehnst dich nach ihnen und gleichzeitig fürchtest du sie. Denn mit echter Nähe ist es so eine Sache. Sie nimmt dich in einem Moment an die Brust ihres ozeanischen Friedens, um dir im nächsten Augenblick brennende Medizin in deine offenen Wunden zu träufeln. Wenn du glaubst, Nähe wäre nur angenehm, wirst du enttäuscht werden. Denn einem anderen Menschen wirklich zu begegnen, bedeutet, in einen klaren Spiegel schauen. Und nicht alles, was du darin siehst, wird dir gefallen.

Nähe ist das Tor zu einer Stille, die deinen Verstand (endlich) zum Schweigen bringt.
Nähe ist das Feuer, in dem dein kleines Ich zappeln und letztendlich sterben wird.
Nähe ist auch der Arzt, der das Pflaster von deinen alten Wunden reißt, damit sie heilen können.

Das alles ist unendlich kostbar. Es ist gut.
Nähe kann nähren und schmerzen. Die Kraft des Lebens sucht auch in dir nach einem Weg der Heilung – auf Pfaden, die du meist erst im Nachhinein verstehst. Solange du Nichtvergebenes, Nichtgeheiltes, Unerkanntes in dir trägst, wird das Leben maßgeschneiderte Boten zu dir senden, um dich daran zu erinnern.
Bist du clever und mutig genug, deine Tür weit zu öffnen? Denn die Sendboten deiner Ganzwerdung werden selten deinen Vorstellungen entsprechen. Du fürchtest, sie wirklich nah an dich heranzulassen, denn du ahnst das Potenzial eurer Begegnung. Diese

Menschen haben die Macht, dich im Mark zu berühren und für immer zu verwandeln.

Nähe ist der zärtlichste, liebevollste, unberechenbarste und kompromissloseste Begleiter in deine Freiheit. Falls dir das noch nicht klar ist: Ich schreibe hier nicht primär von körperlicher Nähe. Ich meine jene Nähe von Wesen zu Wesen, die dich auf einer existenziellen Ebene zum Beben bringt.

Jede Seele sehnt sich nach dem Frieden jener ozeanischen Einheit, die wir im Mutterleib neun Monate lang erfahren haben.[73] Durch die Geburt bist du – einer spektakulären Dramatik der Evolution geschuldet – isoliert in einem Fleischklöpschen gelandet. Du versuchst dich tapfer zu arrangieren – bis dir einer dieser Menschen über den Weg läuft, die den Schlüssel zur geheimen Kammer deiner tiefsten Sehnsüchte besitzen. Und da ist er wieder, dieser gewaltige Drang nach Nähe, nach Vereinigung. Du versuchst, ihn über diesen Menschen zu stillen, doch er ist nur der Köder. Er entflammt nur deine Sehnsucht. Erst öffnet er dein Herz, und dann tut er in seiner unvollkommenen Menschlichkeit etwas, das dich wieder in das Loch eines fürchterlichen Urschmerzes schleudert. Wenn du seine heilige Aufgabe nicht verstehst, wirst du ihn an dieser Stelle anklagen und wieder alle Verteidigungsmauern hochfahren.

---

73 Für spirituell gläubige Menschen ist klar, dass dieser Frieden sogar noch viel älter ist. Es ist die Erinnerung an das stille Urmeer des Seins, aus dem jeder Seelenfunken geboren wird.

Dann war sein Dienst umsonst. Denn sein Job ist es nicht, dich zu trösten, sondern dein Herz für die wahre Suche deines Lebens offen zu halten. Er erinnert dich daran, dass du auf einer Reise bist und dein verloren gegangenes Zuhause suchst. Solange du nicht weißt, wer du wirklich bist, wird dich jede echte, starke Beziehung wieder und wieder enttäuschen. Und das ist … gut so!

Sei bereit, die nackte Nähe mit dem anderen mutig zu suchen
und dann, wenn es wieder passiert,
wenn ihr euch wieder einmal von Mensch zu Mensch enttäuscht,
auf dem Höhepunkt deines Schmerzes … lass den anderen los und
falle nach innen.
Hier findest du endlich DICH.
Und wer sich findet,
kann allem nah sein.

Ein weiteres Geschenk wahrer Nähe: Sie korrigiert Irrtümer.

In jedem Verstand, auch in deinem, wimmelt es nur so vor Konzepten darüber, was das Leben ist, wer du bist, was eine Frau, ein Mann ist, was Liebe bedeutet, und, und, und. All diese Urteile kannst du nur aufrecht halten, solange du Nähe meidest. Denn wenn du einem anderen Wesen wirklich begegnen willst, musst du deine Konzepte loslassen. Tritt ihm im Nichtwissen gegenüber und du wirst staunen. So befreit dich das Wunder dieses Menschen von den Gefängnisketten deiner trennenden Vorurteile.

Ich habe in der Beziehung mit Andrea entdecken dürfen, dass sich unter meiner ersten Schicht von Offenheit eine dicke Kruste von Klischees, Glaubenssätzen und Vorbehalten in Bezug auf Frauen verbarg. Es war gut, sie ans Licht zu holen. Und noch besser ist es, sie mehr und mehr loszulassen, je näher ich ihr komme. Je weniger ich darüber »weiß«, was eine Frau ist oder wer Andrea ist, desto offener kann ich ihr Wesen mit allen Sinnen empfangen. Ich genieße es zu beobachten, wie Andrea dies von ihrer Seite aus genauso tut. Indem wir beide die Scheuklappen unserer Vorurteile ablegen, nähern wir uns dem Zustand, der in der Bibel in dem Satz beschrieben wird: »Und sie erkannten einander.«

Nähe konfrontiert dich mit dem Licht und dem Schatten deiner Ahnen.

Jede ungelöste Beziehung aus der Vergangenheit beeinträchtigt die Beziehungen deiner Gegenwart. Wenn du beginnst, dich wirklich einzulassen, wirst du feststellen, dass du mehr Mutter, Vater, Großeltern usw. in dir hast, als dir lieb ist. Wie könnte es auch anders sein? Du bist die Fortsetzungsfolge ihrer Leben. Wenn du wirklich etwas Neues leben willst, musst du zuerst die Erfahrungswelten deiner Vorfahren in dir anerkennen. Es ist von großer Bedeutung, das, was mit deinen Eltern noch ungelöst ist, zu klären. Wenn du bestimmte, menschliche Aspekte der ersten Frau in deinem Leben, deiner Mutter, immer noch verdammst, wirst du sie als Mann in deinen Frauen wieder erschaffen. Wenn du eine Frau bist, wirst du dir selbst nicht entspannt begegnen können, weil du permanent fürchtest, deiner Mutter in dir zu begegnen. Da das Leben dich liebt, sendet es dir Menschen, die deine Vorfahren und ihr Erbe in dir wachkitzeln können. Plötzlich redest du wie dein Vater oder fühlst wie deine Mutter. Kämpfe nicht dagegen. Nimm es bewusst und mit einem Augenzwinkern wahr. Begrüße die Stimme deiner Verwandten in dir. Wenn es dir gelingt, ihre hellen und dunklen Aspekte in dir anzunehmen, kannst du mit voller Kraft ein wahres, neues Kapitel schreiben.

Die Nähe zu anderen Menschen heilt deine Beziehung zu dir.

Der andere wird zu deinem Spiegel. Du siehst Dinge, die dich begeistern – dein Leuchten, deine Freude, die Stärke deiner Liebe. Aber du wirst auch der Fratze deiner inneren Dämonen ins Auge blicken – deinem berechnenden Kleingeist, deiner tobenden Eifersucht, der gähnenden Langeweile deines Egos, das nicht anders kann, als alte Verhaltensmuster abzuspielen. Das ist der Hauptgrund, warum Menschen Nähe meiden: Sie begegnen sich selbst. Ihrer Scham, ihrem Selbsthass, all den Niederungen des menschlichen Daseins, die wir so gern auf andere projizieren. So wird Nähe deine Übungsmatte für Selbstliebe. Du wirst in den Armen eines anderen Menschen nur Frieden finden, wenn du dich in allen Facetten selbst halten kannst – das Tier, den Menschen, den Teufel und den Gott in dir.

Nähe heilt deinen Emotionalkörper.

In Paarberatungen klagen meine Klienten manchmal, dass am Anfang alles so schön und einfach war, doch seit sie sich nähergekommen seien, vielleicht auch zusammen leben, knalle es nur noch. Sie sind dann sehr überrascht, wenn ich ihnen gratuliere. Denn in meinen Augen ist diese Entwicklung kein Fehler, sondern die nächste Phase ihrer Genesung.

Es gibt kaum einen Menschen, der in seiner Vergangenheit nicht verraten und tief enttäuscht worden wäre. Menschen sind nicht perfekt. Wir können sehr ignorant sein und einander verletzen. Da uns diese Wunden meistens in einer Zeit zugefügt worden sind, in der wir nicht wussten, wie man sie heilt, tragen wir sie immer noch in uns. Und später tun wir alles dafür, nie wieder an diesen offenen Stellen berührt zu werden.

Das Wort *persona* kommt aus dem Griechischen und bedeutet Maske. Wir legen uns für unseren Alltag verschiedene Persönlichkeiten zu, um uns zu schützen: die Unauffällige, der Coole, der Gebieterische, die Domina. Wir benutzen die Persönlichkeit, um den anderen in einem kontrollierbaren Spiel auf Abstand zu halten. Damit es nie wieder so wehtut wie damals. Daher ist uns »Unabhängigkeit« so wichtig. Eine eigene Wohnung, Waschmaschine, ein Auto etc. geben uns das Gefühl, uns jederzeit zurückziehen zu können, wenn uns jemand an schmerzenden Stellen berührt.

Ja, das scheint sicherer, bequemer, kontrollierbarer. Doch zu welchem Preis? Beziehungen auf dieser funktionalen Ebene nähren unsere Seele nicht; die emotionalen Wunden kommen nicht mehr an die Luft. Sie verkrusten. Darunter eitern sie und schicken uns Depressionen. Um heil zu werden, musst du berührbar sein. Das erfordert Mut und Bewusstheit. Denn sobald du dich erneut öffnest, riskierst du, wieder verletzt zu werden. Doch das ist der einzig lebendige Weg. Die Alternative dazu ist, sich zu verschließen, langsam zu erstarren und zu sterben, bevor du stirbst.

Glaub mir, ich wünschte, es wäre anders. Ich habe die Spielregeln selbst oft genug verflucht. Doch der Mensch, der dir nahekommt, hat Zugriff auf deinen *Schmerzkörper*[74], deinen negativen Erinnerungsspeicher. Hier werden alle unangenehmen Erfahrungen gesammelt, die du nicht vollkommen verarbeitet hast. In einer innigen Beziehung kommt es natürlich immer zur erneuten Stimulierung. Es reichen ungefähre Ähnlichkeiten – die Wortwahl, äußere Umstände, eine ganz bestimmte Geste – und dein Schmerzkörper öffnet eine Schublade zu einer längst vergangenen Erinnerung. Immer dann, wenn du emotional etwas oder sehr übertrieben reagierst, geht es nicht nur um die konkrete Situation, sondern dann ist so eine alte Erfahrung aktiviert worden. Die Gefühle von damals nutzen die gegenwärtige Situation, um sich zu zeigen. Es braucht große Achtsamkeit, um damit konstruktiv umzugehen. Wenn solche alten Emotionen an die Oberfläche unseres Bewusstseins gespült werden, ist uns der Zusammenhang meistens nämlich nicht bewusst. Sie trüben unsere Wahrnehmung und verleiten uns dazu, den Menschen

---

74 Siehe: Eckhart Tolle: *Jetzt. Die Kraft der Gegenwart*, Bielefeld 2010.

vor uns dafür verantwortlich zu machen. Dabei sind der Schmerz oder die Angst, die wir gerade empfinden, viel, viel älter. Sie gehören zu uns, nicht zu unserem Gegenüber. Er ist vielleicht der Auslöser, aber nicht die Ursache. Wenn wir dies nicht erkennen, kämpfen wir in der Gegenwart weiter. Wir schütten Benzin ins Feuer. Die alte Erfahrung wird energetisch neu aufgeladen und sinkt dann – ungeheilt – wieder ins Unterbewusstsein zurück.

Um Nähe aushalten und zu genießen, braucht es emotionale Intelligenz. Es braucht deine Bereitschaft, alle aufgerührten Gefühle IN DIR zu fühlen und nicht auf den anderen zu projizieren.[75] Die Hoffnung, eine Beziehung zu finden, in der deine emotionalen Wunden nicht berührt werden, ist naiv und auch gar nicht sinnvoll. Solange es in dir unerlöste Erfahrungen gibt, wird deine unterbewusste Intelligenz Situationen und Menschen suchen, die durch ihre entfernte Ähnlichkeit diese alten Geschichten wieder an die Oberfläche bringen. Das ist keine Strafe, sondern die großartige Chance zu heilen.

---

75 Auf der Webseite zum Buch www.liebe-radikal.de findest du einige geführte Meditationen, die deine emotionale Intelligenz schulen und dir helfen, Gefühle zu entspannen. Details dazu im Anhang.

UMSETZUNG: Fragen zur Selbsterforschung

Die drei herausforderndsten Beziehungen in meinem Leben sind:

1. ....
2. ....
3. ....

Mit welchen unangenehmen Gefühlen bin ich in diesen drei Beziehungen konfrontiert?

1. ....
2. ....
3. ....

Was ist jeweils die größte Herausforderung für mich in diesen Beziehungen?

1. ....
2. ....
3. ....

Was könnte sich verändern, wenn ich diese drei Beziehungen offen als meine Lehrmeister und Heiler begrüße?

1. ....
2. ....
3. ....

Wenn du dich selbst nicht liebst, lass es nicht an uns aus

»Indem ich bereit bin, allein zu sein,
entdecke ich Verbindung überall.
Indem ich meiner Angst ins Gesicht schaue,
treffe ich den Krieger in mir.
Indem ich mich für meinen Verlust öffne,
empfange ich unvorstellbare Geschenke.
Indem ich mich der Leere hingebe,
empfange ich Fülle ohne Ende.
Jeder Umstand, vor dem ich fliehe, verfolgt mich.
Jeder Umstand, den ich willkommen heiße, transformiert mich
und wird selbst in seine strahlende Essenz transformiert.
Ich verneige mich vor DEM EINEN,
der dieses Meisterspiel so erschaffen hat.
Es zu spielen, ist reines Vergnügen.
Es zu ehren, ist reine Hingabe.«
JENNIFER WELWOOD

Reden wir nicht drumherum: Ein Mensch, der sich selbst nicht liebt, nervt.

Er braucht ständig eine Extraportion Aufmerksamkeit.

Er misstraut deinen Komplimenten.

Er buhlt um deine Liebe wie ein Trinker um den nächsten Schluck.

Er versucht das innere Loch mit äußeren Prestigeobjekten, Machtgebahren, einem Helfersyndrom, Anerkennungswettbewerben, Essen etc. zu füllen.

Er sorgt mit zu viel Gerede, Vorwürfen und/oder Selbstmitleidsattacken dafür, dass dein Fokus auf ihn gerichtet bleibt.

Ein Mensch, der sich selbst ablehnt, missbraucht seine Beziehungen. Er versucht über andere das zu bekommen, was er sich selbst nicht geben kann. Ein Mann, der sich selbst nicht achtet, fordert Respekt von seinen Kindern ein. Eine Frau, die sich selbst als hässlich empfindet, erwartet von ihrem Liebsten tägliche Lobeshymnen auf ihre Attraktivität.

Das reicht an Beispielen. Ich denke, du weißt, was ich meine. Klar kannst du deine Beziehungspartner wechseln wie die Hemden in deinem Kleiderschrank, doch irgendwann dämmert dir: Deine Beziehungen sind einfach nur ein Spiegel deiner Beziehung zu dir selbst.

Wie du dich selbst bewertest und akzeptierst, ist der zentrale Schlüssel zu allen Erfahrungen deines Lebens.

Ich schreib's noch mal, denn das ist DIE erleuchtende Erkenntnis, die dir das Tor zu glücklichen Beziehungen öffnet:

Wie du dich selbst bewertest und akzeptierst, ist der zentrale Schlüssel zu allen Erfahrungen deines Lebens.

Du kannst nichts richtig tief empfangen, geschweige denn dauerhaft in deinem Leben halten, wenn du deinen Partner wichtiger nimmst als dich oder ihn als über dir stehend erlebst. Wenn du ihm mehr Wert beimisst als dir selbst, wirst du sehr viel Zeit damit verbringen, um ihn oder mit ihm zu kämpfen, anstatt die Begegnung zwischen euch voll zu genießen.

Jede gute, starke Beziehung zu einem anderen Menschen beginnt mit deiner Bereitschaft, dich nach Hause zu holen. Du musst nicht perfekt in Selbstliebe sein, wenn ihr euch zum ersten Mal trefft. Als ich Andrea begegnete, waren wir beide, jeder auf seine Art, co-abhängige Junkies. Ich brauchte jemanden, den ich runterputzen konnte, um mich besser zu fühlen, und Andrea musste jemandem hinterherrennen, um ihren alten Schmerz nicht zu spüren. So gesehen, haben wir also »falsch« begonnen. Es hat lange gedauert, bis wir gelernt haben, den anderen nicht mehr für unser eigenes Paket verantwortlich zu machen; bis wir aufgehört haben, ihn zu missbrauchen, um unseren eigenen Dämonen aus dem Weg zu gehen.

Ein Mensch, der sich selbst nicht liebt, nervt. Doch er kann es lernen. Er kann stehen bleiben, sich umdrehen und nach Hause kommen. Wenn dir das gelingt, wird deine Beziehung zu einem anderen Wesen zu deinem Heilungsweg. Es macht große Freude, einem anderen Menschen dabei zuzuschauen, wie er sich immer lieber gewinnt. Ich habe das Glück, Andrea nun schon so lange dabei zusehen zu dürfen, wie sie heimkehrt. Immer tiefer. Sie wird dabei schöner, ruhiger, stärker. Manchmal macht das auch Angst, denn ein Mensch, der sich selbst liebt, braucht dich nicht mehr. Doch wenn du dich auch gut um dich kümmerst, wird er gern weiter mit dir Zeit verbringen. Auf einer neuen Ebene von Stärke. Er wird sich immer voller Dankbarkeit an jene erinnern, die ihn nicht bemitleideten, sondern ihm halfen, seine wahre Kraft wiederzufinden.

Ein Mensch, der sich selbst achtet, lernt sich kennen.
Ein Mensch, der sich selbst kennt, weiß, was ihm guttut und handelt dementsprechend. Er respektiert seine Bedürfnisse genauso wie die seiner Mitmenschen.
Wer sich selbst respektiert, lernt sich lieben.
Wer sich selbst liebt, ist zuhause.

Selbstliebe hat nichts mit narzisstischer Selbstbefriedigung zu tun. Es bedeutet allerdings auch, dich nicht kleinzumachen. Wenn du bereit bist, auf falsche Selbst-Erhöhung und Selbsterniedrigung zu verzichten, sind Wunder in all deinen Beziehungen möglich. Abgesehen davon, dass es keine Alternative zu Selbstliebe gibt, ergibt es echt keinen Sinn, deinem treuesten Buddy (dir selbst) ständig Ärger zu bereiten. Stell dir einmal vor, du würdest auf der Straße je-

manden beobachten, der seinen eigenen Schatten anschnauzt oder auslacht. Ganz schön verrückt, oder?

DU bist in Wahrheit der Seelenpartner, auf den du immer gewartet hast.

UMSETZUNG

[Achtung: Jetzt kommt eine Werbeeinblendung. Wenn du das nicht magst, bitte diesen Abschnitt überspringen.]

Wenn Selbstliebe ein wichtiges Thema für dich ist, empfehle ich dir von Herzen, dich zuerst selbst zu heiraten, bevor du um die Hand eines anderen Menschen anhältst. Ich musste mir an einem bestimmten Punkt in meinem Leben eingestehen, dass ich mich selbst weder wirklich verstand noch mochte. Meine mangelnde Selbstliebe drohte, die Beziehung zu Andrea zu überfordern und so zu zerstören. Also begab ich mich auf die Suche nach mir. Dich zu lieben ist kein Egoismus, sondern das größte Geschenk, das du deinen Mitmenschen machen kannst. Ein Mensch, der sich selbst liebt, entspannt sich und erlaubt so auch seiner Umgebung, sich zu entspannen. Er strahlt Frieden und Freude aus. Eine wertvolle, sehr erfahrungsorientierte Hilfe auf diesem Weg kann mein Buch *Heirate dich selbst! Wie radikale Selbstliebe dein Leben revolutioniert* sein. Vier Auflagen in fünf Monaten und viele begeisterte Leserbriefe zeigen, dass es wirkt.

Fragen zur Selbsterforschung

Was sind deine Ersatzdrogen, mit denen du dich in Zeiten mangelnder Selbstliebe tröstest? Womit lenkst du dich ab, wenn du dich unsicher oder unwohl fühlst?

Beispiele: Betteln um Körperkontakt, Anerkennung oder Aufmerksamkeit, zu viel Reden/ Sex/ Essen/ Arbeit, Komplimente haschen, sich zwanghaft in den Mittelpunkt stellen, Fernsehen, Streiten ...

Deine persönliche Drogenliste:

Liebe Radikal-Experiment

Wähle von deiner Drogenliste drei für dich besonders bedeutsame Drogen aus und verzichte eine Woche darauf.

Wenn eine dieser Drogen einen anderen Menschen betrifft, informiere ihn über deinen Entschluss. Teile ihm mit, dass du ihn für eine Woche bewusst aus der Verantwortung entlässt, dich glücklich zu machen.

Beobachte, wie du auf den Drogenentzug reagierst. Erfährst du vielleicht eine neue Stärke? Oder Phasen des Unwohlseins? Halte deine Erfahrungen schriftlich fest.

Emotionale Intelligenz – im Feuer stehen

Kein anderer Mensch hat die Macht, dich aufzuregen.

Du streitest, klammerst oder rennst weg, weil du deine Gefühle nicht ertragen kannst.
Lerne alle emotionalen Erfahrungen in dir willkommen zu heißen und du bist frei.

»Bald bin ich licht, bald bin ich trüb,
bald hart, bald weich, dann bös, dann gut.
Bin Sonn und Vogel, Staub und Wind,
so Mond als Kerze, so Strom wie Glut,
bin arger Geist, bin Engelkind –
Alles, alles ist gut.«
RUMI

Der Schlüssel zu deiner Freiheit und deinem Glück – nicht nur in Beziehungen – ist deine Fähigkeit, jede Empfindung in dir willkommen zu heißen. Wann immer du etwas tust, was dir und dem anderen schadet,[76] sind Emotionen im Spiel, die du gerade nicht ertragen kannst.

Die evolutionäre Würze eurer Beziehung liegt in eurer Einzigartigkeit. Eure Verschiedenartigkeit erzeugt eine Spannung, die euch beide wach hält und eure Entwicklung vorantreibt, wenn …

… ihr in der Lage seid, alle Gefühle, die damit verbunden sind, in euch willkommen zu heißen.

Ist es nicht erstaunlich? Du bist manchmal so cool und abgeklärt. Aber da gibt es immer wieder Menschen, die die Macht besitzen, mit kleinsten Gesten auf der Klaviatur deiner Emotionen zu spielen. Wenn du so etwas das erste Mal erfährst, kann dies Angst auslösen. Oh je, du verlierst die Kontrolle über dein kleines Ego-Schneckenhaus. Vielleicht versuchst du, vor dem anderen zu flüchten. Vielleicht greifst du ihn an, weil du ihm die Schuld gibst für all die Verletzlichkeit, die Eifersucht, den Zorn und die Trauer, die du plötzlich spürst. Doch diese Gäste lebten schon immer in dir. Jetzt werden sie nur endlich befreit.

---

76 Schreien, Türen knallen, den anderen beleidigen, zu viel essen, wegrennen, lügen

Menschen, die dir etwas bedeuten, berühren dich. Doch sie bringen die Amplitude deiner Gefühle in *beide* Richtungen mehr zum Schwingen. Das ist der Preis. Eine süße Freude lässt dich höher fliegen – und der Schmerz, den solche Verbindungen auslösen können, droht dein Herz zu zerreißen. Wenn du dieses intensive Auf und Ab relativ unbewusst erfährst, ist es nur eine Qual. daher gibt es Menschen, die irgendwann beschließen: »Ich will das nicht mehr. Ich lasse niemanden mehr nah an mich heran. Ich lege mir eine spiegelglatte Oberfläche zu, hinter die niemand schauen kann.«

Das ist zwar verständlich, aber auch bedauerlich. Denn nun kann dich nichts mehr tief berühren. Du wirst alles etwas flacher wahrnehmen. Die Farben des Lebens verblassen. Du bist hier, aber irgendwie nicht richtig anwesend. Denn deine zarte, wilde Seele hat sich hinter einem Schutzwall aus Ratio und Kalkül versteckt.

Wie kannst du lernen, in der Brandung deiner Gefühle sanft stehen zu bleiben, sie auszuhalten, ohne zu weichen? Durch *emotionale Intelligenz*. Emotionale Intelligenz, so wie ich sie meine, ist deine Fähigkeit, die ganze Bandbreite deiner Emotionen achtsam wahrzunehmen, in dir zu integrieren und positiv zu beeinflussen. Eine lebendige Beziehung ohne emotionale Intelligenz landet im LEIDENschaftlichen Drama. Andrea und ich haben uns in den ersten Jahren immer und immer wieder neue Wunden zugefügt, weil wir nicht verstanden haben, was auf einer emotionalen Ebene zwischen uns geschieht. Wir haben eine Woche lang aufgebaut. Dann kam das nächste Missverständnis, Gefühle, die wir nicht aushielten, Streit, verletzende Worte – und alles war wieder kaputt.

Die große Versuchung einer starken Emotion liegt darin, sie auf einen anderen Menschen zu projizieren. Doch sie steigt nicht »da drüben« in dem anderen auf, sondern in dir. Hier – in dir – will sie empfangen, gehalten und verstanden werden. Wenn du wirklich frei sein willst, mach diesen Satz zu deinem Credo: »Meine Emotionen gehören zu mir. Der andere mag der Auslöser sein, doch er ist niemals die Ursache. **Ich bin die Quelle meiner Gefühle.**«[77]

Wenn du nicht achtsam bist, sucht sich dein Verstand blitzschnell eine Projektionsfläche für deinen inneren Tumult. Er verknüpft das, was du fühlst, mit dem Auslöser. Und schon beginnt der Alptraum. Anstatt bei dir zu bleiben, beschäftigst du dich zwanghaft mit dem anderen: »Warum hat er mir das angetan? Sie muss sich jetzt entschuldigen, damit es mir besser geht.« Da Gefühle alles, was gerade ist, energetisch stark untermalen, fühlt sich dein Film absolut echt an. Du ›weißt‹: Wenn sich der Mensch vor dir anders verhalten würde, müsstest du nicht mehr leiden. Und damit hast du ein doppeltes Problem an der Backe. Denn dann kämpfst du nicht mehr

---

77 Ich habe in dem Kapitel über Nähe ja bereits über den Schmerzkörper gesprochen und darüber, dass intensive Emotionen fast immer Echos unserer Vergangenheit sind. Der Schmerzkörper hat all unsere unverarbeiteten negativen Erfahrungen und Ereignisse (Schmerz, Angst, emotionale Verwirrung) abgespeichert und lässt die zugehörigen Gefühle in uns wieder hochkommen, sobald wir in der Gegenwart auch nur eine entfernt ähnliche Situation erleben.

nur mit einer starken Emotion, sondern hast dich mit deinem Bewusstsein auch noch auf einer fremden Baustelle verirrt. Das heißt, du machst deinen Frieden vom Verhalten des anderen abhängig. Böse Falle!

Kleiner Exkurs: Als Andrea vier Jahre alt war, sah sie ihren Vater die Treppe heruntergehen. Sie wusste nicht, dass sich ihre Eltern geschieden hatten. Niemand hatte ihr etwas erklärt. Da stand der wichtigste Mann ihres Lebens auf der Treppe, winkte ihr noch einmal zu, drehte sich um und kam nie wieder. Zwanzig Jahre später lernt sie einen anderen Mann kennen. Mich. Ich werde der wichtigste Mann in ihrem Leben, und ich bringe eine Angewohnheit mit, die ihre alten Dämonen stimuliert: Im Streit renne ich weg. Eigentlich müsste sie mich nur ziehen lassen, weil sie auf rationaler Eben weiß, dass ich wiederkomme. Doch ihr Unterbewusstsein erinnert sich, während ich die Treppe hinunterlaufe, und plötzlich steigt eine unerklärlich starke Verlustangst in ihr auf. Und sie beginnt, wie wild um mich zu kämpfen. Ich kann dir nicht sagen, wie viele dramatische Szenen wir beide auf der Treppe vor Andreas Tür kreiert haben. Wir haben geschrien, geheult und gerungen. Es war absurd. Jeder von uns kämpfte mit einem alten Erfahrungspaket, das nichts mit der Gegenwart zu tun hatte.

Wenn solch starke Gefühle in dir aufsteigen, verstehst du oft nicht, was passiert. Weil es dir Angst macht, projizierst du deine Gefühle auf den Menschen vor dir. Du willst den Schmerz nicht spüren. Du willst nicht die Kontrolle verlieren. Also beginnst du zu kämpfen und machst dem anderen Vorwürfe. Du brüllst. Du lenkst dich ab. Du rennst weg. Damit signalisierst du deinem Unterbewusstsein: »Ich bin noch nicht bereit, mit diesem Gefühl umzugehen und es zu heilen.« Du schiebst es weg und fühlst dich kurzfristig erleichtert. Der Druck ist verschwunden. Aber es hat sich nichts wirklich gelöst. Das Gefühl sinkt wieder tief in dich hinein – nur noch etwas beschwerter, durch eine weitere, unvollendete Situation. Du bist einfach nur froh, dass es vorbei ist – bis du in der nächsten ähnlichen Situation landest. Kennst du das?

Du hast die Möglichkeit, keinen neuen Schmerz mehr zu erschaffen. Solange du glaubst, dass andere Menschen mit dem, was sie tun, die Macht haben, diese Gefühle in Dir auszulösen, nimmst du dir selbst die Macht, sie zu heilen. Deine Gefühle wollen heilen. Sie wollen sich auflösen. Doch sie brauchen deine Entschlossenheit, die Verantwortung für sie zu übernehmen. Allmählich löst sich dann auch der Schmerzkörper auf – und das ist ein Geschenk ungeahnter Freiheit.

Du musst nur bereit sein, unangenehme Gefühle nicht länger zu unterdrücken und auch nicht in ihnen zu schwelgen, sondern ihnen mit der Disziplin eines Kriegers (»Ich bleibe mit meiner Aufmerksamkeit bei mir!«) und der Sanftheit einer Heilerin (»Ich heiße die ungebetenen Gäste freundlich in mir willkommen!«) zu begegnen.

Es hat keinen Sinn, dich der Nähe eines anderen Menschen auszusetzen, wenn du dann bekämpfst, was in dir aufsteigt.

Für Andrea bedeutete dies damals, mich ziehen zu lassen und sich ihrer Verlustangst zu stellen. Es kam der Tag, an dem sie nicht mehr um mein Bleiben kämpfte. Sie beschrieb mir später, wie sie sich auf den Boden ihres Schlafzimmers legte und die ganze Panik still kommen ließ, bis zu dem Punkt, an dem es (scheinbar) nicht mehr auszuhalten war. Doch sie atmete ruhig weiter und dann, ja dann ging die Angst auch wieder und ließ sie nach all den Jahren endlich friedvoll zurück.

War es mit dem einen Mal getan? Nein. Emotionale Resterfahrungen kommen in Wellen, und jede einzelne möchte in Frieden genommen werden. Auch heute noch berühren wir uns im Streit an uralten Wunden. Gerade noch in ein alltägliches Gespräch vertieft, steigen plötzlich starke Wellen in uns hoch. Bei mir ist es zum Beispiel oft eine abgrundtiefe Ohnmacht, nichts wirklich ändern zu können, überdeckt von einem heißen Schmerz, mich nicht gesehen zu fühlen. Wenn ich diese beiden Gäste nicht aushalte, rastet mein Wutmuster ein. Dann erhebe ich die Stimme, mache Andrea Vorwürfe, renne zornig raus. Das mag kurzfristig die Spannung abbauen, doch es löst nichts. Also üben wir uns in solchen Momenten im stillen Fühlen. Ich lerne, meinen Schmerz zu umarmen, denn er ist viel, viel älter als unsere Ehe. Er kommt wie ein Fieber, hat seinen Höhepunkt und lässt mich dann friedlicher zurück. Am Anfang waren es Tage, dann Stunden, und heute sind es Minuten. Je öfter du solch einen Zyklus bewusst und nüchtern[78] durchläufst, desto mehr vertraust du dir und diesem reinigenden Prozess.

---

78 Die Kunst des nüchternen Fühlens. Siehe *Heirate dich selbst*.

Deine emotionale Intelligenz reift, wenn du dir immer öfter und feiner darüber bewusst wirst, wie du dich fühlst. Die Welt, in der wir leben, kreiert einen starken Außensog. Werbung, Arbeit, Medien ziehen unsere Aufmerksamkeit von uns selbst ab. Das Innen verwaist. Hol dich sanft nach Hause, und zwar nicht erst, wenn es dir schlecht geht. Ich habe mir die folgenden Fragen am Anfang meines Lernprozesses zur Erinnerung auf die Hand geschrieben.

Was fühle ich gerade?
Wie würde ich dieses Gefühl beschreiben?
Wo spüre ich es am intensivsten?

Indem du bewusst wahrnimmst, was du gerade fühlst, gibst du deinen Gefühlen die Möglichkeit, sich zu entspannen, zu entwickeln und zu verändern.

Nähe bringt alle ungelösten Emotionen an die Oberfläche – Schmerz, Wut, Traurigkeit, Angst, Eifersucht, Ohnmacht. Das fühlt sich beschissen an, ich weiß. Aber glaub mir, es ist gut so! Das ist ein Heilungsprozess. Der Eiter muss fließen. Eure Nähe zueinander öffnet den Raum, in dem sich diese alten Wunden öffnen können. Jetzt gilt es, diesen Prozess zu achten, anstatt ihn zu bekämpfen.

Hier einige Tipps …

1. Hör auf, cooler und erleuchteter zu tun, als du bist. Wie oft treffe ich Spiris[79], die versuchen, ihre Eifersucht zu unterdrücken, weil sie irgendwo gelesen haben, dass alle Menschen EINS seien. Deshalb »sollte« es doch okay sein, wenn dein Partner seine Liebe auch mit anderen teilt. Aha. Versteh mich nicht falsch. Wenn du durch sorgfältiges Bis-Zum-Ende-Denken zu dem Schluss kommst, freie Sexualität sei deine Wahl, dann steh dazu. Aber unterdrücke deine Eifersucht nicht. Sie ist eine elementare, vitale Funktion deines Stammhirns. Wenn es verdammt noch mal beschissen wehtut, hör auf, scheinheilig zu grinsen. Öffne dich für das Gefühl, was dich da gerade besuchen kommt.

2. Trainiere deine Achtsamkeit. Du kannst Gefühle nicht nur durch dein Denken meistern. Den meisten Menschen fehlt Achtsamkeit – die Fähigkeit, sehr bewusst bei dem zu sein, was jetzt gerade geschieht. Wir leben seltsam dissoziiert von unserem Körper. Dann brauchen wir Krankheiten, Unfälle und ähnliches, die uns wieder zurück in den physischen Erfahrungsleib zwingen. Fehlt dir dieses Gewahrsein, machen deine Gefühle mit dir, was sie wollen. Sie schleudern dich durch den Raum, sie vernichten deinen Alltag, sie kreieren die wildesten Gedanken. Ich halte Achtsam-

---

79 »Spiris« ist meine durchaus liebevolle Bezeichnung für Menschen, die eine Dröhnung spiritueller Konzepte zu viel abbekommen haben und nun unter der Kluft zwischen Realität und Wunschdenken tragikomisch leiden.

keit für DAS Überlebenswerkzeug im 21. Jahrhundert.[80] Trainiere sie überall in deinem Alltag. Halte immer wieder kurz inne und frage dich: »Was fühle ich jetzt gerade?« Lokalisiere deine Gefühle in deinem Körper. Wo kannst du sie besonders intensiv wahrnehmen?

3. Entwickle ein besseres Verständnis von deinen Gefühlen.
Lerne, deine Emotionen zu untersuchen, ihre Botschaft zu verstehen. Untersuche die Wurzel des Gefühls. Starke Emotionen bergen wichtige Botschaften.

Die geführte Meditation »Emotionale Intelligenz«[81] unterstützt dich im Annehmen und Verstehen deiner Emotionen.

Emotionale Intelligenz zu erwerben ist kein einmaliges Ereignis. Es ist ein Weg. Doch er lohnt sich, denn er schenkt dir Selbstachtung. Ich hoffe, du hast Lust darauf bekommen, dich mehr damit zu beschäftigen. Glaube mir, du bist wesentlich stärker und souveräner, wenn du lernst, mit einem offenen Herzen aufrecht im Feuer zu stehen.

Hier noch ein paar Anregungen, die sich in meiner Coaching-Praxis sehr bewährt haben:

---

80 Du findest im Anhang einige Empfehlungen, die mir sehr dabei geholfen haben, in mir anzukommen.
81 Du findest sie im Leserbereich der Webseite zum Buch (www.liebe-radikal.de). Das Passwort lautet: liebenistgut

Wenn du dazu tendierst, Gefühle zu unterdrücken: Sprich mehr über das, was du *empfindest*, als über das, was du *denkst*. Selbst wenn es am Anfang vielleicht nur körperliche Empfindungen sind (»Ich fühle eine Enge im Hals. Ein Klopfen in der Brust.«), bringt dich diese Richtung deiner Aufmerksamkeit stärker mit deinen Gefühlen in Kontakt. Initiiere mehr Aktionen, die dich aus dem Kopf heraus und in den Körper bringen. Tanze öfter. Küsse wilder. Stelle dich bewusst in den Regen und spüre die Tropfen auf deiner Haut. Genieße langsamen, sehr langsamen Sex, bei dem du alles spürst. Welche Musik berührt dich? Welcher Film bringt dich zum Weinen? Halte häufiger die Klappe und schau, was dann in dir abgeht. Forsche nach, ob es in deiner Umgebung ein Zentrum gibt, wo Bioenergetik[82] oder die Dynamischen Meditationen[83] von Osho angeboten werden. Geh da regelmäßig hin.

Wenn dich deine Gefühle überrollen: Menschen mit starken emotionalen Schwankungen erscheint es zu Beginn schier unmöglich, ihre Gefühle einfach nur zu fühlen, ohne in ein Drama abzu-

---

82 Bioenergetik ist eine therapeutische Methode, die auf den Psychiater und Soziologen Wilhelm Reich zurückgeht. Mit gezielten körperlichen Übungen werden die im Körper angestauten Energien befreit. Bioenergetik hat mich in ein normales, empfindsames Leben zurückgeführt. Es gab zwei Jahre, in denen musste ich wöchentlich einmal zur Bioenergetik, um den Rest der Tage halbwegs genießbar zu sein. Es ist ratsam, sich dafür eine kompetente Begleitung zu suchen.

83 Die Dynamischen Meditationen wirken stärker, wenn du sie in der Gruppe erlebst, aber wenn du ein geerdeter Mensch bist, kannst du sie auch alleine durchführen. Danach wirst du eine angenehme Stille wahrnehmen. Aber auch das ist eine Methode, bei der starke Emotionen an die Oberfläche kommen. Wenn du dir dies nicht zutraust, suche dir bitte eine therapeutisch geschulte Begleitung.

gleiten, jemanden anzubrüllen oder ähnliches. Ich halte es für extrem wichtig, dass du lernst, deine Gefühle nicht mehr wahllos anderen Menschen vor den Latz zu knallen. Das fällt unter die Kategorie »Emotionales Umweltverbrechen«. Niemand macht das auf Dauer mit. Erinnere dich: Es ist DEIN Gefühl. Wenn es dir schwerfällt, es in dir auszuhalten, such dir erst einmal ein Ventil, bei dem du Dampf ablassen kannst, ohne jemand anderem zu schaden. Ich verordne manchen KlientInnen einen Boxsack oder eine Schreikammer.[84] Wie auch immer, du wirst irgendwann lernen müssen, deine Emotionen nüchtern und ohne sie in eine Handlung umzusetzen, auszuhalten. Erstens, weil du ja nicht überall Boxsäcke installieren kannst, zweitens, weil du so die Wurzel des Gefühls nicht heilst, sondern nur kurzfristig Dampf ablässt, und drittens, weil ich dir die geniale Erfahrung wünsche zu erleben, wie dein größter Dämon, zum Beispiel Wut, kommt, ein riesiges Feuer in dir entfacht und dann von ganz allein wieder geht. Dann wirst du wissen, was Freiheit ist.

(Für diejenigen, die sich für einen emotional schwierigen Fall halten, betone ich es an dieser Stelle noch einmal: Ich schreibe meine Bücher für normale Neurotiker. Wenn dir die Tipps darin nicht spürbar weiterhelfen, ist es absolut legitim und sinnvoll, dir profes-

---

84 Es gab eine Phase in der Beziehung mit Andrea, als wirklich viel alter Sch..., besonders Wut, bei mir an die Oberfläche ploppte. Damals baute ich jeden Morgen ein kleines Zimmer in unserer Wohnung mit Matratzen schalldicht um und führte dann die Dynamische Meditation von Osho durch. Danach konnte man für die nächsten 24 Stunden einigermaßen mit mir klarkommen.

sionelle Hilfe zu holen. Für manche emotionale Wunden braucht es eine liebevolle, kompetente Begleitung. Das habe ich selbst auch so erfahren und bin sehr dankbar für meine Wegbegleiter.)

Für Workshop- und Therapie-Junkies: Therapie kann sehr nützlich sein. Sie kann aber auch zur Nabelschau und Sucht mutieren. Der mächtigste Spieler in deiner Gleichung ist und bleibt dein Geist. Solange du wählst zu glauben, dass irgendetwas mit dir nicht stimmt, wird irgendetwas mit dir nicht stimmen. So einfach! Vielleicht hast du gar kein richtiges Problem, sondern dir fehlt nur eine vernünftige Herausforderung? Wenn du vor lauter Heilarbeit nicht mehr zum normalen Leben kommst, empfehle ich dir, eine Pause einzulegen und dich wieder etwas mehr um deine Mitmenschen zu kümmern. Ich spreche aus Erfahrung. Ich habe wirklich alles ausprobiert, was es auf dem psycho-spirituellen Marktplatz im Angebot gab. Die meisten Probleme habe ich dadurch in Griff bekommen, dass mich mein Selbstmitleid plötzlich selbst kolossal langweilte. Also hab ich den Blick gehoben und ... die Sterne gesehen! Ich spürte meine Winzigkeit und die Kostbarkeit dieses Augenblicks. Angesichts der Galaxien am Firmament kamen mir meine emotionalen Traumata mit einem Mal etwas lächerlich vor. Da wurde mir klar: »Ja, ich habe einen ordentlichen Sack an Macken. Doch ich will jetzt einfach leben. Dann eben mit Macken. Ich möchte mit meinen Liebsten glücklich sein. Ich möchte für sie da sein. Ich möchte lieben und geliebt werden.« Und siehe da, plötzlich fand ich die Kraft, mit meinen emotionalen Wunden ein wunderbares Leben aufzubauen. Tja, und das Beste kommt jetzt: Im

Laufe der Zeit verwandelten sich meine »emotionale Wunden« in die Eintrittspforte zu den Tiefen eines wunderschönen Menschen.[85]

Also, nimm dich ernst.
Aber bitte nicht zu ernst.
Fühle alles,
atme ein, atme aus,
und geh weiter.

UMSETZUNG: Fragen zur Selbsterforschung

Welche Emotionen unterdrückst du manchmal?

Welche Emotionen »überrollen« dich manchmal?

Mit welchen Gefühlen möchtest du Frieden schließen?[86]

---

85 Wenn du das liest und immer noch glaubst, mit dir sei etwas nicht in Ordnung, empfehle ich dir als Medizin das Märchen vom Hässlichen Entlein. Da steht alles über dich drin.

86 Ich habe dir auf der Webseite vom Buch zwei Geführte Meditationen zur Verfügung gestellt, die dich darin unterstützen, deine Emotionen zu integrieren. Details im Anhang.

Deinen Schatten willkommen heißen

Weißt du, was eine Projektion ist?

Da ich finde, dass dieses Wort ziemlich technisch klingt, möchte ich dir eine Erklärung in meinen Worten anbieten: DU bist ein enorm komplexes, vielschichtiges, mysteriöses Wesen. Du trägst den Himmel und die Hölle, die kleinste, menschliche Niederung und das mächtigste, strahlende Licht in dir.

Wenn du DICH in deiner Gesamtheit vollständig wahrnehmen würdest, bestünde die Gefahr, dass deine Sicherungen durchknallten – so groß und scheinbar widersprüchlich bist du. Um das zu verhindern, hat sich dein Verstand einen schützenden Trick einfallen lassen: Alles, womit du im Augenblick noch nicht klarkommst, geht aus dem Licht deiner bewussten Aufmerksamkeit heraus und wartet geduldig in deinem unbewussten *Schatten*.

Der Begriff des psychologischen Schattens geht auf C.G. Jung zurück. Unter »Schatten« verstand er den unbewussten Teil unserer individuellen und kollektiven Psyche. Hier schlummern zum Beispiel alte unreflektierte Glaubenssätze, von denen wir nicht wissen, dass sie unser Leben prägen. Hier ruhen auch nicht verarbeitete Emotionen wie Angst, Wut oder Neid. Wir können aber auch unsere Wünsche und Träume hierher verbannen. Unser Schatten – das sind all die Anteile von uns, die wir irgendwann abgelehnt und unterdrückt haben. Weil sie uns zu schmerzhaft, zu peinlich, zu beängstigend vorkamen.

Mal angenommen, du hast als Kind jedes Mal eins auf den Deckel bekommen, wenn du dich in deiner ganzen Lebendigkeit zeigtest. Was hast du getan? Du hat dich immer mehr zurückgenommen. Du bist zu einem braven Kind sediert, und der wilde Teil von dir ist in den Schatten gewandert.

Oder vielleicht hast du irgendwann deine sexuelle Lust als unberechenbare Kraft erlebt und Angst bekommen. Schwuppdiwupp ist aus dir ein anständiger, wohltemperierter Bürger mit langweiligem Normverhalten geworden, und das Feuer deiner Lenden hat sich im Schatten versteckt.[87]

---

87 Wirst du schon beim Lesen etwas unruhig? Dann melden sich vielleicht Schattenanteile von dir, die ahnen, dass nun die Zeit gekommen ist, um sich zu zeigen.

Noch ein drittes Beispiel: Vielleicht wurdest du in deiner Familie zu »Bescheidenheit« erzogen. Dann ist es gut möglich, dass der lebenshungrige, unverschämte Anteil in dir ins Exil gegangen ist.

Kannst du mir folgen?

Mit dem Schatten ist es folgendermaßen: Solange du dich still verhältst und dafür sorgst, dass deine Beziehungen nicht zu lebendig werden, verhält sich auch dein Schattenpotenzial in dir ruhig. Aber es braucht Luft zum Atmen. Es möchte von dir erkannt und integriert werden. Da es in dir noch nicht bewusst zuhause sein darf, verwendet dein Bewusstsein einen Trick. Es projiziert deine ungebetenen Anteile auf die Leinwand eines anderen Menschen. Dann siehst du den Neid, die Angst, die Lust usw. »da drüben«, denn so sind sie leichter annehmbar. Das nennen wir Projektion. Deshalb ziehst du auch Menschen an, die das, was du in dir unterdrückst, stark ausleben, oder du interpretierst in andere Menschen etwas hinein, was da gar nicht ist.

Du bremst deine Lebendigkeit? Plötzlich bekommst du einen Kollegen vorgesetzt, der dich mit seiner expressiven Quirligkeit total nervt.

Du unterdrückst deine Wut? Dann ist die Wahrscheinlichkeit sehr groß, dass du immer wieder Choleriker in dein Leben ziehst.

Du hast ein zwiespältiges Verhältnis zu deiner Lust und hast sie eingesperrt? Vielleicht wirst du zum übertrieben moralischen Sittenwächter, der wie besessen gegen die Sünden der anderen kämpft.

In dem Film *Chocolat* projiziert der puritanische Bürgermeister des Dorfes seine unterdrückte Sinnlichkeit auf die schöne Frau mit ihrem Schokoladenladen. In seiner angespannten Psyche wird sie immer mehr zu einer Hexe, die versucht, sein geliebtes, ordentliches Dorf in einen Sündenpfuhl zu verwandeln. Schließlich brechen seine Abwehrdämme eines Nachts, er steigt in den Laden ein und frisst sich in einer ekstatischen Orgie durch die gesamte Schokolade im Schaufenster. Als er am Morgen dort erwacht, schämt er sich zwar zuerst sehr, doch dies ist auch der Beginn seiner Heilung. Denn nun bleibt ihm gar nichts anderes übrig, als diesen Anteil in sich zu integrieren.

Der Mechanismus der Projektion ist nicht gegen uns gerichtet. Er versucht uns vor Überlastung und Kontrollverlust zu beschützen. Wenn du in einem moralisch sehr engen Haushalt groß geworden bist, dann ist Lust eine Bedrohung für dein System. Also hältst du sie draußen, indem du dich auf andere Menschen einschießt und ihre »Sünden« kritisierst. Doch um Frieden zu finden, musst du peu à peu alle deine Anteile willkommen heißen. In dem Wort Heilung steckt das Wort heil (ganz). Heilung bedeutet also auch Ganzwerdung. Das intelligente Leben in dir weiß genau, welcher Anteil in dir als Nächstes auf dem Integrationsplan steht. Es sendet dir maß-

geschneiderte Projektionsflächen, die deinen Neid, deine Lust, deine Wut, deine Kraft stimulieren.

Projektionsmechanismen sind immer dann am Wirken, wenn du einem anderen Menschen nicht entspannt begegnen kannst.
Wenn er dir die Knöpfe drückt,
du starke, ablehnende Gefühle entwickelst
oder in eine übertriebene Bewunderung fällst,
ist die Wahrscheinlichkeit groß, dass du in diesem Menschen etwas siehst, was in dir noch nicht in Frieden sein darf.

Wenn du wie gebannt auf die externe Projektionsfläche starrst, übersiehst du diesen Teil in dir. Dann findet er andere, verborgene Wege nach draußen und überrumpelt dich.

Es geht nicht immer darum, alle Anteile zu *leben*, es geht darum, sie *bewusst wahrzunehmen*.

Hier einige Beispiele:

Als Andrea mir begegnete, war sie ernsthaft der Meinung, Wut wäre eine völlig unnütze Emotion, und sie würde sie auch gar nicht fühlen. Und was macht das Universum? Es sendet ihr einen Wutbrocken wie mich. Im Laufe der Jahre hat ihr mein stark ausgelebter Zorn geholfen, Kontakt mit ihrer eigenen Wut aufzunehmen. Das bedeutet nicht, dass sie sie genauso destruktiv ausleben musste wie ich. Sie hat diese Kraft in sich entdeckt und benutzt sie (wenn du mich fragst, ziemlich weise und effektiv), um wichtige Grenzen zu setzen. Interessanterweise wurde ich währenddessen immer friedfertiger.

Ich habe mir lange Zeit nicht eingestehen können, dass ich Erfolg haben möchte. Ich hatte viele großartige und auf ihrem Gebiet sehr erfolgreiche Lehrer. Doch anstatt offen und wissbegierig von ihnen zu lernen, habe ich sie oft erst einmal bekämpft. Ich hatte meinen inneren Thron noch nicht eingenommen, also sägte ich voller Missgunst an ihrem herum. Als ich mich ehrlich meinem Neid auf die Größe dieser Männer stellte, intensivierte sich mein Lernprozess, und meine Kraft konnte sich endlich besser entfalten.

Noch ein drittes Beispiel: Ich beriet einmal ein Pärchen, das sich in einem verbitterten Rollenspiel verfangen hatte. Er hielt sich für den Bewahrer der Vernunft und sie für eine Chaotin. Sie empfand ihn als sicherheitsfanatischen Spießer und sich selbst als lebendige Abenteurerin. Es war offensichtlich, dass sie die komplette Verantwortung für das Grundbedürfnis des Wachstums übernommen hatte und er Sicherheit und Stabilität verteidigte. Indem sie lernten, sich neu zuzuhören, entdeckten sie die auf den anderen projizierten Qualitäten in sich. Sie fand Zugang zu ihrer ängstlichen, unsicheren Seite und entwickelte Wertschätzung für seine Art, die Beziehung stabil zu halten. Er spürte einen stillen, verwegenen Abenteuergeist in sich auf und konnte nun ihre Eskapaden nicht nur anerkennen, sondern sogar genießen. Sie wurden da-

durch keine komplett anderen Menschen. Sie ist immer noch der expressivere und er der bedächtigere Teil dieser Beziehung. Aber sie bekämpfen einander nicht mehr, sondern leben eine intelligente Kooperation.

Lange Rede, kurzer Sinn:
Eine lebendige Beziehung stimuliert deinen Schatten. Und das ist gut so.
Du merkst dies an der Anspannung, die der andere in dir auslöst.
Hör auf, ihn dafür zu bekämpfen.
Frage dich lieber:

Was wird gerade in mir wachgerufen?
Was möchte gefühlt, erkannt, gelebt werden?

So verwandelt sich eure Beziehung aus einem Grabenkrieg in ein Abenteuer der Ganzwerdung.

Der Vorteil: Es wird niemals langweilig. Denn immer wieder hilft dir der andere, neue Schätze in dir zu heben. Das wiederum macht dich für dein Gegenüber zu einem faszinierenden Schauspiel. Anstatt ihm jeden Tag dieselbe eintönige Fassade vorzusetzen, bietest du ihm eine Überraschung nach der anderen an.

Höre auf, gegen deine Heiler zu kämpfen. Verschenke lieber mal einen Blumenstrauß, wenn dir ein anderer Mensch so richtig die Knöpfe drückt. Ich meine das ganz ernst. Du wirst staunen, was diese Geste mit deinem Bewusstsein macht. Du verwandelst dich aus einem genervten Opfer in einen neugierigen Forschergeist.[88]

---

88 Tipps für die Schattenintegration: In dem Buch *Integrale Lebenspraxis* von Ken Wilber wird ein einfacher und wirkungsvoller Schattenintegrationsprozess beschrieben, die 3-2-1 Schattentechnik. Auf der Webseite zum Buch (www.lieberadikal.de) findest du eine gesprochene Anleitung dazu.
Eine hervorragende Methode, um den eigenen Schatten zu integrieren, ist die von Byron Katie entwickelte Fragetechnik »The Work«.

Mitfühlen heilt. Mitleiden schwächt.

Es existiert ein großer Unterschied zwischen Mitleid und Mitgefühl.

Ich kennen viele gute Menschen, die sich energetisch im Mitleiden aufreiben und so leider gar nicht zur Lösung beitragen.

Falls du ein LEIDENschaftlicher Mitleider bist: Dein Mitleid ist egoistisch und hilft niemandem. Es ist eine emotionale Selbstbefriedigung am Leid anderer. Du generierst eine emotionale Intensität in deinem System, ohne selbst betroffen zu sein. Der Teil in dir, der die Energie des Dramas liebt, holt sich am Unglück anderer Menschen einen runter. Gleichzeitig findet ein emotionaler Ablasshandel statt: »Dein Problem tut mir leid, also bin ich gut!«

Ich schreibe viel auf Facebook. Die mächtigste Entrüstungswelle schlug mir einmal entgegen, als ich das Posten von Fotos gequälter Tiere infrage stellte. Was haben diese Tiere davon? Und mal ganz,

ganz, ganz ehrlich: Warum leiten wir solche Bilder weiter? Wollen wir wirklich etwas dadurch bewegen? Warum gehen wir dann nicht lieber los und tun etwas? Ich ziehe den Hut vor jedem Menschen, der das Leid eines anderen Wesens nicht nur ebenfalls fühlt, sondern der auch etwas *tut*. Etliche meiner Freunde haben Hunde von der Straße bei sich zuhause aufgenommen. Das ist kein Mitleid. Das ist Mitgefühl in Aktion. Was hat die Welt davon, wenn du betroffen die Nachrichten im Fernsehen schaust, ein paar Minuten heroisch über das Leid der Welt stöhnst und danach einfach weitermachst?

Mitleid kann nicht helfen. Es macht blind. Anstatt den betroffenen Menschen zu sehen, bist du in deinen eigenen Emotionen gefangen. Mitleid erleichtert nicht, sondern verkompliziert. Denn dein Versuch zu helfen hat nichts mit dem anderen zu tun, sondern ist eine unbewusste Reaktion auf das, was du zu dieser Geschichte fühlst.

Mitgefühl hingegen ist deine Bereitschaft, dein Herz offen zu halten, dich berühren zu lassen, alles zu fühlen und gleichzeitig einen stillen Geist zu wahren. Denn nur in einem stillen Geist kann sich die angemessene Form der Unterstützung offenbaren. Müssen wir dem anderen immer gleich ein Taschentuch ins Gesicht rammen und ihm um den Hals fallen, wenn er weint? Vielleicht stärkst du ihn mehr, wenn du ihm Raum gibst und wartest, bis er dich um Hilfe bittet. Häufig dienst du am besten, wenn du einfach nur still bist und mitfühlst. Lass die Trauer und den Schmerz eines anderen

Wesens in dein Herz und … tue nichts. Sei wie ein stiller Bergsee, in dessen klarer Oberfläche sich der andere spiegeln und tiefer erkennen kann.

Manchmal äußert sich Mitgefühl auch in klarer, kraftvoller Aktion. Doch was immer du tust, entspringt nicht deinem partizipierenden Drama, sondern einem stillen Zeugenbewusstsein. Es ist diese mitfühlende und gleichzeitig vom Drama unberührte Stille, die Leid wirklich lindert. Deshalb trainieren wir in unseren Ausbildungen die innere Geisteshaltung des stillen Bergsees. Ein Coach, der das Leid eines anderen Menschen nicht friedvoll fühlen kann, greift meistens viel zu schnell mit Verbesserungsvorschlägen in den Prozess seines Gegenübers ein. Du kennst diesen Unterschied ganz sicher auch. Du bist traurig und möchtest in der Anwesenheit eines guten Freundes einfach nur erzählen oder still weinen. Wenn er mitleidet, gibt er seinen Senf dazu. Er kommentiert, gibt ungefragt Ratschläge. Plötzlich hält er dich schluchzend im Arm und du fragst dich: »Um wen geht es eigentlich gerade?« Wenn dieser Mensch achtsam und mitfühlend für dich da ist, wird er zu einem sicheren Raum, in den hinein du dich entspannen kannst. Oft muss er gar nichts sagen, und trotzdem fühlst du dich besser. Vielleicht stellt er dir noch ein, zwei aufmerksame Fragen, und in dir ploppt die Erkenntnis, die du jetzt gerade brauchst, von ganz allein hoch.

Mitgefühl entsteht durch deine Bereitschaft, alles, was dein Gegenüber in dir auslöst, ohne Drama zu fühlen. Aus der Stille heraus lauschst du deinem Freund oder siehst die aktuellen Bilder im

Fernsehen. Du lässt dich berühren. Achtsam nimmst du wahr, wo und wie dein eigener Schmerzkörper in Schwingung gerät. Doch du erzeugst nicht noch zusätzliche Wellen im Verstand durch Gedanken wie: »Oh Gott! Nein! Das will ich nicht. Das macht mir Angst.«

Mitgefühl bedeutet, der leidvollen Erfahrung eines anderen Menschen und letztendlich dir selbst Frieden anzubieten. Anstatt den Schmerz zu bekämpfen, nimmst du ihn an. Nur so kann er sich entspannen. Wenn du nicht mehr gegen die dunklen Aspekte des Lebens kämpfst, kann dich das Leben führen. Manchmal wird es dich auffordern, still im Feuer zu stehen. Manchmal wird es dich nutzen, um durch dich hindurch aktiv zu lieben und zu halten. Manchmal wird dir Mitgefühl ein Schwert in die Hand geben, um den Schwachen Schutz zu spenden. Doch nüchterne Liebe und ein mitfühlendes Schwert unterscheiden sich stark vom schmerzblinden Herzen eines Menschen, der mitleidet. Sie wollen nichts. Sie stammen aus einer unpersönlichen, reinen Quelle und wirken gerade deswegen machtvoll und sanft zugleich. Mitgefühl weitet dein Herz und stillt deinen Geist. Es bedeutet, dem Leben ohne Vorurteile zu dienen.

Vergebung ist ein Lebensstil

»In diesem Spiegelkabinett siehst du eine Menge Dinge.
Reibe dir die Augen!
Nur du allein bist da.«
RUMI

Ich weiß nicht, wie es dir geht. Ich habe viele Jahre eine lange Mängelliste meiner Eltern mit mir herumgetragen. Ich wusste genau, was sie falsch gemacht haben, wovon sie mir hätten mehr geben sollen usw. Je mehr Therapeuten und Workshops ich besuchte, desto länger wurde die Liste:

- zu streng
- nicht genug zugehört
- nicht genug umarmt
- nicht großzügig genug
- zu großzügig
- nicht erleuchtet
- ...

Mit so einer Liste in der Hand war mir natürlich auch klar, warum ich nicht richtig funktionieren konnte. Mir armem Kerl war so viel vorenthalten worden!

Kennst du solche Gedanken und Gefühle auch?
Wer steht auf deiner inneren Anklageliste?
Deine Eltern? Dein Chef? Dein Ehemann? Gott?

Die Befreiung aus dieser Opferhaltung kam zum 60. Geburtstag meines Vaters. Ich wollte ihm etwas Besonderes schenken. Also borgte ich mir eine Videokamera und besuchte Menschen aus seiner Kindheit, Schulkameraden, Lehrer, seine Schwester. Ich befragte sie vor laufender Kamera, wie sie meinen Vater erlebt hatten. Je länger ich zuhörte, desto kleinlauter wurde ich. Ich lauschte betroffen ihren Erzählungen über Hungersnot, Krieg, Schläge mit einer Riemenpeitsche etc. In dieser Zeit weinte ich viel. Zum ersten Mal hatte ich den kleinen Jungen in meinem Vater entdeckt, der von seiner Umwelt so viel weniger Liebe bekommen hatte als ich durch ihn. Mir wurde schamvoll bewusst, dass ich in dreißig Jahren nie versucht hatte, meine Eltern wirklich kennenzulernen. Ich hatte sie völlig selbstverständlich als ein vom Universum zur Verfügung gestelltes Dienstleistungsunternehmen betrachtet.

Um die Menschen in deinem Umfeld zu lieben, musst du nicht alles an ihnen mögen. Mich nerven immer noch bestimmte Eigenarten meiner Eltern, und anders herum ist es genauso. Doch eines ist klar: Ich liebe sie. Es gibt keine Liste mehr. Ich kann keine Men-

schen verurteilen, in deren Schuhen ich nie gelaufen bin. Mein Vater und meine Mutter schulden mir nichts, im Gegenteil. Sie haben mir unendlich viel gegeben. Sie sind Helden für mich. Sie haben das Bestmögliche aus einer wirklich harten Kindheit gemacht.

Wofür grollst du noch einem anderen Menschen?

Wir schleppen zum Teil völlig absurde Ansprüche an uns selbst und unsere Mitmenschen mit uns herum. Wenn unsere Illusionen mit der Wirklichkeit kollidieren, tut das natürlich weh. Mach kein Drama draus. Vor allem versacke nicht im Groll, denn das verändert nichts. Groll vergiftet nur dein Herz.

Wenn du eine gute Zeit auf diesem Planeten haben willst, finde dich damit ab: Menschen sind nicht vollkommen. Sie sind oft ignorant. Sie verletzen einander. Sie belügen einander aus Angst. Sie übersehen die Bedürfnisse des anderen aus Ignoranz. Sie greifen an, wenn sie sich bedroht fühlen. Sie reden Blödsinn aus Unsicherheit heraus. Solange Menschen leben, begehen sie Fehler. Es gibt nur einen Weg, dies zu akzeptieren und dennoch jede Menge Freude zu haben:

Wähle Verzeihen als deinen Lebensstil.

Wenn du nicht in der Lage bist, immer wieder, schnell und unkompliziert zu vergeben, wird es schwer. Du schleppst all die nicht vergebenen Ereignisse wie unsichtbare Gewichte mit dir herum. Dein Verstand kehrt wieder und wieder an den Tatort zurück. Groll hält die Gespenster der Vergangenheit in deinem Leben fest. Willst du das?

Bevor du dich aufregst: Etwas zu vergeben ist nicht dasselbe, wie etwas zu tolerieren. Du kannst eine schlimme Tat verzeihen und gleichzeitig dafür sorgen, dass es nie wieder geschieht.

Wenn ich dieses Thema in Seminaren anspreche, brechen immer emotional aufgeladene Diskussionen aus. Verständlich. Viele haben schlimme Dinge erlebt. Getroffen vom Schmerz wird Verzeihen oft falsch verstanden. Etwas zu vergeben, bedeutet nicht zu sagen: »Die Dinge waren gut so, wie sie waren.« Wenn du einen Missbrauch erlebt hast, ist das schrecklich. Punkt. Wenn du einem anderen Menschen Leid zufügst, ist das schlimm. Punkt.

Doch nutzt es dir, wenn du Herz und Geist auch noch Jahrzehnte später mit Schuld oder Groll vergiftest? Ändert es irgendetwas? Groll ist absolut sinnlos. Verstehst du das?

Allerdings funktioniert es auch nicht, Vergebung erzwingen zu wollen. Der erste Schritt besteht oft darin, alle Gefühle und Gedanken in Bezug auf die Situation anzunehmen, anstatt sofort »vernünftig« sein zu wollen. Sich ehrlich bewusst zu machen und offenzulegen, was du fühlst und denkst, mag wütend, peinlich, traurig, schmerzhaft sein. Doch der Dreck muss aus der Wunde gespült werden, bevor sie heilen kann. Wenn du dir oder dem anderen

noch nicht verzeihen willst, ist es wichtig, dies zu akzeptieren und dich zu fragen:

»Gibt es davor noch etwas,
was von mir gefühlt,
verstanden oder
kommuniziert werden muss?«

Bevor Vergebung geschehen kann, musst du dir erlauben, alles zu fühlen. Versuche nicht, erleuchteter zu sein, als du bist. Bist du traurig über das Geschehene? Empfindest du Zorn oder Ohnmacht? Tut es weh?
Gibt es etwas, was von dir ausgesprochen werden muss?

Wenn Andrea und ich uns wieder einmal fürchterlich gestritten hatten, war es für uns sehr wichtig, nicht einfach zur Tagesordnung über zu gehen. Wir haben uns zusammengesetzt und uns, auch wenn es schwerfiel, gegenseitig zugehört. Wir haben unsere Enttäuschung geteilt und darüber gesprochen, was wir gerade fühlen. Wenn uns etwas leidtat, haben wir den anderen aufrichtig um Verzeihung gebeten. Es ist uns mittlerweile nicht mehr primär wichtig, Recht zu bekommen, sondern vom anderen mit dem, was uns bewegt, wahrgenommen zu werden.

Natürlich ist es von Vorteil, wenn du dabei ein Gegenüber hast. Doch du kannst selbst mit bereits Verstorbenen reinen Tisch machen, indem du ihnen einen ehrlichen Brief schreibst. Ich habe wundersame Veränderungen in Klienten beobachtet, die so mutig waren, einen aufrichtigen Brief an jemanden aus ihrer Vergangenheit zu schreiben, ihn dann einer Person ihres Vertrauens vorzulesen und danach zu verbrennen. Lass den Eiter abfließen. Nur so kann deine Wunde heilen.

Wenn es dir gelingt, deine Emotionen anzunehmen und in Worte zu fassen, beginnen sie sich zu wandeln.

Deine Trauer weicht vielleicht einem zarten Frieden der Akzeptanz. Dein Groll *gegen* das, was geschehen ist, wandelt sich in einen Heiligen Zorn *für* das, was du dir wünschst. Schmerz wandelt sich in Mitgefühl. Durch Ohnmacht hindurch sinkst du in eine wohltuende Stille.

Mir hat es sehr geholfen zu kapieren, dass Groll kein *reines* Gefühl ist. Die Mischung aus Schmerz, Wut und Bitterkeit braucht immer auch ein *Urteil*.

Ohne Urteil kein Groll.

Solange du deinem bewertenden Verstand blindlings glaubst, bist du dem Groll hilflos ausgeliefert. Du kannst deine Intelligenz aber auch dazu nutzen, um deine Urteile zu hinterfragen. Jeder Groll basiert auf drei Grundirrtümern des Geistes.

1. Irrtum: Das, was ich sehe, ist die Wahrheit.
2. Irrtum: Ich weiß, was richtig und falsch ist.
3. Irrtum: Ich kenne die Ursache für mein Leid.

Wenn du genug davon hast, durch bittere Vorwürfe dein eigenes Leben zu vergiften, öffne dich für Vergebung, indem du diese drei Denkfehler enttarnst.

Magst du mit mir in deiner Vorstellung eine kurze Reise antreten?

Wir steigen beide in ein Raumschiff und fliegen hoch hinauf, bis an den Rand der Atmosphäre und darüber hinweg. Von hier aus siehst du den kleinen, grünblauen Planeten schweigend im All schweben. Doch wenn du mit dem Herzen da hinunterschaust, spürst du das Pulsieren von vielen Milliarden Menschen. Du siehst, wie wir alle aufstehen und unseren Tag so gut es geht meistern. Viele kämpfen um ihr Überleben. Wir alle ringen um Sinn. Sieh, wie sich Menschen lieben, aber auch in Ignoranz und Angst verletzen. Kannst du von hier oben das größere Geflecht des Lebens erkennen? Wie sich die Lebenswege des Einzelnen mit denen anderer treffen, sich gegenseitig beeinflussen und wieder auseinander gehen? Ein verpasster Bus am Morgen und schon verläuft der Tag eines dieser Menschen da unten ganz anders. Und jetzt stell dir vor, du kannst auch in die Vergangenheit jedes einzelnen Erdenbewohners schauen. Du beobachtest im Zeitraffermodus, wie viele unglaublich aberwitzige ›Zufälle‹ dazu beigetragen haben, dass er genau dort geboren wurde und dass er ist, wie er ist. Vielleicht gehörst du zu denen, die alles für Zufall halten. Oder du glaubst, du bist der alleinige Schöpfer deines Lebens. Ich weiß nur eines ganz sicher: Dass wir uns über diese Zeilen gefunden haben – genau in diesem Moment, genau hier, auf einem winzigen Planeten in einem atemberaubend leeren All –, ist ein extrem unwahrscheinliches

Wunder. Wie viele Menschen und Begebenheiten haben zu deinem und meinem Leben beigetragen, damit ich dies jetzt gerade schreibe und du es liest?

Ahnst du, worauf ich hinausmöchte? Kannst du von hier oben tatsächlich eindeutig sagen, was richtig und falsch ist, wer Opfer und wer Täter ist, wer von uns für was verantwortlich ist? Oder wirst du in Demut still?

Unser Verstand sucht verständlicherweise nach Sicherheit. Also greift er aus einer endlosen, multidimensionalen Vernetzung von Wirkungen, in der alles alles beeinflusst, willkürlich einen kleinen Bildausschnitt heraus und legt fest, was die Ursache (= Täter) und was die Wirkung (= Opfer) ist. Damit beginnen alle Probleme. Denn nun fühlst du dich schuldig oder du klagst an. Es hat etwas Verführerisches, die Dinge so zu vereinfachen. Genau sagen zu können, wer für was haftbar ist, schenkt dem ängstlichen Geist Sicherheit. Aber bei näherem Hinschauen ist diese Simplifizierung nicht haltbar. Spätestens, wenn wir die Vergangenheit des Täters voller Mitgefühl erforschen – uns quasi in seine Schuhe stellen, – kommt die eindeutige Anklage ins Wanken. Es gibt keine linearen Ursache-Wirkungsketten. Alles bewirkt sich gegenseitig. Führende Hirnforscher wie Gerhard Roth befeuern dieses Thema mit heißen Fragen: Wie viel Wahlmöglichkeit hat ein Mensch überhaupt und wie stark ist er durch seine neurobiologische Konditionierung geprägt?

Ich weiß nicht, was es mit dir macht. Wenn ich in meiner Vorstellung von hier oben auf die Menschheit schaue, empfinde ich Mitgefühl. Mit

dem Einzelnen, mit mir und mit unserer Art. Ich erahne unsere großartige Möglichkeit, und ich erkenne unsere gegenwärtige Unfertigkeit an.

Du kannst dein ganzes Leben damit hadern, Part einer so unvollkommenen Art zu sein. Oder du schaust ab und zu von hier oben auf diesen winzigen Schauplatz der Evolution und wählst, der Vollkommenheit des Lebens mehr zu vertrauen als den begrenzten Urteilen deines Verstandes – und vergibst!

Deine Vergangenheit ist vorbei. Du lebst JETZT! Du kannst die Geschehnisse deiner Vergangenheit missbrauchen, um den anderen zu verdammen und dir selbst zu erklären, warum du dich heute nicht voll in dein Spiel einbringen kannst.

Aktives und schnelles Verzeihen ist ein zentraler Bestandteil jeder lebendigen Beziehung. Es ist eine bewusste Wahl, deinen Groll zu hinterfragen und loszulassen. Verzeihen ist keine einmalige Sache, Verzeihen ist eine Geisteshaltung, die du so lange üben musst, bis du sie verinnerlicht hast. Deine Bereitschaft, Urteile loszulassen, befreit deine Lebendigkeit. Anders wirst du mit einem anderen Menschen auf Dauer keine Freude erleben!

Vergebung geschieht in drei Bewusstseinsschritten.

Zuerst vergibst du dem anderen seine Tat. Diese Ebene schenkt dir Freude und die Erfahrung von Mitgefühl.

Im zweiten Schritt erkennst du die Begrenztheit deiner Urteile und vergibst dir selbst, dass du so anmaßend warst, den anderen zu verurteilen. Diese Stufe schenkt dir Weisheit und Selbstliebe.

Der dritte Schritt kommt mit der Erkenntnis, dass alles, was du glaubtest vergeben zu müssen, nur in einem Traum stattgefunden hat. Du wachst auf und erkennst: Es gibt nichts zu vergeben.

Vergebung – ganz radikal betrachtet

Ich möchte dir noch eine andere, die mystische Sicht auf das Thema anvertrauen. Es kann sein, dass du weißt, was ich meine oder dass du mit diesem Kapitel gar nichts anfangen kannst. Doch ich muss sie mit dir teilen, sonst wäre unsere Betrachtung von Vergebung nicht vollständig.

Hast du schon einmal mit einem Menschen gesprochen, der eine Nahtoderfahrung gemacht hat, oder Berichte darüber gelesen? Die Wissenschaft ist sich uneinig in der Interpretation dieser Erlebnisse. Doch eines steht fest: Diese Menschen kommen zutiefst transformiert in ihr Leben zurück. Auch ihre Sicht auf Schuld und Vergebung verändert sich meistens drastisch.

Wir könnten auch sagen: Vergebung ist nur so lange notwendig, wie du nicht weißt, wer du wirklich bist.

Solange du glaubst, nur ein Körper zu sein, wirst du immer wieder vergeben müssen. Denn solange du dich mit einem kleinen Bündel Knochen und Fleisch verwechselst, kannst du verletzt, abgelehnt und verraten werden.

Wenn du den Grundirrtum über dich selbst korrigierst, wenn du akzeptierst, dass du ein freier Geist bist, der in ein verletzbares Fleischklöpschen inkarniert ist, realisierst du, dass du nie wirklich verletzt werden konntest.

DU hast in deinen Gedanken das bedürftige, angreifbare Wesen erschaffen, für das du dich nun manchmal hältst. So bedeutet die letzte Stufe der Vergebung zu erkennen, dass es, wenn überhaupt, nur eines zu vergeben gibt: Dass du vergessen hast, wer du wirklich bist. Das Ausmaß der Enttäuschung und des Schmerzes in deinen Beziehungen weist dich darauf hin, wie weit du dich in einer Lüge über dich verirrt hast.

Alles in diesem Universum kann Medizin sein.
Alles in diesem Universum kann Gift sein.

Du kannst die Enttäuschung, die du wieder und wieder in deinen Beziehungen erfährst, missbrauchen, um dich in Bitterkeit zu verschließen. Dann kaufst du dir ein Haustier und ziehst dich in den Club der Menschenverachter zurück. Wenn du mich fragst: Ich kann das sehr gut verstehen. Es ist dein Recht, das zu tun aber … es ist der feigere Weg.

Stattdessen kannst du den Schmerz auch radikal offen umarmen. Dann wird er zur Medizin. Er weitet dein Herz. Ich weiß, das klingt wie eine verrückte Wahl. Warum solltest du etwas bejahen, was dir erst einmal so wehtut?

Weil der Schmerz sowieso da ist und weil es nur noch schlimmer wird, wenn du gegen ihn kämpfst.
Weil du hier und jetzt leben willst.
Weil du wissen willst, wer du wirklich bist.
Weil du dich danach sehnst, wirklich frei zu lieben.

Wenn du auf deine Anklage verzichtest und dich hingibst, wird Schmerz zum reinigenden Feuer. Es verbrennt nicht dich, sondern deine Illusionen. Es verbrennt deine Anhaftung an den begrenzten, urteilenden Verstand. Es verbrennt deine Identifizierung mit deinem physischen Körper. Was bleibt, wenn dieses Feuer geht, ist keine Asche, sondern Stille. Eine weite, unberührte Stille. Dein Verstand urteilt weiter munter vor sich hin – doch du glaubst ihm nicht mehr. Du genießt deinen Körper entspannter, da du nun ahnst, dass du mehr als er bist. Und du kannst so deinen Mitmenschen immer wieder frisch und offen begegnen.

Es kann sein, dass diese Worte im Augenblick keinen Sinn für dich ergeben. Wenn es um Vergebung geht, verlassen wir den Raum von richtig und falsch. Jeder von uns muss seine Antwort auf jenen Urschmerz finden, der auf dem Grund unseres Egos auf uns wartet und den wir in Augenblicken der Enttäuschung berühren. Wer

weiß, vielleicht hast du ihn bereits gefunden. Für mich war der Schmerz in Beziehungen über viele Jahre hinweg der Grund, mich nicht voll zu verschenken, sondern mich hinter Zynismus und Arroganz zu verstecken. Seitdem ich Ja zu ihm sage, taucht er seltener auf und wenn, dann ist er eine wertvolle Pforte in eine noch größere Freiheit.

Ich möchte so frei wie möglich leben, lieben und sterben.
Und du?

UMSETZUNG: Fragen zur Selbsterforschung

Mit welchen Menschen fühle ich mich nicht in Frieden?

Möchte ich in diesen Beziehungen verzeihen?

Gibt es vor dem echten Verzeihen noch etwas, was von mir gefühlt, verstanden oder kommuniziert werden muss?

Was könnte ich aktiv tun, um den Prozess der Vergebung einzuleiten?

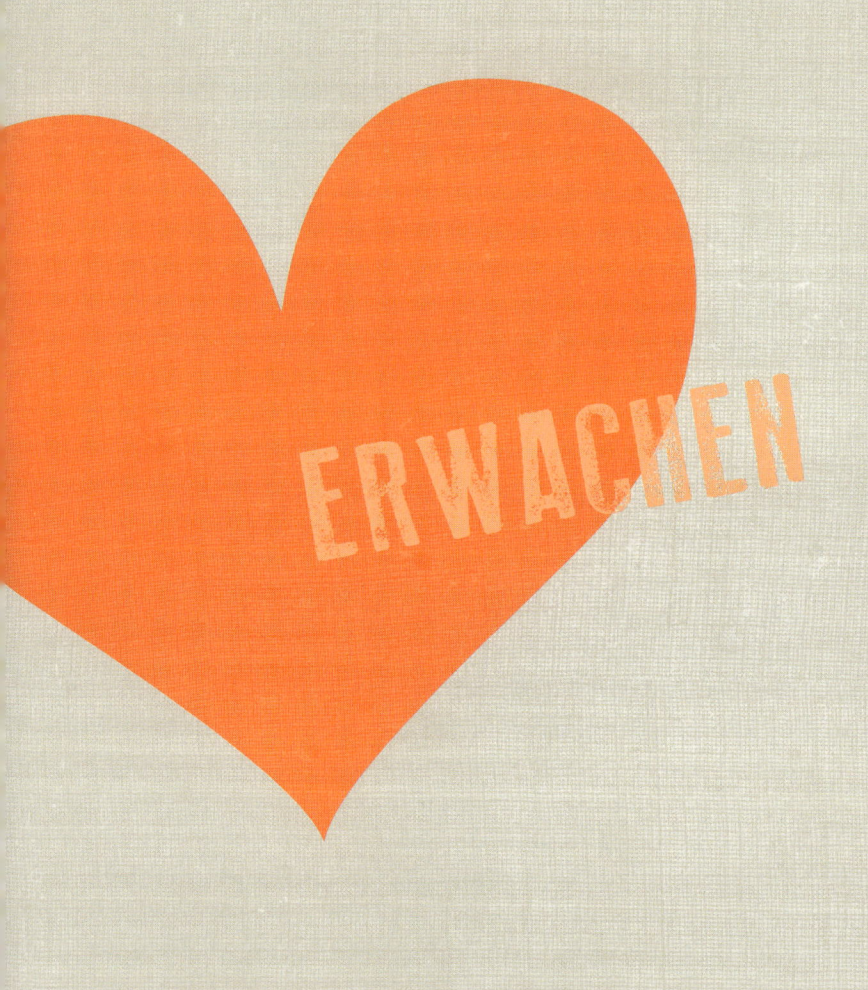
ERWACHEN

Die sieben Phasen des Erwachens

Sich ineinander zu verlieben ist supergeil.

Sich gegenseitig gut zu tun nährt.

Euch liebevoll in eurem Erblühen zu unterstützen ist erhebend.

Diese Beziehung zu nutzen, um alte Wunden zu heilen, ist befreiend.

Doch bleibe hier nicht stehen.

Das Mysterium einer menschlichen Begegnung hat viele Räume. Wenn du bereit bist, wirst du einen Menschen finden, mit dem du das Allerheiligste betreten kannst: Jenes weite, innere Feld, in dem kein Ich und Du mehr existieren.

Ich habe so vehement die Bedeutung von erfüllten Bedürfnissen für eure Beziehung betont, dass der folgende Satz zunächst paradox klingen mag:

Deine Beziehungen haben nicht den Zweck, dein Ego zu sättigen.

Es stimmt, eine Beziehung wird dauerhaft zu einem starken, blühenden Feld, wenn sie eure Bedürfnisse erfüllt. Doch der Witz ist: Wenn ihr dieses Feld geschaffen habt, wird dir bewusst, dass dein mächtigstes und gleichzeitig leisestes Bedürfnis nicht ist, dass alle deine Bedürfnisse erfüllt werden, *sondern zu erkennen, wer du wirklich bist.*

Denn egal, wie komfortabel eine Beziehung deinen Wünschen entgegenkommt – sie wird dich niemals vollständig zufriedenstellen. Warum? Weil es nicht in der Natur des Egos liegt, komplett erfüllt zu sein. Das Ego ist ein Such- und Erschaffungswerkzeug, doch das bist nicht DU.

Du musst die existenziellste, höchste Ebene eurer Beziehung betreten, um wirklichen Frieden zu erfahren. Es ist die Ebene, auf der du erkennst, wer DU wirklich bist. Und das, was DU bist, war schon immer vollständig und erfüllt. Um hierherzugelangen, musst du nichts tun. Du musst lediglich ausnüchtern. Du musst auf Entzug gehen. Denn solange du in einem anderen Du nach der Antwort auf deine wesentlichen Fragen suchst, bist du süchtig.

Wenn du Glück hast, findest du eine Beziehung, die dich so sehr berührt, dass du nicht mehr wegrennen kannst, und die dich dennoch immer wieder radikal auf dich selbst zurückwirft. Wenn du Glück hast, findest du einen Menschen, an dessen Seite du die sieben Phasen des Entzugs – oder positiv ausgedrückt: deines Erwachens – erleben kannst.

Phase eins – der klassische Rauschzustand

Wenn du je verliebt gewesen bist, kennst du diesen Rauschzustand. Die Hormone spielen verrückt wie in einer prä-psychotischen

Phase, alle unsere Vorsichtsmaßnahmen sind vergessen, die Welt scheint in rosarotes Licht gebadet. Wir machen verrückte Dinge und fühlen uns zehn Jahre jünger. Wer mag das nicht?

Phase zwei – die Romanze

Wenn dich dein Hormoncocktail so richtig aufgewärmt hat, klinkt sich deine romantische Konditionierung ein. Dir ist sonnenklar, dass du deinen Seelenpartner endlich gefunden hast. Um diese Verzückung so richtig genießen zu können, schenkt dir dein Verstand eine temporäre Amnesie. Er blendet aus, dass du gerade zum sechsten Mal deinen Seelenpartner gefunden hast. Nein, nein, nein! Das ist *eindeutig* das Happy End! An dieser Stelle enden 99 Prozent aller Liebesschnulzen – und das aus gutem Grund. Mit dem, was jetzt folgt, lässt sich nämlich kein Geld verdienen.

Phase drei – der Beziehungskater

Irgendwann, nach einer Woche oder einem Jahr, bricht die romantische Fata Morgana zum ersten Mal in sich zusammen. Der andere hat doch Pickel. Waren die gestern schon da? Peu à peu wird der weiße Ritter entzaubert und die Prinzessin abgeschminkt. Frust, Enttäuschung und die so gefürchtete Erfahrung von Einsamkeit stellen sich wieder ein. Mit aller Macht versuchst du, die Romantik durch einen neuen Kick zu beleben (du weißt schon, Candlelight-Dinner, Reizwäsche, Blumen), oder du machst Schluss und gehst erneut auf die Jagd. Vielleicht bleibst du aus Angst vor dem Alleinsein auch mit dem Partner zusammen, doch dein Herz verhärtet. Übrig bleiben verbitterte Egos, gefangen im Stellungskampf ihrer sich endlos wiederholenden Selbstgespräche: »Der andere versteht mich nicht. Wie konnte es so weit kommen! Was mache ich hier? Warum gehe ich nicht?...«. Zu einem echten Delirium gehören auch Halluzinationen: »Der andere« erscheint ganz klar als Quelle deines Leids. Es ist doch so offensichtlich, dass er die Schuld an deinen schmerzhaften Gefühlen trägt!

Wie bei jeder Sucht müssen die meisten Süchtigen erst auf dem Boden aufschlagen, um für einen Entzug bereit zu sein. Wenn du oft genug die Partner gewechselt oder alle Beziehungstricks ausgereizt hast und dennoch immer wieder vor derselben Wand gelandet bist, stellt sich eine wild-weise-verzweifelte Entschlossenheit ein, diese Nuss endlich zu knacken. Dann bist du bereit, dich dem vollen Entzug hinzugeben.

Phase vier – die Ausnüchterung

Du lässt die Illusion, durch jemand anderen glücklich zu werden, los, weil sie dich zu oft getäuscht hat. Gewöhnlich verschwindet sie nicht von heute auf morgen. Sie trocknet langsam aus. Wahrer Entzug beginnt, wenn du dein Rechthaben-Wollen aufgeben kannst. Dann stehst du plötzlich frei und nackt, entblößt von allen Illusionen auf dem Spielfeld. Beib stehen. Bleib wach. Es lohnt sich. Wahrscheinlich erlebst du nun eine Phase der Entzauberung, in der Beziehungen gar keinen Sinn mehr ergeben. Insgeheim denkst du, alles laufe schief. Wenn du nicht verstehst, was hier gerade geschieht, kann diese Leere sehr erschreckend sein, und du bist vielleicht versucht, dich durch Fernsehen, Arbeit oder Ähnliches abzu-

lenken. Doch es lohnt sich, in diesem Stadium sehr präsent zu bleiben, denn dann offenbart sich etwas Wunderschönes.

Phase fünf – das Erwachen

Nicht dein Leben, sondern die nach außen gerichtete Suche verebbt. Deine Sinne, die damit beschäftigt waren, aus deiner Umgebung Freude herauszusaugen, kommen zur Ruhe und ein anderer, viel feinerer Sinn erwacht: die Wahrnehmung dessen, was bereits hier ist und immer hier war. Es ist, als ob du aus einem tausend Jahre währenden Wahn erwachst. Du siehst mit einem Mal kristallklar, wie du alle Beziehungen missbraucht hast, um durch sie krampfhaft etwas zu erschaffen, das die ganze Zeit bereits in dir ruhte: Vollkommenheit.

Wahrscheinlich musst du weinen und lachen zugleich. Weinen über das Leid, das sich Menschen in ihrer fehlgeleiteten Suche gegenseitig antun, und lachen, weil du DAS bist, was durch dieses Leid nie verletzt werden konnte.

Du erwachst. Du verwandelst dich aus einem konsumierenden in ein liebendes, sich verschenkendes Wesen. Witzigerweise wirst du jetzt immer häufiger erleben, wie Menschen dir genau das leicht und frei geben, worum du so lange verbittert gekämpft hast. Nichts öffnet die Herzen mehr als ein stilles, in sich ruhendes, großzügiges Wesen.

Phase sechs – Demut

Nachdem du dachtest, du hättest es nun für immer gecheckt, fällst du sicherheitshalber noch einmal auf die Nase. Nimm das nicht persönlich. Die Schöpfung meint es gut mit dir. Sie will sicherstellen, dass es keine stolzen Überreste des kleinen, alten Ichs in die neue Freiheit schaffen. Zurück auf Los oder besser gesagt: Zurück auf: »Ich hab offenbar gar nichts kapiert!« Alte, karmische Muster holen dich ein, und die Erfahrung der bedingungslosen Liebe verschließt sich wieder. Du erlebst eine Regression in kindliche Unreife vom Feinsten. Der Schmerz über den Verlust des eben noch so wachen Zustands grenzt an Agonie, denn nun weißt du, was du verlierst.

Nachdem du durch Gnade einen kurzen Eindruck von dem gewinnen durftest, was DU wirklich bist, darfst du nun den Weg dorthin lieben lernen. In Demut akzeptierst du die Grenzen der Persönlichkeit, dein Bouquet an Neurosen, und übergibst sie mehr und mehr dem Feuer der Hingabe.

Nun bist du bereit für eine echte, reife und wache Partnerschaft. Du fragst nicht mehr: »Was kann ich von dir bekommen?«, sondern: »Was kann ich von dir lernen? Wie kann ich dich auf deinem Weg unterstützen?« Beziehungen wandeln sich in ein Lernfeld des Erwachens, in eine Form der Meditation. Die Zen-Buddhisten sitzen vor einer leeren Wand, du sitzt im Feuer eurer Beziehung. Egal ob zu einem Geliebten, einem Kind oder einem Lehrer – du nutzt sie alle als ein natürliches Werkzeug der Befreiung.

Phase sieben – Dienen
Je tiefer du die Vollkommenheit des Seins erkennst, umso weniger musst du etwas verändern. Weder dich noch deinen Partner. Da es

nichts mehr zu erreichen gibt, bist du da, wo du gerade bist, voll präsent. Du bist bereit, die Rolle, die dir das Leben zugedacht hat, so gut zu erfüllen, wie du kannst. Du siehst, was notwendig ist, und du gibst es. Dienen ist keine Last mehr, sondern ein natürliches Bedürfnis der Quelle in dir. Der Weg ist zum Ziel geworden.

Vielleicht sind dir alle hier beschriebenen Phasen vertraut. Möglicherweise kannst du mit der einen oder anderen (noch) gar nichts anfangen. Alles zu seiner Zeit, jeder auf seinen Wegen.

Wenn dich die Phasen fünf bis sieben nicht berühren, empfehle ich dir, das Buch entspannt aus der Hand zu legen. Aber nicht zu weit weg. Denn der Moment kommt für jeden von uns, da wir uns fragen müssen:

Worum geht es hier eigentlich wirklich?

Das Kapitel »Erwachen« ist deiner wahren Essenz gewidmet, jenem Aspekt in dir, der es wirklich wissen will.
Du bist nicht hier, um etwas zu bekommen.
Du bist hier, um herauszufinden, wer DU wirklich bist.
Dafür ist es hilfreich, wieder zu staunen.

Wie du die verdammte Kontrolle loslassen und den Seltsamen Attraktor mehr genießen kannst

»Sicherheit ist zum größten Teil Aberglaube.
In der Natur existiert sie nicht, und auch die Kinder der Menschen kennen
sie nicht.
Die Gefahr zu vermeiden, ist auf lange Sicht gesehen nicht sicherer,
als sich ihr gleich hier und jetzt zu stellen.
Das Leben ist entweder ein gewagtes Abenteuer oder nichts.
Wenn wir keine Veränderungen scheuen
und uns im Angesicht des Schicksals frei entscheiden,
ist unsere Stärke unbesiegbar.«
HELEN KELLER

Erst einmal die Enttäuschung: Du kannst die verdammte Kontrolle nicht loslassen. Denn wenn du das willentlich könntest, hättest du schon wieder alles unter Kontrolle. Stimmt's?

Nun die gute Nachricht: Wenn du akzeptiert hast, dass du die Kontrolle nicht loslassen kannst, bist du vielleicht endlich bereit, dich in die Kontrolle hinein zu entspannen. Lass sie einfach sein. Und eines schönen Tages denkst du mal einfach nicht drüber nach und »Schwuppdiwupp!« kontrollierst du nicht mehr. Du wirst es für einen Moment total genießen, bis dir der Gedanke durch den Kopf geht: »Wow! Ich bin so toll. Ich kontrolliere nicht mehr!« Tja, und damit wäre die Kontrolle wieder da. Das geht eine Weile so, bis du ganz müde wirst vom Hin und Her. Und dann checkst du plötzlich den eigentlichen Witz: Du hattest nie die Kontrolle! Dann fängt es an, richtig Spaß zu machen!

Wo kommt dieser Kontrollwahn eigentlich her?

Wenn du das nächste Mal im Wald spazieren gehst, schau dich aufmerksam um und versuche, vollkommen gerade Linien zu finden. Dann tu dasselbe, wenn du wieder deine Wohnung oder dein Büro betrittst.

Fällt dir etwas auf?

In der Natur gibt es keine geraden Linien. Alles ist krumm, rund, schief, verläuft in Schleifen oder Kreisen. Unsere selbst kreierten Lebensräume hingegen bestehen aus viereckigen Räumen. Von klein auf sind wir von vielen unnatürlich gerade Linien umgeben. Und auch unser Erziehungssystem basiert immer noch auf linear-logischem Denken. »Um auf einer Linie von Punkt A nach Punkt

C zu kommen, musst du B tun. Immer wenn du B tust, gelangst du von A nach C. 1 + 1 ergibt immer 2.«

Obwohl große Teile der Wissenschaft dem schon um Meilen voraus sind, beruht unser Weltbild noch sehr stark auf dem kartesianisch-newtonschen Paradigma, das da lautet: »Alles ist rational erklärbar. Das Universum funktioniert wie ein mechanisches Uhrwerk. Sende ich in ein System einen bestimmten Impuls, ergibt sich immer wieder dieselbe Reaktion.«

Das Problem ist: So funktioniert vielleicht eine Maschine, nicht aber der Mensch. Wenn du verstehen willst, warum es in deinen Beziehungen immer wieder zu schmerzhaften Missverständnissen kommt, musst du begreifen: In der entscheidenden Lernphase deines Lebens wurde dir ein Verständnis von der Welt beigebracht, das in einem lebendigen Alltag nicht funktioniert.

Der viereckige Grundriss eines Hauses lässt sich linear-logisch begreifen, denn es ist durch linear-logisches Denken entstanden. Ein Mensch jedoch – egal wie mechanistisch er denkt – ist kein starres Uhrwerk. Er ist und bleibt ein chaotisches System. 1+ 1 ergibt nur auf dem Papier immer 2. Nicht bei deiner Frau. Heute ruft dein Blumenstrauß ein Lächeln hervor, morgen knallt sie ihn dir vielleicht um die Ohren.

Die Chaoswissenschaft hat einen Begriff für den Menschen, den du liebst. Er ist keine mathematische Formel, die immer wieder diesel-

ben Ergebnisse produziert, und er ist auch kein linearer Baukasten, mit dem du nach Belieben Türmchen bauen kannst. Er ist ein *Seltsamer Attraktor*!

(Achtung. Alle Chaostheoretiker müssen den nächsten Abschnitt überlesen. Denn ich erkläre darin sehr, sehr populärwissenschaftlich, was einen Seltsamen Attraktor ausmacht.)

- Ein Seltsamer Attraktor ist ein dynamisches (lebendiges) System, das ständig unberechenbar auf dich einwirkt.
- Beliebig kleine Impulse von außen (zum Beispiel von dir) führen zu völlig unterschiedlichen Verläufen.
- Dein Seltsamer Attraktor besitzt eine nicht-ganzzahlige Dimension, das heißt, du solltest erst gar nicht versuchen, ihn in 1 + 1 + 1 … zu zerlegen. Er ist und bleibt rational nicht verstehbar.
- Der Seltsame Attraktor besitzt keine Aufteilungsmöglichkeit. Jeder Aspekt seines Wesens ist untrennbar mit jedem anderen Aspekt verbunden. (Das heißt, entweder bekommst du diesen Menschen ganz oder gar nicht.)

Bitte nicht die Augen verdrehen! Diese erst einmal etwas theoretisch anmutenden Ausführungen können deine Beziehung ungeahnt revolutionieren!
Denn daraus folgt:

Du hattest nie ein Beziehungsproblem!

Dir ist lediglich nicht beigebracht worden, richtig über Menschen und Partnerschaften nachzudenken. Deine logischen Konzepte über Menschen sind nicht in der Lage, deren wahres Wesen zu erfassen. Denn Menschen sind chaotische Systeme.

Was müsstest du tun, um sie mit Freude genießen zu können?
Du müsstest deine starren Vorstellungen beiseitelegen.
Du müsstest bereit sein, dich wach und neugierig auf das einzulassen, was dir dieses Wesen in jedem Augenblick frisch präsentiert.

Jeder deiner Mitmenschen ist ein Seltsamer Attraktor. Auch wenn es manchmal nicht so scheint: Er entzieht sich deiner Kontrolle, da kannst du machen, was du willst. Wenn du wider besseres Wissen versuchst, ihn in deine Erwartung zu pressen, wirst du diesen Menschen verlieren. (Es gibt sehr verschiedene Taktiken, mit denen wir versuchen, den anderen zu kontrollieren: Geschenke, Drohung, Gewalt, Verweigerung, Sex, Nettigkeiten, eine laute Stimme …)

Vielleicht ist dir das alles bereits klar und du fragst dich:

Ja, wie zum Teufel lasse ich diese verdammte Kontrolle denn bloß los?

Gute Frage.

Ich weiß nicht, wie es dir geht. Mich haben diese coolen, oberschlauen Sprüche in Ratgebern – »Lass doch einfach los! Vertrau

doch mal. *Go with the flow!*« – irgendwann nur noch genervt. Je stärker ich versucht habe, locker zu lassen, desto schlimmer wurde es. Der Witz ist: Wir können Kontrolle nicht willentlich loslassen, denn das wäre ja auch schon wieder eine subtile Form der Kontrolle.

Was mir wirklich geholfen hat, mich zu entspannen, ist das hier: Anstatt die Kontrolle loszulassen, habe ich sie näher erforscht. Dabei habe ich festgestellt, dass sie eigentlich aus drei Kräften besteht: *Festhalten, Bekämpfen, Verleugnen*.[89]

Lass uns das an einem Beispiel untersuchen:

Wenn dein Beziehungspartner (dieser Seltsame Attraktor) ein Verhalten an den Tag legt, das dir angenehme Gefühle bereitet (dein Lieblingsessen kocht, diese neue Sache aus dem Tantra-Seminar an dir ausprobiert oder einfach mal still ist), dann willst du das natürlich *festhalten*. Du denkst: »Oh, das soll bitte nie aufhören! Das soll er ab jetzt immer machen.« Und schon hast du ein Problem.

Wenn dein Beziehungspartner (dieser Seltsame Attraktor) ein Verhalten an den Tag legt, das dir unangenehme Gefühle bereitet (sein Lieblingsessen kocht, diese neue Sache aus dem Tantra-Seminar an jemand anderem ausprobiert oder nicht mehr still sein will), dann

---

89 Später ist mir bewusst geworden, dass der olle Buddha dies schon vor 2500 Jahren in seinen goldenen Wahrheiten formuliert hat. Hätte ich mal gleich besser zugehört.

versuchst du es zu bekämpfen. Zum Beispiel, indem du ihm Vorwürfe machst.

Wenn dein Beziehungspartner (dieser Seltsame Attraktor) ein Verhalten an den Tag legt, das du gar nicht einordnen kannst und das dich deshalb ängstigt (Ausrasten, für dich fremdartige sexuelle Wünsche äußern, sein Geld mit dunklen Geschäften verdienen), versuchst du es zu *leugnen*. Zum Beispiel, indem ihr einfach nicht darüber redet.

Der springende Punkt ist: Jedes Mal, wenn du versuchst, etwas festzuhalten, zu bekämpfen oder zu leugnen, verkrampfst du und kannst den Moment, so wie er ist, nicht mehr wahrnehmen, geschweige denn voll genießen. Wenn du dich das nächste Mal in der Beziehung zu einem Menschen angespannt fühlst, frage dich:

Halte ich gerade etwas fest? Bekämpfe ich etwas? Leugne ich etwas?

a) Wenn du etwas festhältst, frage dich nun: Was müsste ich fühlen, wenn ich nicht mehr festhielte? Zum Beispiel: »Wenn ich akzeptierte, dass wir gerade nicht mehr verliebt ineinander sind, müsste ich meine Traurigkeit darüber fühlen. Und dann meine Angst, dass dies bedeuten könnte, dass unsere Beziehung zu Ende geht.«

b) Wenn du etwas bekämpfst, frage dich: »Was müsste ich fühlen, wenn ich nicht mehr kämpfte?« »Ich müsste den ganzen Schmerz über das Geschehene in mein Herz lassen. Ich müsste

meine Ohnmacht fühlen, den anderen nicht so gestalten zu können, wie ich es will. Ich müsste die tiefe Einsamkeit spüren, die unsere Meinungsverschiedenheit gerade in mir ausgelöst hat.«

c) Wenn du etwas leugnest, stelle dir die Frage: »Was müsste ich fühlen, wenn ich mich der Sache bewusst stellte?« »Ich müsste meine Angst vor meinen Tränen fühlen. Ich würde vielleicht erkennen, wie wahnsinnig wichtig mir der andere ist.«

Du kannst Kontrolle nicht loslassen, doch indem du sie bewusst erforschst, entspannt sie sich natürlicherweise von selbst.

Jetzt kannst du noch einen Schritt weitergehen. Schließe die Augen und frage dich:

Bin ich bereit, das unter der Kontrolle verborgene Gefühl (die Angst, den Schmerz, die Wut) etwas mehr zu spüren?

Ganz wichtig: Wenn deine Antwort Nein lautet, akzeptiere es. Du kannst dann noch einmal nachfragen: »Was bräuchte es denn, um das Nein in ein Ja zu verwandeln?« Du wirst zum Teil erstaunlich präzise Antworten bekommen. (»Ich brauche noch mehr Vertrauen. Hier ist nicht der richtige Ort. Ich will jetzt einfach nicht.«)

Wenn du ein Ja erhältst, schließe deine Augen und stell dir vor, wie du die Türen deines inneren Hauses für den Gast öffnest. Bitte die Traurigkeit herein, die Ohnmacht, den Schmerz – was auch immer es ist. Erlaube dem Gefühl, das du gerade noch bekämpft hast, sich in deinem Körper auszubreiten. Es mag dir Angst machen. Es mag dir unerträglich erscheinen. Vielleicht springst du auch gleich wieder auf, weil du glaubst, es nicht aushalten zu können. Doch glaube mir, jede Sekunde, in der du ein Gefühl bewusst spüren kannst, ohne dabei ins Drama zu gehen, befreit dich etwas mehr von der Last der Kontrolle. Zu Beginn hältst du den unbequemen Gast vielleicht nur eine Minute aus. Doch du kannst dein System immer mehr weiten. Irgendwann wirst du eine erstaunliche Erfahrung machen: Egal wie unangenehm ein Gefühl ist – wenn es in dir sein darf, erreicht es seinen Höhepunkt und geht wieder.[90]

Dieser Weg ist nicht leicht. Es erfordert viel Geduld und Bereitschaft, nüchtern im Feuer deiner eigenen Gefühle zu stehen. Doch es ist der einzige Weg, den ich kenne, um das Leben an der Seite eines Seltsamen Attraktors langfristig zu genießen.

Als kleine Kinder haben wir nicht an einem starren Plan festgehalten. Wir haben spontan das Spiel gewechselt, innerhalb von Minuten die ganze Bandbreite der Emotionen durchlebt und waren offen für neue, verrückte Einfälle. Das Leben war keine mathematische Gleichung, sondern pure Magie. Doch den meisten von uns ist das Staunen ausgetrieben worden. Wer nicht mehr staunen kann, kann auch nicht mehr spontan mit den Plötzlichkeiten des Lebens ko-

---

90 Hinweis: In *Heirate dich selbst* beschreibe ich ausführlich die Kunst des nüchternen Fühlens.

operieren. Wer diese Fähigkeit verliert, wird unsicher. Kontrolle ist der Versuch, den Verlust dieses Urvertrauens wettzumachen.

Doch durch die Überwachung des anderen wirst du nie die Sicherheit finden, nach der du dich sehnst. Wenn du einen Vogel in einen Käfig sperrst, mag dich das oberflächlich beruhigen. Doch der Zweifel bleibt: Würde er auch wählen, mit dir hier zu sein, wenn du die Käfigtüren öffnetest? Ein eingesperrter Vogel singt nicht mehr sein ganzes Lied für dich, sondern nur noch einige auswendig gelernte Strophen.

Wenn du wissen willst, wie sein natürliches Lied klingt, öffne den Käfig deiner Erwartungen. Wenn du herausfinden willst, ob dies wirklich »dein« Vogel ist, lass ihn fliegen. Werde ein starker Mensch, indem du lernst, die Unsicherheit, den Schmerz und die Ohnmacht zu begrüßen, die die Flugmanöver des anderen in dir auslösen. Wenn er dann zu dir zurückkehrt, weißt du, dass er wirklich dich meint. Und du wirst wissen, dass du ihn nicht wirklich brauchst. Gerade weil du nun zentrierter in dir ruhst und er dich freier wieder gewählt hat, könnt ihr euch tiefer aufeinander einlassen. Ihr macht euch das größte Geschenk: Ihr lasst euch frei und könnt euch so immer wieder frisch und staunend begegnen.

Das Geschenk der Freiheit

Eine Beziehung, die du freilässt, entwickelt sich lebendiger und damit auch chaotischer. Doch keine Angst! Chaos bedeutet nicht Unordnung. Chaos ist eine höhere Form der Ordnung, die du lediglich im Augenblick noch nicht verstehst. Wenn du dich und den anderen freilässt und dich dem Chaos bewusst hingibst (indem du alles fühlst, was es in dir auslöst), kann euch eure Beziehung immer wieder eine neue, höhere Form der Ordnung offenbaren. Sie weitet euer Bewusstsein. Sie führt euch in Räume der Liebe, die ängstliche Kontrollfreaks nie betreten werden.

Freiheit bedeutet nicht Kontrollverlust.
Freiheit bedeutet zu erkennen, dass du nie die Kontrolle hattest.
Freiheit heißt auch nicht, alles zu tun, was du willst. Sondern frei zu sein, um das zu tun, was in jedem Augenblick angemessen ist. Manchmal bedeutet Freiheit, loszugehen. Und manchmal bedeutet Freiheit, deine Freiheit bewusst zu opfern.

Einem anderen Menschen zu gestatten, neben dir frei zu sein, heißt nicht, ihm zu gestatten, mit dir zu tun, was er will. Ruhig deine

Grenzen aufzuzeigen, Konsequenzen zu erklären und auch einzuhalten ist etwas völlig anderes, als zu kontrollieren, zu drohen, zu reglementieren. Freiheit gibt dir und deinem Partner die Würde zurück.

Freiheit ist deine Fähigkeit, neue Gedanken zu empfangen, neue Wege zu gehen und neue Aspekte an dir zu entdecken. Es ist Selbstliebe, wenn du dein Recht auf Freiheit auch unter widrigen Umständen aufrechterhältst – auch wenn du dafür abgelehnt, verlassen oder ausgelacht werden könntest.

Es ist ein Akt der Liebe, auch dem anderen diese Freiheit zu gestatten, auch wenn es dich manchmal beunruhigen wird. Ohne Freiheit gibt es keine wirklich lebendige Beziehung.

Nur zwei freie Menschen können einander so nah kommen, dass sie Einheit erfahren.

»Binde zwei Vögel zusammen;
sie werden nicht fliegen können,
obwohl sie nun vier Flügel haben.«
RUMI

Wenn wir eine Beziehung finden, die gut funktioniert, möchten wir sie auf alle Ewigkeit in genau dieser Form festhalten. Doch wir selbst haben keine feste Form. Wir sind der freie Strom unserer Erfahrungen; wir sind die Entwicklung, der natürliche Prozess des Lebens. Du findest deine Sicherheit nicht, indem du den Strom eurer Beziehung in ein festes Flussbett zu sperren versuchst, sondern indem du dich nackt und wach in die Fluten wirfst und herausfindest, auf welchem unberechenbaren Weg der Fluss euch zum offenen Meer geleitet. Ein Fluss, der angestaut wird, beginnt zu stinken oder bricht irgendwann aus. Eine unfreie Beziehung ist schwach. Sie hält keine Belastung aus, denn sie fürchtet den Wandel.

Eine Beziehung, in der ihr euch die Erlaubnis gebt, wirklich zu zeigen, wer ihr seid, ist flexibler, offener und leistungsfähiger. Sie bejaht temporäres Chaos, denn sie weiß, dass daraus eine neue, höhere Ordnung geboren wird. Solange wir für den konstanten Fluss an lebendiger Energie offen sind, entwickeln wir uns im Kreislauf von Neuanfang – Stabilität – Chaos – Neuanfang weiter.

Die einzige Möglichkeit, eure Beziehung im permanenten Wandel der Formen zu stabilisieren, ist, die Kontrolle über die Form der Beziehung loszulassen und euch stattdessen auf die Qualitäten zu konzentrieren, die ihr miteinander teilen möchtet.
Was wollt ihr gemeinsam erfahren? Humor, Freude, Wachstum …

UMSETZUNG: Fragen zur Selbsterforschung

Was versuche ich in meinen Beziehungen zu kontrollieren?

Wie versuche ich zu kontrollieren?

Wie erfolgreich ist mein Versuch zu kontrollieren?

Wovor habe ich Angst?

Was kostet mich die Kontrolle?

Was müsste ich fühlen, wenn ich jetzt die Kontrolle losließe?

Was möchte ich für Qualitäten in meiner Beziehung erfahren?

Lach mehr

Ich habe oft versucht, den Frauen, mit denen ich zusammen war, meine Erwartungen aufzuzwingen. Wenn es mir gelang, habe ich sie insgeheim dafür verachtet. Dann traf ich Andrea und der Meißel meines Kontrollzwangs zerbrach am Marmor ihrer russischen Sturköpfigkeit. Ich habe ein Jahrzehnt gebraucht, um zu kapieren, dass ich diesen Menschen nicht verändern werde. Im zweiten Jahrzehnt habe ich gelernt, ihre Andersartigkeit nicht nur zu ertragen, sondern zu genießen. Das fiel mir nicht leicht. Andrea ist wirklich *sehr* anders …!

Ich musste es auf die harte Tour lernen. Heute kann ich jedem, der am Anfang einer Beziehung steht, nur empfehlen: Schaue dir den Menschen vor dir möglichst nüchtern an. Kannst du dir vorstellen, mit ihm, genauso wie er jetzt ist, langfristig Spaß zu haben? Wenn du denkst, dass er sich erst noch stark verändern müsste, lass es bleiben. Denn du wirst immer wieder enttäuscht werden und den anderen mit deinen Erwartungen kolossal nerven. Ein Mensch wandelt sich, wenn überhaupt, nur aus sich heraus. Das braucht Zeit und Freiwilligkeit. Und ob dabei das herauskommt,

was du hoffst, steht in den Sternen. Eines aber ist sicher: Wenn du einem Menschen gestattest, so zu sein, wie er ist, wird er dich überraschen.

Vielleicht brauchen wir alle etwas weniger Psychotherapie und dafür etwas mehr Selbstironie.

Die ultimative Methode, um deine eigene Menschlichkeit und die deines Partners aushalten und sogar genießen zu können, ist Humor.

Es ist *die* Geheimwaffe, die wirkt, wenn alles andere versagt. Humor löst Widerstände und Verkrampfungen in Sekunden auf und zeigt dir, dass nicht jedes Problem endlos ausdiskutiert werden muss.

Lachen ist – das ist wissenschaftlich erwiesen – sehr gesund. Es verjüngt dich, stärkt dein Immunsystem und regt deine Kreativität an. Lachen ist ein ekstatischer Bewusstseinszustand. Du kannst nicht gleichzeitig lachen und denken. Was für eine Entspannung für die vom exzessiven Grübeln verkrampfte Großhirnrinde!

Lachen erleuchtet dich subversiv. Die Widersprüche des Lebens lösen sich auf. Deine Menschlichkeit wird nicht einfach nur erträglicher; wenn du öfter lächelst, entdeckst du, verborgen unter dem Schutt menschlicher Urteile … die Vollkommenheit aller Dinge.

Wenn ihr euch das nächste Mal streitet, stell dir den anderen und dich in Clownsnase und Unterhosen vor. Versuche, ernst dabei zu bleiben. Auf gar keinen Fall lachen!

Spiele dich frei

Um die Andersartigkeit eines anderen Menschen nicht nur zu ertragen, sondern zu schätzen, brauchst du kreative Spiellaune.

Kreativ spielen bedeutet lässig schöpferisch zu sein.
Du fürchtest dich nicht vor Fehlern.
Die Lust auf neue Wege überwiegt.
Du durchbrichst gern die Routine,
denkst ungewöhnliche Gedanken
und tust Dinge, die dich selbst überraschen.
Der Inhalt des Spiels ist wichtiger als die Form.

Das Abenteuer einer lebendigen Beziehung besteht darin, eigentlich unüberbrückbare Gegensätze zu vereinen. Dafür musst du Nichtwissen aushalten können und den Mut haben, neue Wege auszutesten. Eure Ungleichheit wird euch immer wieder vor Herausforderungen stellen, auf die ihr (erst einmal) keine Antwort habt. Wenn du denkfaul und ängstlich bist, wirfst du viel zu schnell die Flinte ins Korn.

Beobachte kleine Kinder beim Spielen. Wenn ein Spiel ausgelaufen ist, gibt es oft eine Inkubationsphase des Nichtwissens. »Was wollen wir jetzt machen? Wie soll es weitergehen? Keine Ahnung.« Auch Kids durchlaufen dabei Phasen von Langweile, Frust und Ohnmacht. Aber sie bleiben dran.[91]

Neue Schöpfungen brauchen diese wertvolle Inkubationsphase! Sie brauchen deine Bereitschaft, offene Fragen zu begrüßen, Spannung auszuhalten und deine kindliche Neugier, einfach mal herumzuprobieren, was geschieht, wenn du etwas Neues machst.

Betrachte eure Beziehung als ein überdimensionales Mensch-Ärgere-Dich-Nicht-Spiel. Irgendwann ist das Spiel so oder so zu Ende und alle Spielfiguren werden vom Feld gefegt. Hat es Sinn, bis dahin todernst zu spielen? Ist es intelligent, immer wieder dieselben Züge zu machen und auf ein anderes Ergebnis zu hoffen?

Mach es dir zur lustvollen Routine, die Routine zu durchbrechen. Überrasche dich und deinen Partner.

Sei bereit,
neue Dinge auszuprobieren,
dich lächerlich zu machen,
Ärgernis und spektakuläre Begeisterung hervorzurufen.

---

91 Es sei denn, sie hängen bereits an irgendeinem elektronischen Gerät, das ihnen genau diese wertvolle Findungsphase abnimmt.

ERWACHEN

Entdecke die diebische Freude bewusst gemachter Fehler. Wechsle aus dem Lager der Ereignis-Wiederkäuer in das Lager der Neu-Ereignis-Schöpfer.

Wenn du keine Angst vor Fehlern hättest, was würdest du in deiner Beziehung gern mal ausprobieren?
Wann hast du zuletzt in deinen Beziehungen etwas zum ersten Mal getan?
Wann hast du dich selbst das letzte Mal verblüfft?

In dir steckt so viel mehr als das, woran du dich gewöhnt hast. Die Frage ist, ob du es herausfinden willst.

Freude, schöner Götterfunken!

»Wir sind die Hüter Seiner Schönheit. Wir sind die Beschützer der Sonne.
Es gibt nur einen Grund, warum wir Gott in diese Welt folgten:
um Lachen, Freiheit, Tanz und Liebe zu fördern.
Jeder Mann, jede Pflanze, jedes Lebewesen, jede Frau,
jedes Kind, jeder Blutstropfen, jede Musiknote
sind Überbringer der Freude, ein Bote des Lichts.«
HAFIZ

Kennst du Augenblicke in deinen Beziehungen, in denen dich etwas berührt, das größer ist als du selbst? Eine leise, grundlose Freude steigt auf. Wenn es dir gelingt, dich sanft mit ihr emporzuschwingen, wird dein Herz leicht und weit. Dein Bewusstsein löst sich in etwas sehr, sehr Großem auf. Vielleicht nur für eine Zehntelsekunde gibt es kein kleines Ich mehr. In diesem Moment bist du Glückseligkeit. Manchmal empfindest du sie fast unerträglich zart, wie den Kuss eines Schmetterlingsflügels. Ein anderes Mal berauscht sie dich wie ein ekstasegeschwängertes Feuer. Du dehnst dich aus. Du erfährst dich im absoluten Einklang mit dir, dem an-

deren und der Welt. Du weißt in solchen Momenten, dass alles in Ordnung ist. Alles ist gut.

Es gab Zeiten, da habe ich Glückseligkeit nicht ausgehalten. Ich wurde unruhig, hatte das Gefühl, es zerreiße gleich mein Herz. Mein inneres Thermostat für Freude war so weit nach unten gedreht, dass ich sie zerstören musste, wann immer sie mich fand. Dabei ist dieses bedingungslose Glück eines der köstlichsten Geschenke einer lebendigen Beziehung. Es richtet dich auf. Es erfrischt dich. Es öffnet deinen Blick für die wahre Schönheit des Lebens.

Du schaust dich um und erkennst, dass alles vollkommen ist. Du betrachtest einen Haufen Müll auf der Straße und er ist schön. Du siehst einen toten, halb verwesten Vogel im Gras liegen, und ohne den Schleier deiner Urteile ist er immer noch schön. Du denkst an dein Konto im Minus und lächelst milde. Du bist gerade mit der Vollkommenheit jenseits dieses weltlichen Krams verbunden. Nein, du hast kein Ecstasy genommen – und doch möchtest du die ganze Welt umarmen. Glückseligkeit ist natürliche Freude, verbunden mit einer sanften, süßen Hingabe an das, was ist. Aaaaaah!

So toll es wäre, du kannst diese Erfahrung nicht erzwingen. Denn diese stille Ekstase ist eine der Grundeigenschaften des Lebens. Sie ist immer da. Wir spüren sie nur so selten, weil wir uns im Kämpfen verstrickt haben. Die Mystiker versuchen seit Jahrtausenden in ihren oft sehr poetischen Texten auf den erstaunlichen Schatz hinzuweisen, den jeder von uns allzeit in sich trägt: den Zugang zur Seligkeit.

Wenn in unseren Beziehungen alles getan ist,
wenn wir uns gierig am Buffet der menschlichen Möglichkeiten
bedient haben,
wenn wir nichts mehr zurückhalten,
wenn wir allen Groll vergeben,
wenn die Dämonen willkommene Gäste sind,
wenn das Herz in voller Sehnsucht nach deiner Heimat brennen
darf,
wird das ICH still.

Es gibt keine Reibung mehr zwischen dir und der Existenz.
Und es offenbart sich deine wahre Natur:
grundlose, unschuldige Freude …
Glückseligkeit.

Unsere leistungsorientierte Gesellschaft hat uns vergessen lassen, wie es ist, sich ohne Grund zu freuen. Wir haben es brav geschluckt, dass man sich für gute Sachen anzustrengen hat. Oft biete ich meinen Klienten den Satz »Es darf einfach sein« als sanfte Affirmation an. Es berührt mich, wenn ich sehe, wie die Anspannung aus ihrem Körper weicht, wenn dieser leise Gedanke angenommen wird.

»Es darf einfach sein.«

Was machen diese Worte mit dir?

In unserer Kindheit durchströmte uns oft grundlose Freude. Kinder kreieren bis zu dreihundert Begeisterungsstürme täglich in ihrem Gehirn. Sie brauchen dazu nichts weiter als eine Pfütze, ein Stück Holz oder einen Erwachsenen, der sie hoch in den Himmel hebt. Doch begeisterte Menschen sind hochenergetisch und nicht zu kontrollieren. Deshalb reagieren erwachsene Autoritäten, Eltern und Lehrer oft genervt oder sogar feindlich auf die freie Freude eines Kindes. Anstatt uns inspirieren zu lassen, schränken wir sie ein.

Als Kids haben wir die Ekstase geliebt, doch noch wichtiger war es uns, dazuzugehören. Also passten wir uns an. Wir setzten unsere Dosis an täglicher Freude so lange herab, bis wir nicht mehr auffielen.

Im Laufe der Jahre hat sich unser System an den Mangelzustand gewöhnt und ihn als »normal« abgespeichert. Wann immer wir nun die obere Grenze unserer Freudetoleranz erreichen, regulieren wir uns nach unten. Das geschieht meistens unbewusst, beispielsweise durch Unfälle, Fressanfälle, Drogen, Streit oder Krankheit.

Willkommen in der Welt der normierten Erwachsenen, denen es nicht mehr komisch anmutet, wenn sie auf die Frage: »Wie geht es dir?« mit »Ich kann nicht klagen« antworten.

Die amerikanischen Beziehungsexperten Kathlyn und Gay Hendricks betonen in ihrem Buch *Liebe macht stark*[92], wie bedeutsam es ist, sich in seinen Beziehungen immer wieder ganz bewusst für die Freude zu entscheiden. Ansonsten wirst du im entscheidenden Augenblick in die Fallen der Selbstsabotage tappen.

Ich kann aus eigener Erfahrung bestätigen, dass es sehr wohl möglich ist, dich wieder an ein höheres Level der Freude zu gewöhnen. Dafür braucht es deine Bereitschaft, deine Anti-Ekstase-Programme aufzudecken und zu entkräften. Mir wurde zum Beispiel klar, dass ich immer dann Stress kreierte, wenn unsere Beziehung in den Hafen der Freude einkehrte. Entweder brach ich einen Streit vom Zaun oder kam auf die Idee, jetzt mit einer anderen Frau schlafen zu müssen. Dann gab es Krach, alles brach zusammen und wir mussten es neu aufbauen. Als mir dieses Muster bewusst wurde, konnte ich gegensteuern. Wenn ich nun bemerkte, dass sich der Skorpion in mir darauf vorbereitete, Ärger zu bereiten, zog ich mich für einen Tag zurück, um keinen Schaden anzurichten. Ich kümmerte mich um mich und wartete ab, bis die Unruhe abflaute. In dem Maße, in dem ich aufhörte, alles kaputt zu machen, lernte ich auch, mich an eine höhere Dosis Freude zu gewöhnen.

Du kannst dein inneres System kontinuierlich für mehr Freude öffnen. Hier einige Beispiele, die bei mir gut helfen:

---

92 Gay und Kathlyn Hendricks: *Liebe macht stark. Von der Abhängigkeit zur engagierten Partnerschaft,* München 2001.

Geistig: durch Affirmationen, Entspannung, gute Bilder (Visualisierung), guten Input (Gespräche, Filme, Bücher etc.)

Seelisch: durch Meditation, Stille, Entspannung

Körperlich: durch die Stärkung des Nervensystems mit ausreichend Schlaf, Sport, Sauerstoff, guter Ernährung. Aber auch durch regelmäßige Erfahrungen von Ekstase (zum Beispiel durch Tanz und Sex).

Mittlerweile sehe ich es als meine Pflicht an, die Freude in meinen Beziehungen zu pflegen. Dazu gehört, dass ich sie immer wieder bewusst wähle – besonders in herausfordernden Zeiten – und dasselbe auch von meinen Beziehungspartnern erwarte. Ich möchte meine kostbare Lebenszeit nicht mit Menschen verbringen, die mehr an Kampf als an Freude interessiert sind.

Bist du dir Freude wert?

UMSETZUNG: Fragen zur Selbsterforschung

Wie verhindere ich manchmal die Erfahrung von Freude? Welche Selbstsabotage-Programme kann ich erkennen?

Wie könnte ich mich und meine Beziehungen für mehr Freude öffnen?

Liebe-Radikal- Experiment

Deklariere einen Tag der Freude.
Eine Blume signalisiert den Bienen, dass sie bereit ist, sich zu verschenken. Wie kannst du heute der Freude signalisieren, dass du bereit bist für sie?

Was könntest du konkret tun, um mehr Freude in dein Leben einzuladen?
Vielleicht könntest du dich entsprechend anziehen?
Wohin könntest du gehen?
Mit wem würdest du heute gern Freude erleben?
Welches Essen würde Freude in dir auslösen?

Warte damit nicht auf einen tollen Tag. Gerade in herausfordernden Momenten kommt es einer sanften Revolution gleich, wenn du dich fragst: Und wo finde ich selbst jetzt die Freude?

Und wenn der Tag gut läuft und du heute tatsächlich eine intensivere Freude erfährst?
Mach auf *gar keinen* Fall morgen weiter ...

Dein erster und dein letzter Kuss

Wann hat dich ein Kuss das letzte Mal so richtig verzückt?

Wenn du das nächste Mal das Glück hast, einen anderen Menschen zu küssen, lass das Wunder rein.

Küsse, als wärest du eben erst in einem Körper inkarniert.
Küssc, als wäre es zum allerletzten Mal.

Bevor du küsst, nimm bewusst wahr, wie absurd unwahrscheinlich eure Begegnung ist. Sieh das dunkle, unendlich riesige Weltall vor dir. Milchstraßen, Sterne, Staub und so viel Weite und Dunkelheit. Und mittendrin, auf einem winzigen blau-grünen Planeten in einem knapp viereinhalb Milliarden Jahre alten Sonnensystem findet ihr euch GENAU zu diesem Zeitpunkt, an diesem Ort. Wenn du darin kein Wunder sehen kannst, weiß ich auch nicht …

Küsse den nächsten Kuss, als wenn du das ganze Weltall in Entzücken versetzen wolltest.

Ist das nicht verrückt?

Da schreibe ich so viel darüber, dass es die Liebe, wie wir sie uns vorstellen, gar nicht gibt, und jetzt widme ich ihr ein ganzes Kapitel.

Widerspreche ich mir? Ja und nein.

Ich hoffe, mir ist es gelungen, bis hierher mit einigen Märchen über die Liebe aufzuräumen. Wir brauchen einen reifen, nüchternen Blick auf unsere Beziehungen. Wir brauchen eine Perspektive, die unseren Reptilieninstinkt, den Herdentrieb, den suchenden Menschen und den schlafenden Gott genauso willkommen heißt. Daher rührte auch mein Vorschlag, einmal für eine Weile auf dieses große Wort Liebe zu verzichten und dafür lieber ehrlich und präzise über Interessen, Bedürfnisse, Ängste und Sehnsüchte und ja, auch über Bedingungen zu sprechen.

Mein nächster Satz mag dich deshalb vielleicht überraschen: Ich glaube an die Liebe. Ich bin überzeugt davon, dass es sie gibt. Aber anders, als wir sie uns denken.

Nur wenn wir mutig alle Konzepte über sie zerstören,
können wir erfahren, was die Liebe wirklich ist.

Lust, es herauszufinden?
Dann lies weiter.

Die Liebe täglich neu entdecken

»Das, was du am meisten wünschst,
das, was du suchst auf all deinen Reisen –
verliere dich selbst, wie Liebende sich verlieren,
und du wirst es sein.«
ATTÂR

Ich hoffe, du nimmst das jetzt nicht zu persönlich: Du bist nicht besonders originell. Egal, für wie tiefgründig und komplex du deine Persönlichkeit hältst, nach einer Weile hat sie jeder, der mit dir zusammen ist, instinktiv durchschaut und sich daran gewöhnt. Und genau an der Stelle schalten deine Mitmenschen vom Zustand der Faszination (»Wow!«) in den Standby-Modus (»Kenne ich«), das heißt, sie begegnen dir nicht mehr mit voller Aufmerksamkeit. Ihr Unterbewusstsein hat entschieden, in den Begegnungen mit dir Energie zu sparen.

Wenn du am Morgen aufstehst und selber davon ausgehst, dass es heute keine Überraschungen in deinem Leben geben wird, ist es unfair, von anderen zu erwarten, dass sie dich fasziniert begleiten. Es hat keinen Sinn, sich darüber zu beschweren, dass dich deine Mitmenschen in Schubladen stecken, wenn du dich wie jemand verhältst, der in eine Schublade passt. In manchen Psycho-Szenen treffe ich immer wieder auf die Haltung: »Warum sollte ich mich anstrengen? Ich bin ein göttliches Wesen und liebenswert genauso wie ich bin.« Was für eine Arroganz! Wenn du so denkst, habe ich Neuigkeiten für dich: Auch göttliche Wesen können langweilen. Wenn du willst, dass die Menschen um dich herum auch nach Jahren noch neugierig über dich staunen, lebe so, dass man über dich staunen kann.

Wir können dieses Einschlafen unserer zwischenmenschlichen Aufmerksamkeit auch plausibel neurobiologisch erklären. Das Gehirn verbraucht, obwohl es relativ klein ist, ca. 20 Prozent unseres Grundumsatzes. Kein Wunder bei all den hochkomplexen Steuer- und Entscheidungsprozessen (bis zu 10^{13} Rechenoperationen vollbringt es pro Sekunde!). Um nicht ständig auf Hochtouren arbeiten zu müssen, hat sich deine Denkzentrale einen Energiesparmechanismus einfallen lassen. Sobald du eine alltägliche Tätigkeit (Zähneputzen, Autofahren etc.) einigermaßen häufig ausgeführt hast, speichert dein Gehirn automatische Verhaltensmuster zur Meisterung dieser Sache im Unterbewusstsein ab und schaltet dann auf Standby. Das heißt, es beschäftigt sich nicht mehr bewusst damit, sondern wickelt den Prozess nebenbei ab.

Das hat durchaus Vorteile.

Du kannst Zähneputzen und dabei deinen Tag Revue passieren lassen. Du kannst Autofahren und dich mit deinem Beifahrer unterhalten. Du musst nicht jedes Mal neu überlegen, wie die Spülmaschine angeht.

Es hat aber auch Nachteile.

Denn ebenso wie mit bestimmten Gegenständen oder Tätigkeiten verfährt dein Gehirn auch mit deinen Mitmenschen: Zu Beginn werden sie wach und neugierig erkundet und später in die Schublade »bekannt« abgelegt. Dann staunst du nicht mehr über den anderen, sondern denkst zu wissen, wer er ist.

Du siehst lediglich die Dinge, die du eh schon kennst und reagierst darauf.[93] Das erzeugt einen Teufelskreislauf.

Denn da dein Partner deine gesunkene Aufmerksamkeit natürlich spürt, fährt er den Großteil seines Zaubers dir gegenüber zurück. Deine begrenzte Sicht auf ihn wird zu seinem Gefängnis. Bis eines Tages ein Abschiedsbrief auf dem Tisch liegt, weil er plötzlich doch etwas wirklich Überraschendes getan hat. Jetzt bist du wieder hellwach! Leider zu spät.

---

93 Vielleicht hast du schon einmal die folgende Erfahrung gemacht: Ihr habt einen neuen Gast im Haus. Er ist ganz verzaubert von deinem Partner und macht ihm ein Kompliment für eine Eigenschaft, die du schon lange nicht mehr oder vielleicht noch nie wahrgenommen hast. Doch indem sie von einer anderen Person angesprochen wird, entdeckst du sie plötzlich auch (wieder).

So weit muss es nicht kommen. Du besitzt nämlich die Fähigkeit, willentlich aus dem schläfrigen Stand-By-Modus auf die Frequenz des wachen Staunens zu wechseln.

Wie machst du das praktisch?

UMSETZUNG

Schau dich dort, wo du gerade bist, einmal um. Was siehst du?

Normalerweise fokussieren wir die Welt mit unserem Blick, indem wir den Dingen Namen verleihen, das heißt, wir sehen von innen nach außen: »Das ist ein Stuhl. Das ist ein Ehemann. Das ist ein Fuß.« Indem wir den Dingen einen Namen geben, ordnen wir sie innerlich in Schubladen ein. In jeder Schublade befindet sich auch eine Erklärung zu dem Ding: »Das ist ein Stuhl. Darauf kann man sitzen. Ich mag bequeme Stühle lieber. Ich bin schon mal mit einem Stuhl zusammengebrochen. Besser Vorsicht walten lassen!«

Doch es gibt noch eine andere Möglichkeit, die Welt zu sehen. Im Film *Die Legende von Bagger Vance*[94] heißt es: »Denn nur wer mit mildem Auge sieht, erkennt die Welt, in der der Mond, die Jahreszeit, der

---

94 Filmtipp: Die *Legende von Bagger Vance*. So, so, so gut!

Kreis, den die Erde beschreibt, zusammenfließen. Und alles was ist, wird eins. Diese Welt, die müssen Sie mit Ihrer Seele suchen.«

Lies zuerst die nun folgende Anleitung und probiere es dann aus:

Die Welt aus deinen Urteilen entlassen

Schau dich um. Lass dein Wissen über die Dinge, die dich umgeben, los, indem du sie betrachtest und leise sprichst oder denkst: »Ich weiß nicht wirklich, was das bedeutet.«[95] Entspanne dabei deinen Körper. Entspanne auch deinen Blick.

Stell dir vor, du siehst für einige Minuten nicht von innen nach außen, sondern lass deine Augen zu offenen, empfangenden Toren werden. Erlaube den Objekten und Wesen um dich herum, dich sanft mit ihren Farben, Formen und ihrer Ausstrahlung zu berühren. Lass dein Wissen über sie los und lass ihr Wesen über deine empfangenden, staunenden Augen in dich hineinströmen. Lausche mit deinem ganzen Körper. Spüre, wie ihr euch miteinander verbindet. Vielleicht musst du eine Weile spielerisch experimentieren, bis du den Unterschied erfährst.

Die Welt mit deinen Urteilen an ihrem gewohnten Platz zu halten, ist mit Anstrengung verbunden. Gönne dir für einige Minuten den Luxus,

---

95   Inspiriert durch: *Ein Kurs in Wundern, Freiburg i. Br. 2008.*

nichts zu tun, nichts zu wissen und nichts kontrollieren zu müssen. Sei ganz weich und offen.

Es kann sein, dass du in diesem entspannten, offenen Zustand nicht mehr weißt, wo genau die Grenze zwischen dir und der Welt verläuft und ob die Dinge außerhalb von dir oder in dir existieren. Kannst du dies geschehen lassen?

Wenn du möchtest, kannst du deinem offenen, empfangenden Spüren jetzt sogar erlauben, sich 360 Grad um dich herum auszudehnen. Sicher tauchen auch hin und wieder urteilende Gedanken oder Zweifel auf. Das ist voll okay. Dann kannst du, wenn du möchtest, beim nächsten sanften Ausatmen diese Gedanken etwas entspannen, vielleicht sogar loslassen und dich wieder etwas mehr in diese Offenheit ausdehnen.

Wie fühlt sich dieses entspannte Schauen für dich an?

Die Welle erinnert sich

»Was zu der Liebe Preis ich je ersann, verstummte,
als die Liebe selbst begann.
Wo die Liebe erwacht,
stirbt das Ich, der dunkle Despot.«
RUMI

Es kann sein, dass du, wenn du die im letzten Kapitel beschriebene Übung machst, etwas erfährst, was die Mystiker aller Zeiten das FELD nennen. Es ist schwer zu beschreiben, aber du kannst es erleben. Wenn der Geist zur Ruhe kommt, erkennst du, dass Trennung eine Illusion ist. Alle Erscheinungen, zum Beispiel dein Körper, der Stuhl, der Körper neben dir oder dieses Buch, sind auf einer tieferen Ebene durch ein energetisches Feld miteinander verbunden. Auch wenn dies vielleicht esoterisch angehaucht klingt, hat es auch die Physik mittlerweile bestätigt.[96] Unsere Wahrnehmung von fein säu-

---

96 Der Physiker David Bohm spricht von der »impliziten Ordnung des Universums« oder auch salopp von der »Quantensuppe«. (*Die implizite Ordnung. Grundlagen eines dynamischen Holismus*, München 1987)

berlich voneinander getrennten Objekten beruht auf einer Illusion. In Wahrheit ist nichts fest. Alles ist schwingende Energie. Alles ist immer mit allem verbunden. Wir müssen weder spirituell unterwegs sein noch Quantenphysik studiert haben, um dieses Feld zu fühlen. Auch ganz bodenständige Menschen können diese tiefere Verbundenheit erleben. Du musst dafür an nichts glauben. Es ist eine sehr einfache, wohltuende Erfahrung, die uns allen offensteht.

Manchmal gelangst du auf diese Ebene der Wahrnehmung und Verbundenheit vielleicht ganz ohne Absicht, beispielsweise, wenn du dich in der Natur entspannst; wenn du in den Armen eines geliebten Menschen Halt findest; wenn du in den Augen eines kleinen Kindes versinkst oder wenn du auf dem sexuellen Höhepunkt wirklich loslässt.

In solchen Momenten beurteilen wir die Dinge nicht. Wir sind einfach da, und zwar wach und entspannt zugleich. Das unbegreifliche Wunder des Lebens strömt wie eine farbenfrohe Welle der Eindrücke auf uns ein und zieht uns sanft in ein Meer des Staunens.

Früher dachte ich, ich müsse Drogen nehmen, um das Leuchten der Welt zu sehen. Heute weiß ich: Es geht viel einfacher. Du musst nur den Verstand still werden lassen. Du kannst das trainieren. Du kannst auch deine langjährigen Weggefährten täglich neu entdecken. Lass los, was du über sie weißt. Schau sie an, entspanne deinen Körper, deinen Blick und sage dir: »Ich weiß nicht, was das da vor mir bedeutet.« Mach dich leer, um ihr Wesen in dir zu empfangen.

Versuch es immer wieder. Irgendwann kommt der Moment, in dem du nicht mehr weißt, wo der andere anfängt und du aufhörst. Dann wird es still.

Du kannst es überall »üben«. Du kannst es mit allem üben. Du kannst dich vor einen Baum setzen und ihn in dir empfangen. Einen Stein, ein vorbeifahrendes Auto oder das Wunder, mit dem du gerade in Beziehung bist.

Ich möchte dir noch eine Metapher anbieten, die dein Bewusstsein auf diese Ebene des Feldes weiten kann:

Stelle dir vor, du bist eine Welle im Ozean.

Du hast dich so sehr auf deine Existenz als diese kleine Welle konzentriert, dass du vergessen hast, wo du herkommst. Und nun fühlst du dich einsam inmitten des Meeres. Manchmal streitest und kämpfst du mit den anderen Wellen. Du suchst nach einer anderen seelenverwandten Welle, damit du dich nicht mehr so allein fühlst. Aber selbst wenn du in den Armen einer zweiten Welle liegst, fühlst du dich in der Tiefe immer noch unvollständig. Du redest viel von Liebe, aber eigentlich weißt du nicht wirklich, was das ist. Und dann, eines Tages, passiert es. Dein Suchen und Kämpfen hat sich so erschöpft, dass du innehältst. Der urteilende Verstand, der die Welt permanent in Ich und Du, innen und außen eingeteilt hat, steht für eine kostbare Sekunde still.
Du erinnerst dich an ... das Meer.

Du denkst nicht: »Ah, ich bin das Meer!«, sondern plötzlich *spürst* du es wieder.

Dein Bewusstsein weitet sich in den Tiefen des Ozeans und erkennt sich selbst.

Diese Erfahrung stillt den Durst deiner Seele.

Das ist Gnade.

Das ist Heimkehr.

Das ist das, was du immer wolltest.

Nun gehst du durch die Straßen deiner Stadt, schaust auf die anderen Wellen und weißt mit einem Mal, wer »die anderen« wirklich sind: Du selbst in einer anderen Form.

Das, was ich in solchen Momenten empfinde, wage ich Liebe zu nennen.

Wenn mich dieses Meer aufnimmt, erscheint es mir unangebracht, von »Ich liebe…« zu sprechen. Es ist eher ein: »Die Liebe liebt die Liebe.«

Wenn ich hier bin, weiß ich ohne jeden Zweifel, dass wir alle von hier kommen und dass der verborgene Sinn jeder Beziehung darin besteht, uns hier wieder zu treffen.

Das Feld ist immer präsent. Wir nehmen es während unserer Kämpfe nur nicht wahr. Urteile, Ängste und Begierden trüben unseren Blick. Auch das hohle Gequatsche über Liebe lenkt ab. Wenn es sie wahrhaftig gibt, brauchen wir nichts dafür zu tun. Sie ist unser Geburtsrecht.

Vielleicht fragst du dich nun: Warum dann eine Beziehung aktiv gestalten? Warum ehrlich sein? Warum Bedürfnisse stillen?

Weil eine klare Beziehung den Blick auf das Offensichtliche freigibt. Eine lebendige, wache Beziehung wird zu einer Kathedrale der Liebe, zum Altar eures Erinnerns.

Beziehung ist Meditation

Wenn du herausfinden willst, ob es die Liebe wirklich gibt, verwandle eure Begegnung in eine … Meditation.

Hast du schon einmal über einen längeren Zeitraum regelmäßig meditiert? Früher dachte ich, es ginge dabei darum, angenehme Empfindungen zu haben. Irrtum. Du meditierst, um herauszufinden, was bleibt, wenn alles – die angenehmen und die unangenehmen Empfindungen – gehen. Dafür braucht es deine Entschlossenheit, deinen Meditationssitz für einen festgelegten Zeitraum wach einzunehmen und nicht zu verlassen. Komme, was wolle. Wenn du zwischendurch aufspringst, weil dich eine schöne Fantasie ruft oder ein unangenehmes Gefühl bedrängt, verpasst du das, wonach du eigentlich die ganze Zeit suchst. Wenn du sitzenbleibst und dich hingibst, wirst du Zeuge, wie sowohl die angenehmen als auch die schmerzhaften Erfahrungen kommen, ihren Höhepunkt erreichen … und wieder gehen. Du sitzt und beobachtest.

Dein Geist rennt nicht mehr wie ein hungriger Hund jedem Knochen hinterher. Er kommt hier und jetzt – im gelassenen Betrachten der Dinge – zur Ruhe. Deine Wahrnehmung wird schärfer und du siehst: Nichts bleibt ewig. Alles ist im Wandel. Und du schaust zu. Schicht für Schicht offenbart sich DAS, was nie geboren wurde und deshalb auch nicht sterben kann. Eine ESSENZ wird in dir freigelegt, die du nicht mit Worten beschreiben kannst. Doch ihre glückselige Stille ist Nektar für deine Seele. Hier bist du zuhause.

Ich kenne Menschen, die sich aus ihren Beziehungen zurückziehen, um diesen Frieden zu finden. Sie gehen ins Kloster oder schauen beim Meditieren auf eine leere Wand. Sich allem Beziehungstrubel zu entziehen und die Festplatte auf Null zu setzen, kann sehr wohltuend sein. Doch was, wenn du wieder in die Welt zurückkehrst? Wenn du bemerkst, dass dir »dein Alter« immer noch die Knöpfe drückt? Wenn deine Kids an dir zerren? Wenn du feststellst, dass deine Urteile über die anderen doch wieder anspringen, sobald du sie siehst?

Dann ist es Zeit, sich der Königsdisziplin zu stellen: Finde die Stille auf dem Marktplatz. Finde die Liebe inmitten all der menschlichen Unvollkommenheit. Mach deine Beziehung zum Gegenstand deiner Meditation.

Wenn ihr bereit seid, euch wach, nah und langfristig aufeinander einzulassen, macht ihr euch das ultimative Geschenk. Anstatt aufzuspringen und immer wieder die Beziehung zu wechseln, wenn es heiß wird, bleibt ihr in Verbindung. Ihr beobachtet miteinander, wie alles Menschliche kommt und wieder geht. Helle und dunkle

Momente. Phasen sexueller Ekstase und Momente tiefster Ödnis. Harmonie und Streit. Kalte Distanz und nährende Verbundenheit. Eure Körper wandeln sich. Sie nehmen zu. Sie nehmen ab. Sie bilden Falten.

Was ist wirkliche Schönheit?

Der Zweck eurer Beziehung wandelt sich. Lust, Kinder, Erziehung, Arbeit, Kunst, Erkennen – alles ändert sich. Wenn ihr in diesem Kommen und Gehen wach verbunden bleibt, macht ihr euch das größte Geschenk überhaupt. Denn ihr legt gemeinsam, Schicht für Schicht, DAS frei, was weder kommen noch gehen kann.

Nach einem buddhistischen Mythos erlebte Siddhartha Gautama unter einer Pappelfeige sein »Erwachen«. (Auf Sanskrit: Bodhi, deshalb heißt die Pappelfeige auch Bodhibaum.) Er setzte sich zu ihren Füßen nieder, felsenfest entschlossen, sich nicht zu bewegen, bis er die Wahrheit gefunden hätte. Er beobachtete, wie alle menschlichen Erfahrungen in ihm aufstiegen, ihn testeten und wieder verschwanden. Anstatt sich mitreißen zu lassen, blieb er im Hier und entdeckte das Geheimnis. Alles kommt und geht wieder. Was bleibt, ist die reine Essenz. So erlangte er die innere Freiheit eines erleuchteten Wesens.

Die Menschen, auf die du dich voll einlässt, werden zum Bodhibaum deines Erwachens. Denn das große Geschenk einer langfristigen, lebendigen Beziehung ist, dass ihr miteinander erleben werdet, wie jede Erfahrung, die ein Mensch machen kann, kommt und wieder geht. Phasen sexueller Ekstase. Phasen tiefster Ödnis. Harmonie und Streit. Nähe und Entfernung. Eure Körper verändern sich. Brüste werden schlaff. Der Penis schrumpelt. Alles, was du berühren kannst, wird sterben.

Wenn du deine Liebe an etwas mit Verfallsdatum bindest, hast du ein Problem.

Spätestens wenn deine Grundbedürfnisse bis zu einem gewissen Level gedeckt sind, wenn du genug Schmusen, Sex, Anerkennung und Sicherheit erfahren hast, werden die bohrenden Fragen wieder auftauchen: Wozu das alles? War es das? Ist das alles?

Sei mutig und folge ihnen. Bis du still wirst.

Du bist eben nicht nur ein Fleischklöpschen, das sich an einem anderen Fleischklöpschen glücklich reiben möchte. Du bist ein Weltenwandler. Du bist ein physisches und ein geistiges Wesen. Du hast einen Körper, der sich nach Berührung, Wärme und Essen sehnt. Doch du bist auch ein unsterblicher Funken jener Flamme, die dieses Universum erträumt hat. Das, was du wirklich suchst, kann nicht gefunden werden, weil es das ist, was niemals verloren ging.

Alles, was du erlebst, taucht in deinem Bewusstsein auf, wie auf einer weiten, hellen Lichtung. Menschen kommen, Menschen gehen. Gefühle schwellen an und lösen sich wieder auf. Dein Körper wächst, erblüht und altert. Doch etwas verändert sich nie.
Du kannst es nicht berühren. Aber du weißt, dass ES da ist.

Ein stilles, unsterbliches ICH BIN.

Es ist der Tanzboden für deine Dramen, der stumme Zeuge deiner wilden Nächte.

Es ist das stille Bewusstsein, welches jetzt gerade diese Worten liest und sich erinnert.

Mach deine Beziehungen zu deinem Bodhibaum.

Höre auf, nach mehr zu suchen.

Gib dich hin.

Wenn du stehen bleibst,

dich dem Feuer der Nähe stellst,

Werden und Sterben immer gelassener beobachtest,

dann schält sich im Laufe der Zeit immer deutlicher DAS heraus,

was von all dem nie tangiert wurde.

Dein ruhendes Zentrum.

Dein einfaches ICH BIN.

Hier bist du frei.

Von hier bist du ausgezogen.

Hierher kehrst du durch deine Beziehungsabenteuer letztendlich zurück.

Gestatte dir, dich zu erinnern, wer du wirklich bist.

Vielleicht versucht dein Verstand immer noch zu erfassen, was du gerade liest. Doch in der Dimension, auf die diese Worte deuten, haben Köpfe keinen Zutritt.

Entspanne deinen Geist.
Erinnere dich.
Fall in das EINE Liebende.

Die Liebe wählen

Das machen nur Narren, Heilige und vielleicht ... du!

Ich habe für das, was jetzt kommt, keine wissenschaftlichen Beweise. Doch seitdem ich mich auf meinem Heimweg befinde, haben mich viele Erfahrungen zu einem überzeugten Narren werden lassen. Ich glaube, dass wir in einem Universum leben, das uns liebt und unterstützt. Leider erfahren viele Menschen nur einen Bruchteil dieser gewaltigen Kraft, weil wir an unseren Urteilen über richtig und falsch, liebenswert und verachtenswert festhalten.

Ich war selbst überzeugt davon, in einer schlimmen Welt zu leben, in der es gefährlich und unangemessen ist, zu sehr zu lieben; einer Welt, in der man sich lieber schützen sollte. Heute weiß ich, dass es genau andersherum ist. Die Welt ist schlimm, weil wir uns zu sehr schützen und zu wenig lieben.

Ich möchte eine radikale Behauptung mit dir teilen. Glaube sie mir nicht einfach so. Aber bitte lass sie wirken:

Der Mangel an Liebe ist eine Illusion.

Immer dann, wenn wir keine Liebe spüren, liegt ein Irrtum im Verstand vor.

Wie kommst du in den Zustand des Geliebtseins zurück?
Indem du den Irrtum im Denken korrigierst.

Stelle dir für einen Moment vor, wie es wäre, wenn du dich von allem geliebt fühlen würdest.
Von den Sternen, dem Meer und der Erde.
Von den Bäumen, den Bergen, den Wolken, dem Regen und dem Sturm, der Sonne.
Von allen Tieren, allen Menschen. Denen, die du kennst und denen, die du nicht kennst.
Von Vater und Mutter, egal, was sie sagen oder tun.
Was wäre, wenn das deine Wirklichkeit wäre?
Welche Wirkung hätte es auf dein Leben, wenn du dich durch alles geliebt fühlen würdest?

Viele Menschen hoffen, dass es so ist. Sie suchen nach Beweisen, damit sie es endlich glauben können.

Doch was, wenn es genau andersherum funktioniert?
Wenn du erst wählen musst, die Liebe in ALLEM wiederzufinden, und dann die Beweise auftauchen?

Stell dir vor, du würdest dir das folgende Versprechen geben[97]:

Ich verspreche, ab jetzt in allem einen Ausdruck der Liebe zu erkennen.

Jeder Mensch ist ein Ausdruck der Liebe.

Auch diejenigen, die völlig anderen Lebenspfaden folgen und die mein Verstand verurteilt.

Meine Kraft ist ein Ausdruck der Liebe.

Meine Zerbrechlichkeit ist ein Ausdruck der Liebe.

Meine Größe ist ein Ausdruck der Liebe, wie meine niedrigsten Aspekte.

Es ist Liebe, die mich siegen und fallen lässt.

Es ist Liebe, die durch Ekstase und Schmerz, Freude und Angst mit mir kommuniziert.

Alles Dunkle ist ein Ausdruck der Liebe, den ich nur noch nicht verstehe.

Alles Hässliche ist ein Ausdruck der Liebe, dessen tieferliegende Schönheit ich nur noch nicht erkennen kann.

Schuld und Trennung existieren nur in meinem Geist.

In Wahrheit ist alles unschuldig und alles ein Ausdruck der Liebe.

---

97 Die Erkenntnis, dass es die Möglichkeit dieser radikalen Wahl überhaupt gibt, verdanke ich dem Mythos von Jesus Christus und Ron Smothermons Buch: *Das Mann/Frau-Buch*. Dafür werde ich ewig dankbar sein.

Mir ist bewusst, dass diese Worte rational nicht nachvollziehbar sind. Doch auf einer tieferen Ebene des Lebens, jenseits unserer begrenzten Konzepte, ist alles vollkommen – genau so, wie es ist. Das Wirken des Großen entzieht sich unseren Urteilen. Es ist einfach, wie es ist. Hier kannst du eine Dimension der Liebe entdecken, die nichts mehr ausschließt.

Natürlich, die Welt in weiß und schwarz, gut und böse einzuteilen, ist beruhigend. Wenn wir unsere Urteile aufgeben und uns einer bedingungslosen Liebe öffnen, fühlen wir uns nackt und verletzbar. Doch das bedeutet ja nicht, alles wie ein Schaf erdulden zu sollen. Missbrauche Sprüche wie »Alles ist gut!« nicht als Alibi, um deinen Arsch nicht für deine Werte in Bewegung zu setzen. Wo du Unrecht siehst, gebiete Einhalt. Wo du Menschen aus Ignoranz verletzen siehst, geh dazwischen.

Wie aber wirst du wohl wirksamer dienen? Indem du in deinem Gegenüber einen verdammungswürdigen Gegner siehst und dich zu seinem Richter aufschwingst oder indem du seine Verirrung siehst und auf einer existenziellen Ebene seine Unschuld erkennst?

Die Liebe in allem wiederzuentdecken ist eine verrückte Wahl, die alles verrückt. Wenn du dich dazu entschließt, wirst du erkennen, wie mächtig der menschliche Geist ist. Er ist in der Lage, aus einer Idee heraus eine sich sehr real anfühlende Hölle zu kreieren. Doch wenn du deine Urteile über dich, den anderen und unsere Welt für

LIEBE (N)

einen Augenblick ablegst, wirst du staunen. Dann verstehst du, was in *Ein Kurs in Wundern* steht: »Wenn du gerettet bist, ist die ganze Welt gerettet.«[98]

Wie lautet deine Wahl?
Sie entscheidet alles.

---

98 Ebd.

Du bist wichtig

Nun geht dieses Buch dem Ende entgegen. Ich möchte mich für deine Offenheit und deine Aufmerksamkeit bedanken. Sie sind das wertvollste Geschenk, das du einem anderen Menschen machen kannst. Ich hoffe aus ganzem Herzen, dass das, was du in diesem Buch gefunden hast, dich dabei unterstützt, den Schatz deiner Beziehungen zu entdecken und zu feiern.

Mir ist bewusst, dass es Skeptiker immer noch sehr leicht haben, Beweise gegen den Menschen zu finden. Die Beziehung zwischen unserer Spezies und unserem Heimatplaneten ist so schlimm gestört. Menschen streiten sich, verletzen sich, töten sich. Kritiker könnten diesem Buch also leicht vorwerfen, dass es ein zu naives Bild entwirft. Das kann ich nachvollziehen. Doch ich habe gewählt zu glauben. Nicht an eine überirdische Macht, sondern an dich und an mich. Ich habe erfahren, dass ich dazulernen kann. Und ich bin kein Einzelfall.

Das große Geschenk meines Jobs ist es, viele Menschen bei ihrem Erwachen beobachten zu dürfen. Das stärkt meinen Glauben. Die-

ser Planet ist – evolutionär gesehen – wahrscheinlich nicht die Klasse für die Überflieger. (Wenn ich von mir ausgehe, wohl eher ein Nachsitzerkurs für Dickköpfe.) Na und?

Ich glaube an eine (R)Evolution des Einzelnen. Ich habe dieses Buch in dem Wunsch geschrieben, in deinem Leben einen kleinen Unterschied zu bewirken. Ich setze auf dich. Du bist wichtig. Du bist heute und jeden Tag für all die Menschen, denen du begegnen wirst, enorm wichtig.

Früher habe ich immer auf eine große, auf *die* große Gelegenheit gewartet, um die Welt zu retten. Heute weiß ich, dass ich die Welt um mich herum immer wieder für einen Augenblick retten kann – durch ein Lächeln oder eine freundliche Geste des Mitgefühls. Egal, für wie unvollkommen und neurotisch verkorkst du dich selbst vielleicht hältst – du verfügst über eine erstaunliche Gabe: Du kannst in jedem Augenblick deinen Mitmenschen die Hand reichen. Du reichst uns die Hand, indem du Verantwortung für dich und deine Gefühle übernimmst. Du reichst uns die Hand, indem du ehrlich und offen zu deinen Bedürfnissen stehst und dich darum kümmerst. Du beschenkst einen anderen Menschen über alle Ma-ßen, indem du ihm wirklich zuhörst. Einfach nur zuhörst. Du kannst den Tag eines anderen Menschen retten, indem du ihm ei-nen Kaffee spendierst.

Die Befreiung der Liebe findet nicht in der Bibel oder im Kino statt, sondern in deinen Beziehungen. Nicht auf einem epischen

Schlachtfeld, sondern im stinknormalen Alltag deiner Welt. Hier entscheidest du dich täglich zwischen der Angst und der Liebe. Ich will dich ja nicht unter Druck setzen, aber wie du dich entscheidest, ist wirklich wichtig für uns.

Ich weiß, dass das im Augenblick noch seltsam klingt, denn noch begreifen wir uns nicht als *ein* Wesen. Mich faszinieren die Forschungsergebnisse der Biologen, die riesige Pilzgeflechte oder Ameisenvölker studieren. Manche von ihnen kommen zu dem Schluss, dass wir die intelligente Wirksamkeit dieser Systeme nur verstehen können, wenn wir davon ausgehen, dass es sich im Grunde genommen um ein großes Wesen handelt.

Ich bin überzeugt davon, dass wir den Tag noch erleben werden, an dem unsere Kinder und Enkel uns voller Staunen fragen:

»Stimmt es, dass ihr euch damals wirklich als getrennt erfahren habt?«

Wenn die Menschheit beginnt, kognitiv und emotional die Vernetzung nachzuvollziehen, die die Technologie längst vollzogen hat, dann werden wir uns nicht mehr als einen Haufen egoistischer Individualisten begreifen, sondern als *ein* großes menschliches Wesen. Wir werden einander erkennen. Wir werden einander achten. Und wir werden uns voller Vertrauen und selbstverständlich aufeinander einlassen.

Solange dies noch Utopie ist, braucht es Pioniere, die so verrückt sind, ihrer Ahnung zu folgen, die sich tollkühn einlassen – ohne die Garantie, dass es gut geht.

Es braucht Menschen, die erfahren, was geschieht, wenn wir einander wirklich eine Chance geben;
was wir finden, wenn wir uns hingeben;
was wir gewinnen, wenn wir unserem Selbst in einer anderen Form vertrauen und dienen.

Wenn wir erkennen, wie verwoben alles mit allem ist, begreifen wir unsere Winzigkeit und auch unsere Wichtigkeit. Was du denkst und tust, beeinflusst alles. Ob du willst oder nicht – du bist wichtig. Niemand auf der Welt kann deine Aufgabe erfüllen. Es gibt Orte und Zeiten, an denen wirst nur du auftauchen. Es gibt Gelegenheiten, die kannst nur du wahrnehmen. Wenn du es nicht tust, sind sie für immer verpasst. Es gibt einen unsichtbaren Pfad in diesem Universum, der nur von dir betreten werden kann.

Sicher kennst du die berühmte Theorie vom Schmetterlingseffekt, in der es darum geht, dass der Flügelschlag eines Schmetterlings auf der anderen Seite der Erde einen Orkan auslösen kann. Du begegnest heute oder morgen sicher noch anderen Menschen. Jeder dieser flüchtigen Kontakte kann und wird den Lauf der Dinge für immer verändern. Die Worte und Taten, die du heute verschenkst, kannst du nicht mehr zurücknehmen. Sie wirken weiter. Die Gesten, die du heute zurückhältst, sind für immer verloren.

Heute wird dich das Leben an eine Kreuzung des Universums stellen, an der zuvor noch niemand gestanden hat. Hier wirst du eine Wahl treffen, die nur du treffen kannst. Du wirst entscheiden, welchen Weg die Geschichte von hier aus einschlägt.

Meinst du, ich übertreibe? Ich habe mit Menschen gesprochen, die durch ein einziges Gespräch zum perfekten Zeitpunkt davon abgehalten wurden, sich das Leben zu nehmen oder ein Kind abzutreiben. Die fünf wichtigsten Lektionen meines Lebens (ich kann mich noch haargenau an sie erinnern) hatten alle die Form eines Satzes oder einer Geste – im entscheidenden Augenblick. Ich werde immer dankbar für sie sein.

Tja. Ob wir es wollen oder nicht: Wir sind für immer miteinander verbunden. Die Esoteriker erklären dies mit der Akasha-Chronik, dem Gedächtnis der Welt. Jeder Gedanke, jede Geste eines jeden Menschen soll hier für immer gespeichert sein. C. G. Jung würde sagen: Das, was wir denken und tun, wirkt in das kollektive Unterbewusstsein der Menschheit hinein und beeinflusst von hier alle. Systemforscher können dir genau erklären, dass das, was du denkst und tust, kleine Kettenreaktionen in deinem sozialen Netzwerk und darüber hinaus auslöst.

Ob du es willst oder nicht, du hast zu uns allen eine Beziehung. Ob du es willst oder nicht, du bist wichtig. Dich voll zu entfalten, ist nicht nur gesundes Eigeninteresse. Niemandem ist damit gedient, wenn du dich versteckst und dich weigerst zu scheinen. Wenn du

dich bremst, fehlst du uns allen. Wenn du deine Kraft entfesselst, kommt sie auf unsichtbaren Pfaden bei uns allen an. Dein größtes Geschenk an die Welt ist zu teilen, wer du wirklich bist.

Nimm es ernst.
Nimm es locker.
Du bist mir wichtig.

Worauf wartest du?

Es soll ja Menschen geben, die sich für den richtigen Zeitpunkt aufheben. …bis sie irgendwann vom Auto überfahren werden oder plötzlich an einem Herzinfarkt sterben. Dumm gelaufen.

Was meinst du?
Wie viel Zeit hast du wohl, um deinen Mitmenschen zu zeigen, wer du wirklich bist?
Um dein Herz so vollständig zu verschenken, wie du es immer wolltest?

Keine Ahnung, wie lange noch.
Alles, was du garantiert bekommen hast, ist jetzt.
Jetzt ist deine Chance!

Dieser Tag wird so nie wieder kommen.
Wie willst du ihn erleben?
Verschlossen, grübelnd, misstrauend?
Oder offen, staunend, dich verschenkend?

Was, wenn dich das ganze Universum liebt?
Und was, wenn du wählst, genauso magisch und zuverlässig zurück
zu lieben?

Liebe radikal

Im Grunde genommen ist alles ganz einfach:
Entzünde das Feuer.
Wähle jeden Tag neu, dich einzulassen.
Höre auf zu jammern und zu fordern.
Beginne, ein aktiver, kreativer Teil der Lösung zu sein.

Du kannst deine Beziehungen bewusst gestalten und in einen blühenden, lebendigen Garten verwandeln. Höre auf, den »ersten« Schritt von den anderen zu erwarten. Sei ein Vorbild. Übernimm die Führung. Geh als Erster aufs Spielfeld. Wähle, aktiv zu lieben. Wähle, das zu fördern, was dich und andere erblühen lässt, und verabschiede dich von dem, was dir schadet. Vielleicht stehst du da eine Weile allein. Doch das Gesetz der Anziehung wird wirken. Die passenden Spielkameraden werden folgen. Darum brauchst du dich nicht zu kümmern. Halte du nur deine klare Wahl aufrecht.

Du musst den Weg nicht kennen, aber besteh darauf: Lebendige, liebevolle Beziehungen sind dein Geburtsrecht.

Ach übrigens: Verlass dich nicht zu sehr auf Therapie. Sie kann für einen gewissen Abschnitt nützlich sein, um dich besser verstehen zu lernen. Doch verpasse den Absprung nicht. Vielleicht haben wir uns in den letzten Jahrzehnten etwas zu ausgiebig im psycho-analytischen Selbstmitleid gewälzt. Der Verstand ist trickreich und mächtig. Vielleicht haben wir künstlich Neurosen herangezüch-tet und schauen nun gelähmt in das Spiegelbild unserer Schöpfung. Du wirst in deiner Vergangenheit immer neue Gründe finden, die dir erklären, warum du heute nicht bekommst, was du wirk-lich-wirklich willst. Gib dich nicht der Illusion hin, dass du je-mals fertig therapiert oder richtig erleuchtet sein wirst, so dass es nicht mehr wehtut. Vielleicht wirst du erst herausfinden, wie tief du lieben kannst, wenn du aufhörst, in deinen Problemen zu wühlen und stattdessen den Blick hebst und auf deine Mitmenschen zu-gehst.

Ja.
Manche werden dich wieder nicht verstehen.
Es wird wieder schmerzen.
Du wirst Angst haben.
Du wirst ab und zu einsam sein.
Du wirst dich verraten fühlen.
Du wirst an menschlicher Ignoranz – deiner und der der anderen – verzweifeln.
Na und?

Höre auf, dir selbst leidzutun. Damit schwächst du dich nur. Während du hinter deinen Mauern sitzt und schmollst, verrinnt dein kostbares Leben.

Zieh dich meinetwegen kurz zurück. Lecke deine Wunden. Wüte. Weine. Dann verzeih – dir und dem anderen. Und öffne JETZT dein Herz erneut.

Wie lange willst du am Spielfeldrand sitzen und schmollen? Weißt du, wie lächerlich diese Pose aus dem Weltall aussehen muss?

Wie viel Kohle hast du auf deinem Konto? Was für ein Auto fährst du? Gähn! Wen willst du damit beeindrucken?

Was heute Abend, wenn du in dein Bett sinkst, zählt, sind die Fragen:
Wie sehr hast du geliebt?
Hast du dein Tun geliebt?
Hast du dich geliebt?
Hast du die anderen in dein Herz gelassen?
Schläfst du leer und erfüllt ein, weil du dich komplett verschenkt hast?

Hör auf, dir zu erzählen, dass du noch nicht bereit für eine lebendige Beziehung seiest! Du wirst niemals besser vorbereitet sein als heute. Geh los, mit all deinen Neurosen und Sonderlichkeiten. Wir brauchen dich nicht morgen. Wir brauchen dich jetzt.

Hör auf, dich mit der Frage zu martern, ob ein anderer Mensch zu dir passt oder nicht, ob du dich trennen solltest oder nicht. Überlass diese Entscheidung dem Leben. Der schnellste Weg, dies zu klären, besteht darin, authentisch zu sein. Wenn du aufhörst, anderen eine Rolle vorzuspielen und dich stattdessen offen und aufrecht zeigst, mit deinen schönen und hässlichen Aspekten, mit deinen klar definierten Werten und Bedürfnissen – dann geht alles ganz, ganz schnell. Die, die nicht zu dir passen, werden sich aus deiner Realität verabschieden, ohne dass du etwas sagen musst.[99] Die, die nur darauf gewartet haben, dass endlich jemand den Anfang macht, werden es dir danken. Die, die dasselbe volle Spiel der Liebe kosten wollen, werden dich finden wie die Biene die perfekte Blüte.

Verschwende diese Chance nicht.
Liebe radikal.
Liebe dich frei.

---

99 Falls du Angst davor hast, dies rauszufinden, solltest du dich fragen, was besser ist. Zwanzig Jahre in einer nichterfüllten, halb toten Beziehung auf ein Wunder zu hoffen oder heute und hier der schmerzhaften Wahrheit ins Auge zu schauen und dann frei zu sein.

Heirate alles

Ich kann es nicht lassen. Bevor ich verschwinde, muss ich dir eine letzte verrückte Idee anvertrauen.

Schau, einen wichtigen Menschen zu lieben, ist eine überaus erfüllende Erfahrung, und ich hoffe von Herzen, dass dich dieses Buch darin unterstützt.

Aber was ist mit den anderen? Was ist mit uns? Wo verläuft die unsichtbare Grenze deiner Anteilnahme? Wer bekommt deine Aufmerksamkeit und wer nicht? Wer kann dich mit seinem Anliegen berühren und wer nicht?

Wo hältst du dich zurück?
Wo fürchtest du dich davor, alles zu geben?
Wo hältst du dein Herz verschlossen, weil du glaubst, dich schützen zu müssen?

Wenn wir der Angst folgen, verpassen wir ein Wunder: Die Erfahrung, dass alles, was wir in das große Netzwerk des Lebens einspeisen, zu uns zurückkommen wird.

Wenn wir unsere Liebe für eine begrenzte Anzahl von Menschen aufsparen und den Rest der Welt ausgrenzen, mag sich das kurzfristig kontrollierbarer anfühlen. Doch werden wir so die Probleme unserer Welt lösen? Oder rufen die gegenwärtigen Herausforderungen nach der Geburt eines neuen, kosmozentrischen Bewusstseins?

Die Antwort auf die Verworrenheit der Welt ist nicht noch mehr Abkapselung, sondern tiefere Hingabe. Und das, was eben noch als komplizierte Vielfalt erschien, wird sich uns als ein großes, sehr intelligentes Wesen offenbaren. Es ist einfach der nächste, unausweichliche Schritt in unserer Evolution: Wir werden erwachen und uns als ein großes, allumfassendes Netzwerk des Lebens erkennen. Wir werden lernen, den Menschen auf der anderen Seite dieses Planeten wirklich als Bruder oder Schwester wahrzunehmen. Ich bin überzeugt davon, dass wir um diese Dimension von Verbundenheit eigentlich schon wissen, sie jedoch leugnen, weil sie uns (noch) ratlos macht.

Ich habe auf all das keine vorgefertigten Antworten, aber einen verwegenen Vorschlag:

In meinem Buch *Heirate dich selbst* habe ich dich dazu ermutigt, dich selbst vollständig zu umarmen, bevor du dich in die Arme eines anderen Menschen begibst.
In diesem Buch geht es um den nächsten logischen Schritt, darum, dich wahrhaftig und existenziell auf einen besonderen Menschen einzulassen.

Vielleicht ahnst du schon, was jetzt kommt. Es ist nichts, was ich von dir verlangen oder erwarten kann. Es ist ein Vorschlag von Herz zu Herz:

Ich lade dich ein, die Welt zu heiraten.

Für mich bedeutet das, voll anzuerkennen, dass wir alle miteinander verbunden sind; dass ich ein Teil des Ganzen bin; dass ich bereit bin, diese Welt genauso lieben und achten zu lernen wie mich selbst.

Hör nicht darauf, was dein Verstand dazu sagt. Der kann das nicht verstehen. Der fürchtet sich vor jeder unbekannten Dimension. Lausche auf dein Herz. Ist es bereit, sich für alles zu öffnen, selbst wenn du nicht weißt, was das konkret bedeutet? Wer weiß schon, wohin dich so eine verrückte Wahl führt? Vielleicht lebst du ganz normal weiter wie bisher, doch deine Augen schauen anders auf die Wesen da »draußen«. Vielleicht hörst du auf, dich künstlich zurück-zuhalten, weil dir klar wird, dass der perfekte Moment zu lieben immer jetzt ist. Vielleicht kündigst du deinen Job, weil dir klar wird, dass du dort nicht wirklich dienen kannst. Vielleicht erblühst du aber auch endlich an deinem Arbeitsplatz, weil du spürst, wie sehr alle um dich herum nur auf dich gewartet haben.

Die Welt zu heiraten erscheint zum augenblicklichen Stand noch wie eine sehr verrückte Wahl. Ich hoffe sehr, dass du verrückt ge-nug dazu bist. Denn nur viele sanfte Verrückte werden den Lauf der Dinge verrücken.

Wie könntest du dieser Wahl konkret Ausdruck verleihen?

Du weißt ja, ich stehe auf bewusst durchgeführte Rituale. Du könntest dir einen wunderschönen Ort aussuchen und deine Hochzeit mit der Welt bewusst feiern. Du könntest diesen gewaltigen und stillen Schritt auch durch eine symbolische Handlung demonstrieren. [100]

Wie viele Menschen braucht es, um eine echte Veränderung auszulösen? Soziologen sagen, es brauche bei Weitem nicht alle. Schon fünf Prozent würden ausreichen, um einen signifikanten Wandel herbeizuführen. Wenn nur fünf von hundert Menschen beschließen, die Welt aktiv zu lieben und dies mit guten Handlungen zu demonstrieren, dann stehen die Chancen sehr gut, dass aus dem Tropfen ein Fluss und aus dem Fluss ein Meer wird.

In jedem Menschen schlägt ein Herz, das lieben möchte. Was uns oft abhält, ist der Zweifel an unserer Bedeutsamkeit: »Das Leid ist zu groß. Was soll ich da schon ausrichten?« Doch alle Revolutionen wurden von Menschen initiiert, die sagten: »Na und! Ich mach es dennoch. Ich folge dem Ruf.«

---

100 Als ich mich zum ersten Mal bewusst für die Welt öffnete, beschlossen Andrea und ich, Verantwortung für ein Patenkind auf der anderen Seite der Welt zu übernehmen. Heute ist Tendar, unser tibetischer Patensohn, ein anerkannter und erfolgreicher Journalist und lebt in den USA. Ihn damals zu adoptieren, hat unser Herz für einen bis dahin ausgeblendeten Teil dieser Welt geöffnet.

Ich bin kein Theoretiker. Ich bin ein Umsetzer. Ich mag es, wenn Erkenntnisse auch einen Abdruck im Lehm des Lebens hinterlassen. Ich möchte mit meiner Arbeit dazu beitragen, diese Welt in das Paradies zu verwandeln, das sie für uns sein könnte. Ich möchte Menschen berühren. Ich möchte dich berühren.

Nun überlasse ich dich deiner Wahl.

Ich habe gewählt, die Welt zu heiraten, weil es sich für mich wahr anfühlt. Manchmal lässt mich diese Wahl schlecht schlafen. Manchmal versaut sie mir einen schönen Augenblick, weil das Leid der anderen sich zu Wort meldet. Ich möchte dennoch nicht mehr zurück. Meine Wahl hat die Tür zu einem Raum geöffnet, in dem ich die Antwort auf alle Fragen gefunden habe.

Und die heißt Liebe.

Anhang

Die Website zum Buch www.liebe-radikal.de

Auf der Webseite zum Buch kannst du dir gratis die im Text erwähnten geführten Meditationen (für Klarheit, Visionsarbeit und Emotionale Balance) downloaden.

Geh auf auf die Seite, klick dort auf »Leserbercich« und gib dann als Passwort »**bereitzulieben**« ein. Bitte klein und zusammen schreiben.

Außerdem findest du dort eine Erklärung, wie du an den regelmäßig stattfindenden Video-Talks mit Veit Lindau teilnehmen kannst. Er spricht live zu spannenden Themen rund um ein erfülltes Leben und steht im Anspruch für Fragen zur Verfügung.

Besonderer Tipp: Im April 2014 führen Andrea und Veit Lindau einen vierteiligen Videoworkshop »Liebe Radikal«, begleitend zu diesem Buch, durch. Wie du daran teilnimmst, erfährst du auch auf der Webseite. Wenn du das Buch später erworben hast, ist das nicht schlimm. Dann kannst du dich auf die Aufzeichnung freuen.

Zur Vertiefung

LoveRevolution - Der »Homekurs« zum Buch

Für alle, die intensiver und ganz praktisch in die Kunst der Lebendigen Beziehung einsteigen wollen, hat Veit Lindau einen 30tägigen Homekurs entwickelt.

Er besteht aus 30 Lektionen auf Video, Audio und Email. In einem interaktiven, didaktisch fundiert aufgebautem Programm erforschst du die essenziellen Qualitäten einer lebendigen Beziehung und wendest sie sofort praktisch in deinem Alltag an. Genauso geeignet für Singles, die sich eine neue Beziehung wünschen und für Paare, die ihre Verbindung neu und tiefer beleben wollen.

Alle Details: www.loverevolution.de

Der Living Master Club – Schenke dir ein ganzes Jahr

Stell dir vor, du widmest dich 365 Tage lang konzentriert und alltagsnah den wesentlichen Fragen deines Lebens. Andrea und Veit Lindau haben ein, im deutschsprachigem Raum, einzigartiges Jahresbegleitprogramm entwickelt – eine Kombination aus multimedialen Coaching-Impulsen, Inspirationen, Community und Netzwerk. So wird die Veränderung, nach der du dich sehnst, auf eine sanfte und nachhaltige Weise möglich.

Alle Details: www.livingmasterclub.com

Living Master ◯ Club

Buchtipps

Diese Bücher haben meine Arbeit sehr inspiriert und ich empfehle sie gerne weiter.

Für Achtsamkeit und Gegenwärtigkeit

Byron Katie: **Lieben was ist. Wie vier Fragen Ihr Leben verändern können**. Arkana, München 2002.

Jack Kornfield: **Meditation für Anfänger: Inklusive einer CD mit sechs geführten Meditationen für Einsicht und innere Klarheit**. Arkana, München 2007.

Eckhart Tolle: **Jetzt! Die Kraft der Gegenwart**. Kamphausen Verlag, Bielefeld 2010.

Ein Kurs in Wundern. Greuthof Verlag, Freiburg 2012.

Beziehungsbücher

Richard Bach: **Brücke über die Zeit**. Ullstein Verlag, Berlin 2000.

Gay und Kathlyn Hendricks: **Liebe macht stark. Von der Ab-hängigkeit zur engagierten Partnerschaft**. Goldmann Verlag, München 2004.

Frank Natale: **Lebendige Beziehungen.
Die zwanzig Qualitäten der Liebe.**
Simon& Leutner, Berlin 1993.

Ron Smothermon: **Drehbuch II. Das Mann/ Frau Buch:
Die Transformation der Liebe**. Kamphausen Verlag, Bielefeld 1998.

Ken Wilber: **Mut und Gnade: Die Geschichte einer großen
Liebe – das Leben und Sterben der Treya Wilber**. Fischer Verlage, Frankfurt a.M. 2009.

Balance und Selbstheilung

Peter A. Levine: **Trauma-Heilung: Das Erwachen des Tigers.
Unsere Fähigkeit, traumatische Erfahrung zu transformie-ren**. Synthesis Verlag, Essen 1999.

Ken Wilber: **Integrale Lebenspraxis: Körperliche Gesund-heit, emotionale Balance, geistige Klarheit, spirituelles
Erwachen.** Kösel Verlag, München 2010.

Der Autor

Veit Lindau

Veit Lindau wirkt als Teacher, Speaker und Bestseller-Autor. Er ist professionelles Mitglied der German Speaker Association. Veit versteht sich als liebevollen Cultural Provocateur, achtsamen Businesspunk und Freigeist. Er gilt im deutschsprachigen Raum als Experte für eine integrale Selbstverwirklichung des Men-
schen. Seine Artikel und Bücher sind präzise, kompromisslose und gleichzeitig humorvolle Weckrufe. In seinen Vorträgen und Semina- ren ermutigt, inspiriert und fordert er heraus. Gemeinsam mit seiner Frau Andrea Lindau leitet er die Life Trust Akademie und den Living Master Club. In 20 Jahren persönlichem Beziehungsfeuer und der Arbeit mit tausenden Klienten haben sie einen Weg gefunden, dem zeitlos-universellen Thema LIEBE bodenständig und visionär, prag- matisch und romantisch, ernsthaft und humorvoll zu begegnen.

Kontakt aufnehmen:

Events und Blog: www.veitlindau.com

Facebook: www.facebook.com/veitlindau

Der LivingMasterClub: www.livingmasterclub.com

Lust auf mehr? Das persönlichste Interview mit Veit und Andrea ...

Was ihre Beziehung wirklich zusammenhält. Wie sie immer tiefer in die Liebe gekommen sind. Über die Fallstricke und Tücken des Alltags. Der Reiz des Verbotenen - über Fremdgehen und Monogamie. Wie wir lernen können, einander immer wieder neu zu sehen. Über Eros und Sexualität und wie sie in einer langjährigen Beziehung lebendig bleiben...
All das und mehr auf dieser Doppel-DVD.   EAN: 4260155681455

SeelenGevögelt –
Die Musik zum Buch

In einem besonderen Musikprojekt kamen Veit Lindau,
internationale Sänger und Musiker, der begnadete
Texter Hendrik Melle und der bekannte Komponist
und Produzent Dr. Lutz Fahrenkrog-Petersen (Juli,
N-Sync, Peaches, Nena, Einstürzende Neubauten)
zusammen, um die Texte von Veits Büchern in Musik
zu verwandeln. So ist eine berührende, wilde, sanfte
Mischung aus deutschen Pop- und Rockliedern entstanden.
Mit dabei der Kultsong zu diesem Buch, »Liebe Radikal«.
Sinn zum Mitsingen, Stillwerden und Feiern.

Radikale Selbstliebe
als modernes Konzept

288 Seiten. ISBN 978-3-424-63073-2. Auch als E-Book erhältlich

Dieses Buch handelt von Selbstliebe und davon, wie du dich selbst von ganzem Herzen beständig, aufrichtig, treu und kompromisslos lieben lernen kannst. Es zeigt, wie deine Selbstliebe die wesentlichen Bereiche deines Lebens – Berufung, Beruf, Beziehungen – positiv und von innen heraus verwandelt.

Inklusive 1 Übungs-CD mit geführten Meditationen,
Spieldauer 1 Std. 15 Min.